체험의 영성

고훈 저

체험의 영성

피터스하우스(Peter's House)는
21세기 토탈(Total)문화선교의 대명사입니다.

피터스하우스(베드로서원)의 사역원리

Pastoral Ministry(목회적인 사역)
Educational Ministry(교육적인 사역)
Technological Ministry(과학기술적인 사역)
Evangelical Ministry(복음적인 사역)
Revival Ministry(부흥적인 사역)
Situational Ministry(상황적인 사역)

피터스하우스는 21세기 토탈(종합)문화선교의 대명사입니다.
변화되는 세상 속에서 복음은 변할 수 없습니다.
그러나 복음을 전하는 방법은 달라져야 합니다.
피터스하우스는 시대에 맞는 옷을 입고 '문화'라는 도구로
복음을 전하는 종합문화선교기관입니다.
우리는 예수 그리스도께서 몸버려 피흘리사 그 값으로 교회를 세우신
그 귀한 사역을 계속 이어나가고자 합니다.
그리하여 이 땅 위의 교회들이 반석 위에 굳건히 세워지고
복음이 전파되는 그 귀한 사명을 끝까지 감당해 나갈 것입니다.

체험의 영성

초판 1쇄 발행일 2005년 3월 31일

지은이 | 고훈
발행처 | 베드로서원
발행인 | 한용석
주   간 | 한순진

등록번호 : 제14-66호 · 등록일자 : 1988. 6. 3

서울시 마포구 서교동 394-68 · 우편번호 121-840
Tel. 02)333-7316, Fax. 333-7317
E-mail : peter050@kornet.net

피터스하우스는 기독교문화 창달을 위해 좋은 책 만들기에 힘쓰고 있습니다.
*파본 및 잘못된 책은 바꾸어 드립니다.

ISBN 89-7419-205-5

값 8,000원

미주사역

PETER'S HOUSE (원장 한순진)
13429 1/2 Pumice St. Norwalk, CA 90650
☎ (562)483-1711, Cell. (714)350-4211
E-mail : petershouse@dxnet.com

| 머리글 |

　내가 암으로 투병하고 요양할 때 쉬어도 기쁘지 않고, 걸어도 힘되지 않으며, 드려도 드린 것 같지 않고, 만나도 만나는 것 같지 않는 삶이 계속되었습니다. 그것은 내가 강단을 잃었기 때문이었습니다. 이제 1년 요양하고 돌아온 나는 비록 모든 것이 약하고 부족해도 강단에 설 건강을 주께서 허락하셨습니다.

　그리고 강단에 선 이후 1년 쉬었던 시간보다 더 건강한 나 자신을 발견하고 놀랐습니다. 목사가 설교하는 것은 교인만 위한 것 아닙니다. 자기 자신에게 하는 것입니다. 준비하며 은혜 받고 전하며 은혜 받는 나 자신과 은혜 받고 변화 받고 구원받는 성도들을 보면 은혜는 더욱 커집니다.

　여기 소개된 영성설교는 암으로 쓰러지기 1년 전, 이미 나도 모르는 위암 덩어리를 몸 안에 갖고 몸을 던져 외쳤던 영성 메시지들입니다. 매주 강단에 엎드릴 때마다 나는 "오 주여 내가 준비한 설교가 성령님을 통해 성경과 삼위하나님과 나와 회중과 교통하여 완전한 말씀이 되게 하시고 전해질 때 회중과 내가 구원받고 치료받고 은혜 받고 축복 받아 나아가 이 말씀이 모든 이에게 전파되어 전도의 열매가 맺힘으로 하나님께 영광이 되는 말씀되게 하소서"라는 기도를 변함없이 드리고 강단에 오릅니다.

　기록된 이 설교가 읽는 모든 이로 깨닫고 구원되고 치료되고 축복되고 은혜 되기를 다시 기도합니다.

　이 설교집이 나오도록 기도한 안산제일교회와 베드로서원 한영진 장로님께 감사를 드리고, 원고정리에 힘쓴 모든 사람들에게 기쁨을, 그리고 모든 영광을 하나님께만 드립니다.

고 훈

| 서시 |

목자의 기도

이른 아침
그 모든 것이 아직 일어나기 전
성전의 문을 여는 발자욱 되게 하소서
문을 열면
벌써 당신은
홀로 무릎을 꿇고 계십니다
우리에게 약한 것은
귀가 아닙니다
우리에게 약한 것은
눈이 아닙니다
우리에게 약한 것은
기도의 무릎이기 때문입니다

이른 아침
그 모든 것이 일어나기 전
성전에서 들리는 말씀이 되게 하소서
당신이 입을 열면
아침 하늘이 열리고
오늘의 양식을
땅 위에 내리십니다
우리에게는 소리는 있지만
내용이 없고

열심은 있으나
살리는 말씀이 없기 때문입니다

이른 아침
그 모든 것이 아직 일어나기 전
성전에서 부르는 목자의 부름이 되게 하소서
당신은 양무리를 알고
양무리 또한 당신을 압니다
우리가 악한 것은
간혹 독초를 먹여서가 아닙니다
우리가 악한 것은
간혹 광야로 인도해서가 아닙니다
양무리의 이름도 모르는
이미 배부른 목자이기 때문입니다

목차

구약 영성이야기
호렙산의 영성 ·· 12
나무 비유의 영성 ·· 31
욥의 영성 ·· 50
엘리야의 영성 ·· 68

예수 영성이야기
광야 시험의 영성 ·· 86
가나의 영성 ·· 106
갈릴리의 영성 ·· 120
베다니의 영성 ·· 135
발씻김의 영성 ·· 153
갈보리의 영성 ·· 172

크리스마스 영성이야기
마리아의 영성 ·· 190
요셉의 영성 ·· 204
구유의 영성 ·· 223

제자 영성이야기
변화산의 영성 ·· 240
바울의 영성 ·· 258

하나. 구약 영성이야기

호렙산의 영성

나무 비유의 영성

욥의 영성

엘리야의 영성

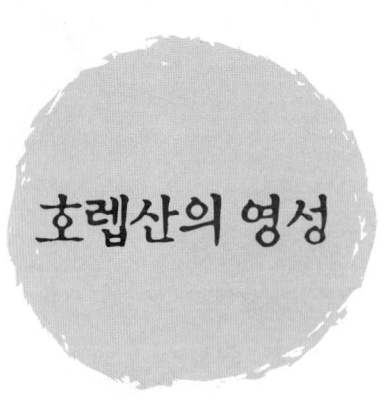

호렙산의 영성

"모세가 그 장인 미디안 제사장 이드로의 양무리를 치더니 그 무리를 광야 서편으로 인도하여 하나님의 산 호렙에 이르매 … 여호와께서 그가 보려고 돌이켜 오는 것을 보신지라 하나님이 떨기나무 가운데서 그를 불러 가라사대 모세야 모세야 하시매 그가 가로되 내가 여기 있나이다 하나님이 가라사대 이리로 가까이 하지 말라 너의 선 곳은 거룩한 땅이니 네 발에서 신을 벗으라…"(출 3:1~10)

이스라엘 민족의 위대한 지도자였던 모세가 살인을 했습니다. 그리고 시내 광야로 도피하여 40년을 처가살이하면서 막대기 하나 들고 양을 치는 목동으로 지냈습니다. 그렇게 지낸지 40년이 되는 어느 날, 모세가 서쪽으로 양떼를 몰고 가다가 하나님의 산 호렙에 이르게 되었는데, 그 산에서 불타고 있는 떨기나무 한 그루를 보게 됩니다. 그런데 그 나무는 연기도 안 나고 타지도 않은 채 그대로 있었습니다. 모세가 그 광경을 좀더 자세히 보려고 떨기나무를 향해 다가갈 때, 그 떨기나무 불꽃

가운데 계신 하나님께서 "모세야, 모세야" 하고 모세를 부르셨습니다. 그리고 모세에게 애굽으로 내려가 하나님의 백성 이스라엘 자손을 구원해 내라는 엄청난 소명을 주셨습니다.

후일 시내산이라고도 불리는 호렙산에서 모세는 십계명을 두 번이나 받습니다. 그리고 후일 엘리야가 이세벨을 피해 40주야나 달려 도착했던 산이 바로 이 호렙산입니다. 이곳은 하나님께서 지진 속에서도, 태풍 속에서도 나타나지 않으시다가 세미한 음성가운데서 엘리야를 만나주신 곳입니다. 과거로부터 지금까지 수많은 영성가들이 모세의 발자취를 찾아 하나님이 임재하셨던 그곳을 찾고 있고, 앞으로도 그 추구의 행렬은 계속될 곳이 바로 이 산입니다. 수많은 사람들이 모세의 영성을 얻기 위해 이 산에 오르고 있고, 이 산에서 기도하고 있습니다.

오늘 광복 55주년을 기념하는 광복절 아침 기념예배입니다. 모세는 그 민족을 건지기 위해서 이 호렙산(시내산)에서 40년 동안 견디면서 훈련을 받고 하나님의 종이 되었습니다. 오늘 그 모세의 영성, 호렙산의 영성을 저와 여러분이 가질 수 있기를 바랍니다. 그러면 호렙산의 영성은 어떤 영성일까요?

1. 대답의 영성

이 시내산에서 모세는 대답의 영성을 가지게 되었습니다. "모세야, 모세야" 하고 하나님께서 40년 만에 나타나 부르실 때 모세가 "내가 여기 있나이다. 주여, 내가 여기 있나이다" 하고 대답합니다. "주여, 내가 여기 있나이다"라는 말은 히브리어로

'힌넨'이라고 하는 아주 유명한 말이고, 영어성경은 "하나님, 보십시오. 제가 하나님 앞에 서 있습니다"라고 번역하고 있습니다. 피조물인 인간이 하나님을 만나서 하나님 앞에 대답할 수 있는 최고의 대답은 '힌넨'입니다. "하나님, 제가 여기 있습니다." 이 말 속에는 복종과 헌신과 충성과 그리고 어디든지 보내면 가겠다는 뜻이 들어 있습니다.

성경과 교회 역사를 통해보면 다섯 번의 휜넨이 나옵니다. 첫 번째는 아브라함의 대답입니다. 창세기 22장에 보면, 하나님께서 아브라함에게 나타나셔서 "아브라함아, 아브라함아" 하고 두 번을 부르십니다. 하나님께서 아브라함을 부르신 이유는 독자 이삭을 모리아산에서 번제로 바치라는 명령을 하시기 위해서였습니다. 아브라함에게 있어 일생일대의 충성과 헌신과 순종과 복종에 대한 명령이 있을 때 아브라함의 응답이 바로 휜넨이었습니다. "주여, 내가 여기 있나이다." 만일 아브라함의 "주여, 내가 여기 있나이다"라는 대답이 없었다면 그는 결코 모리아산에 올라가서 자식을 바치지 못했을 것입니다. 그리고 만일 그 순종의 제사가 없었다면 여호와 이레의 축복도 없었을 것입니다.

두 번째는 본문에 나와 있는 모세의 대답입니다. 40년 만에 하나님으로부터 부름을 받았을 때 모세는 "주여, 제가 여기 있습니다" 하고 대답했습니다. 이것은 기다림을 마감하는 자리이며 기다림의 결과입니다. "하나님, 40년이나 하나님을 기다렸습니다. 제 인생이 여기서 마감된 줄 알았는데 하나님이 이제 저를 찾아오셨으니 하나님이 무엇을 말씀하시든 순종할 모든 준비가 되었습니다"라는 뜻입니다. 물론 모세는 연약해서 자기 부족한 것을 하나님께 이야기했습니다. 그럼에도 불구하고 모세는 기다렸다는 것입니다.

세 번째는 이사야의 대답입니다. 이사야 6장 8절에서, "내가 누구를 보내며 누가 우리를 위하여 갈꼬 그때에 내가 가로되 내가 여기 있나이다 나를 보내소서" 하는 말씀에서 보는 바와 같이 이사야 선지자는 "주여, 내가 여기 있나이다. 나를 보내소서. 비록 부족하고 연약하지만 하나님을 위해서 내가 가겠습니다. 나를 보내주십시오" 하고 대답했습니다. "주여, 내가 여기 있나이다. 나를 보내주시옵소서" 하는 이사야의 이 대답이 오늘날 목사를 만들고, 선교사를 만들고, 순교자를 만들고, 헌신자를 만듭니다. "주님, 주님이 가라고 명령하시면 어디든 갈 준비가 되어 있습니다" 하는 이 대답이 바로 주의 종들의 대답이 되는 것입니다.

네 번째는 루터의 대답입니다. 15세기에 카톨릭이 부패할 대로 부패해서 면죄부를 발행하여 판매할 때, 루터는 구원은 오직 예수 그리스도를 믿음으로 말미암아 하나님의 은혜로 얻는 것이지 행위나 또는 무엇을 바쳐서 얻는 것이 아니라고 주장하면서 종교개혁을 일으켰습니다. 루터의 종교개혁에 분노한 교황이 루터를 파문했습니다. 그리고 루터는 국왕으로부터 보름스 국회에 소환을 당했습니다. 어쩌면 생명을 잃을 수 있는 위험한 상황에서 루터는 국왕 앞에서 이렇게 기도했습니다. "하나님이여, 나를 도우소서. 아멘. 나는 달리 아무것도 할 수 없습니다. 내가 여기 서 있습니다. 하나님이여 나를 도우소서. 아멘." 이

때 루터의 기도는 하나님 앞에서 힌넨이었습니다. 그것이 종교개혁의 원동력이 되어 오늘 여기까지 온 것입니다.

다섯 번째는 저와 여러분이 해야 할 대답으로 '힌넨' 곧 "주여, 내가 여기 있나이다" 입니다. 하나님은 호렙에서 "모세야, 모세야" 하고 모세의 이름을 불렀습니다. 모세를 부르신 하나님은 오늘날 우리를 향해서 우리의 이름을 부르십니다. 예배가운데서 우리를 만나주시고 우리의 이름을 부르십니다. 주님께서 우리의 이름을 부르실 때, "주여, 제가 여기 있습니다." 절망의 자리든, 어떠한 시련의 자리든 관계없이 주님이 우리를 부르실 때 "주님, 제가 여기 있습니다" 하고 대답해야 할 줄 믿습니다.

주님 내가 여기 있사오니 나를 보내소서
가진 것 모두 다 주께 드리오니 주 받으옵소서
주님 내가 여기 있사오니 나를 써 주소서
나의 맘 나의 몸 주께 드리오니 주 받으옵소서
나를 써주소서, 나를 보내소서

이 찬양을 우리가 불러야 합니다. 예수님도 겟세마네 동산에서 자기 자신을 던지시고 "아버지, 아버지의 화목 제물로 제가 왔습니다. 아버지 뜻대로 하여 주시옵소서" 하고 대답하였습니다. 이 호렙산의 영성은 예수님과 아브라함, 모세, 이사야, 루터와 오늘 많은 주의 종들이 한 대답입니다.

우리 교회의 성지 순례단이 시내산, 그 호렙산을 순례했는데 한달 전에 수술을 받은 여집사님 한 분이 동행했습니다. 몸이 완전히 회복되지 않았기 때문에 그 여집사님 걱정을 많이 했습니다. 새벽 1시에 일어나서 2시부터 산행을 시작했습니다. 5시에 모세가 십계명을 받았던 시내산 최정상, 그 성산에 도착할 목적으로 강행군을 한 것입니다. 이 시내산은 오르기에 굉장히 가파르고 힘든 산입니다. 그리고 한 번 올라가기 시작하면 중간에 멈출 수가 없습니다. 캄캄해도 중간에 머물 수도 없기 때문에 빨리 올라가야 합니다. '모세도 올라갔고 다른 사람들도 모두 걸어 올라가니 나도 빨리 올라가자' 하는 마음으로 올라갔습니다. 정상 부근에 가면 800계단을 올라가야 합니다. 800계단을 오르노라니 지친 몸이 이제 견딜 수 없을 만큼 힘이 듭니다. 그러나 안 갈 수 없기에 손톱이 닳아지도록 기면서 계단을 올라갔습니다. 우리 33명 일행은 올라가서 회개기도부터 한 후 성찬예배로 하나님께 영광을 돌렸습니다. 그런데 다른 사람들은 다 눈물 콧물 흘리면서 회개기도를 하고 있는데 그 여집사님은 회개기도를 못하는 것이었습니다. 아직 기도문이 열리지를 않아서, 아무리 기도하려고 해도 회개할 것도 없고 기도도 제대로 안 나오는 것이었습니다. 그런데 장로님 한 분이 성찬 대표기도를 하는 중에 집사님의 기도문이 열리기 시작했습니다. 기도도 기도문이 열려야 할 수 있는 것입니다. 기도문이 열리자 지난날 자신의 삶이 너무 하나님 앞에 부족함을 느껴서 얼마나 울고, 통회하고, 자복했는지 시간 가는 줄 모르고 계속 기도했습니다. 그런데 세계에서 온 수백 명의 순례자들이 그 집사님을 비롯한 우리 교회 교인들 기도하고 예배드리는 광경을 보고 구경하면서 사진도 찍고 야단입니다. 이렇게 우리 교인들이 한동안 기도를 하는 중에 그 집사님이 놀라운 체험을 합니다. 하늘 문이 열리면서 큰문이 보이더라는 것입니다. 그 문에서 비둘기가 나와 우리 일행이 예배드리는 곳을 한 바퀴 돌더니 갑자기 사라지더라는 것입니다. 물론 우리 일행이 이 환상만 본 것은 아니었습니다. 목사님들 중에는 이와 비슷한 환상을 본 분도 있고, 빛기둥 불기둥 같은 빛이 우리들을 비춰 주는 것을 본 성도도 있었고, 하나님의 음성을 듣기도 했습니다. 계속해서 이 놀라운 일들이 벌어지는 가운데 예배를 마치고 내려오는데 여집사님이 저한테 하늘 문이 열리면서 대문을 본 것과 비둘기 본 얘기를 하는 것입니다. '그렇게 환상을 볼 수도 있다'고 조심스럽게 대답을 해주었습니다. 왜냐하면 그런 환상에 집착하다가 진리의 말씀을 놓칠 수가 있기 때문입니다. 보고 믿는 자보다 듣고 믿는 자가 더 복이 있다고 했습니다. 그런데 베들레헴에 와서 예수님 탄생기념교회에 들어갔는데, 그 집사님이 "목사님, 내가 시내산에서 환상으로 봤던 문이 이 베들레헴교회 문하고 똑같은데요. 실물이 있네요"라고 말하는 것이었습니다. 또 교회 벽에 성화가 그려져 있는데 비둘기 그림이 거기 있는 것입니다. 이번에는 "목사님, 시내산에서 본 새가 여기에 똑같이 있네요" 합니다. 비로소 그때야 집사님은 믿음이 연약하니까 하나님께서 환상을 보여 주시면서 신앙을 주셨구나 하는 생각이 들었습니다.

환상과 계시는 모세로 하여금 하나님을 가까이 하게 했습니다. 그것이 모세를 하나님께로 인도했습니다. '이상한 광경을 가서 봐야 되겠다. 왜 가시나무 떨기가 불이 붙었는데 타지는 않을까?' 하고 가까이 갔을 때 그 환상과 계시는 하나님께로 그를 인도했습니다. 모세에게 있어서 계시와 환상 못지않게 중요한 것은 "주님, 제가 여기 있습니다" 하는 이 대답이었습니다. 집사님도 거기서 두 가지 고백을 했습니다. "하나님이 살아 계시는군요. 이제는 아무렇게나 살지 않고 하나님을 위해서 살아야겠습니다"라는 대답이었습니다.

참으로 우리 교회와 한국 교회가 영적으로 바로서기를 원한다면 이 대답을 해야 합니다. "주님, 제가 여기 있습니다. 제 마음과 몸과 모든 것이 주님을 위해서 준비되었습니다. 저를 사용하여 주시옵소서. 제가 준비되어 여기 서 있습니다" 하는 이 고백과 이 대답이 우리의 영성이 되기를 주님의 이름으로 축원합니다. 이 대답 없이는 우리들의 믿음은 아무것도 아닌 것이 됩니다.

2. 벗음의 영성

두 번째는, 벗음의 영성입니다. "너의 선 곳은 거룩한 땅이니 네 발에서 신을 벗으라"고 했습니다. 모세는 40년 전 이집트 왕자시절에 자기 백성을 편들다가 살인을 해서 도망쳐 온 사람입니다. 왕자의 신은 이미 벗은 상태였습니다. 지금 신고 있는 것은 가죽샌들입니다. 가죽으로 엮은 이 샌들은 밤에는 사막의 날씨가 영하로 떨어지기 때문에 동상이나 찬이슬로부터 발을 보호하는 것이고, 또 낮에는 뜨거운 모래를 맨발로 밟으면 화상을 입게 되니까 화상을 방지하기 위해서 신는 신입니다. 그런데 하나님이 그것을 벗으라는 것입니다. "네가 서 있는 땅은 거룩한 곳이니 거룩한 곳에서 신을 벗어라", 즉 "네가 서 있는 곳은 하나님이 계신 곳이니 신을 벗으라"는 뜻입니다. 이 "신을 벗으라"는 말 속에는 굉장한 메시지가 들어 있습니다. "모세야, 네가 앞으로 가야 할 길은 광야다. 백성을 이끌고 광야를 헤쳐 가야 하는데 샌들을 의존해서는 광야길을 갈 수 없다. 너는 샌들을 의지하지 말라. 네가 가지고 있는 것을 의지하지 말라. 이 광야를 인도하실 분은 오직 하나님이시다"라는 의미를 담고 있습니다. 하나님께서 낮에 구름기둥을 보내주셔야 맨발로도 그 위를 지나갈 수 있는 것이고, 밤에는 불기둥을 보내주셔야 추위를 이기고 길을 걸어갈 수 있는 것이라는 것입니다. 아무리 샌들을 신는다 할지라도 하나님께서 불기둥, 구름기둥을 보내주시지 않으면 결코 목숨을 부지할 수 없다는 것입니다. 설령 발은 안전하게 보호할 수 있을지 몰라도 목마름과 배고픔과 일사병으로 죽을 거라는 것입니다. "앞으로 네가 가는 길은 신을 의지해서 가는 길이 아니라 하나님만 의지하고 가는 길이다"라는 의미가 담겨져 있습니다.

오늘날 많은 기독교인들이 지식이 조금 있으면 그것 때문에 앞으로 잘 살 거라고 생각합니다. 또는 건강하면 건강하니까 잘 살 수 있을 거라고 생각합니다. 젊음이 남아 있고, 재산이 남아 있고, 저금통장에 돈이 남아 있기 때문에 그것이 자신들을 지켜줄 것이라고 생각합니다. 그러나 그것은 샌들에 불과합니다. 광야 같은 인생길을 지나가는 동안에 그것은 하나의 샌들에 불과

하다는 것입니다. 그것이 우리를 절대 지켜 주지 못한다는 것입니다.

벳새다 광야에 장정만 5천 명 모였는데, 제자들의 생각은 2백 데나리온의 떡이 있으면 그 사람들을 다 먹일 거라고 생각했습니다. 그러나 아닙니다. 2백 데나리온의 떡이 중요한 것이 아닙니다. 하나님이 함께 계셔서 은혜를 베푸셔야 살 길이 열립니다. 몇 푼의 돈을 의지하는 것이 살 길이 아닙니다. 소년이 보리떡 다섯 개와 물고기 두 마리, 이것을 먹어야 내가 산다고 생각했으면 거기서 끝입니다. 그러나 소년이 이것을 먹어서 사는 것이 아니라 내가 사는 것은 예수님이라고 생각해서 그것을 바칠 때에 소년도 살고 모두가 살게 된 것입니다.

사르밧 과부의 이야기는 밀가루 한 움큼과 기름 몇 방울 남았을 때, 그것에 의지해서는 살 수가 없고 하나님이 그들을 축복해야 살 길이 생긴다는 것을 말해 줍니다.

보십시오! 우리가 하나님 앞에 십일조를 드릴 때 아깝지 않습니까? 만일 하나님이 우리에게 1억을 주었다고 생각합시다. 그러면 대개가 망설입니다. 1천만 원을 십일조로 바칠 것인가, 말 것인가? 환경과 처지에 따라 바칠 수도 있고 안 바칠 수도 있고, 계속 고민하게 됩니다. 바치자니 너무 큰 금액같아 아깝습니다. 아까워서 어떻게 하나님께 바치겠느냐는 것입니다. 그러나 여기서 1억에 대한 십일조 1천만 원은 샌들에 불과합니다. 그 1천만 원이 우리의 건강을 지켜 주고 삶을 지켜 주고 우리 자식들의 미래를 보장해 줍니까? 1천만 원 저축하면 그것이 나의 삶을 보장해 줄 수 있다고 생각하십니까? 아닙니다. 하나님만이 나를 살려 주실 수 있으십니다. 그 샌들을 벗어 던져야 합니다.

　주일예배를 드리려면 적어도 3시간 정도는 걸립니다. 교회로 오는 시간 한 시간, 예배 마치고 돌아가는 시간 한 시간, 예배드리는 시간 한 시간해서 주일에는 3시간 정도를 따로 떼어 예배드리는 것입니다. 그런데 이것이 아까운 사람들이 있습니다. 주일날 3시간이 완전히 허비된다고 생각하는 사람들이 있다는 것입니다. 3시간을 예배를 위해서가 아니라 다른 일을 위해 사용한다면 어떤 일에 사용하겠습니까? 3시간을 아껴서 건강을 위해서 운동을 하겠습니까? 3시간을 친구 만나는 일에 활용하겠습니까, 아니면 TV를 보겠습니까? 중요한 것은 이것입니다. 그런 일들이 우리를 살려주느냐는 것입니다. 그것들은 우리를 살려주지 못합니다. 그 시간을 하나님께 드릴 때, 오직 하나님만이 우리를 살려 주시고, 우리의 미래를 보장해 주십니다. 기도하는 한 시간, 그 한 시간이 없어서 기도를 못하겠다고 하는 사람들, 그 시간을 어디에다 쓰겠습니까? 그 한 시간은 잡담하며 지나가고, 변비 있는 사람은 화장실에 가면 한시간이 쉽게 지나가는 짧은 시간입니다. 그 시간을 달리 어디에다 쓰겠습니까? 샌들이 중요한 게 아니라 하나님이 우리에게 중요하다는 것입니다.

　우리 교회에서는 이 강단에 올라오는 모든 분들은 신을 벗게 되어 있습니다. 그리고 강단에 올라오면 엎드려서 하나님께 기도를 합니다. 왜 신을 벗습니까? 이 거룩한 강단에서, 하나님 앞에서 우리는 아무것도 할 수 없기 때문입니다. 하나님만이 모든 것을 하실 수 있기 때문입니다. 내가 의지했던 것을 다 벗어야 하는 것입니다. 그래서 신을 벗습니다.

성지순례 중에 예수님이 십자가를 지셨던 길을 일행들로 하여금 신을 벗고 걷게 했습니다. "여러분, 신을 벗고 이 길을 30분만 걸어갑시다. 예수님이 십자가를 지고 가신 길을 우리도 걸어갑시다." 예수님께서 피 흘리며 채찍 맞으며 14번 쓰러지며 가셨던 그 길을 맨발로 걷다보니 유리조각이 발에 밟히기도 하고, 모래가 발에 박히기도 하고, 아랍사람들이 살면서 버리는 썩은 과일에서 흘러나오는 더러운 물들이 발을 적시기도 합니다. 그런 길을 신을 벗고 걷다보니 너무 부끄러웠습니다. 주님이 그 길을 걸어 골고다 언덕에 가셔서 "아버지, 저들을 용서해 주십시오" 했던 길, "네가 오늘 나와 함께 낙원에 있을 것이다", "여기 있는 분이 네 어머니야" 했던 그 사랑, 그리고 "엘리 엘리 라마 사박다니", 사람이 다 버리고 하나님이 버려도 나는 너를 버릴 수 없다는 주님의 놀라운 은총, "내가 목마르다" 하며 우리 대신 목마르셨던 그 길, 그리고 "내가 다 이루었다" 하고 선물로 주신 길, 그리고 "내 영혼을 받으시옵소서" 했던 아름다운 영혼의 고백이 있었던 일곱 마디 말씀(가상칠언)을 하셨던 그 고난의 길을 걸을 때에 부끄러웠습니다. 그 길은 주님이 피 흘리고 가신 길입니다.

지난 주중에 월드 뉴스를 봤는데, 10분이나 할애한 뉴스가 있었습니다. 제목은 '3가지 기적'이었습니다. 킨과 키레토시라는 젊은 부부가 자동차를 타고 먼 시골로 휴가 여행을 가다가 큰 트럭에 부딪혀 뒷자리에 탔던 아내가 크게 다쳤습니다. 운전하던 남편도 다쳤지만, 젊은 남편의 생각에 아내가 죽더라도 내

품에서 하나님 앞에 갔으면 좋겠다 싶어서 거기서 아내를 품고 기도를 합니다. 그런데 생명이 위험하던 아내가 병원에 가서 기적적으로 살아납니다. 다만, 불행하게도 기억상실증에 걸리고 맙니다. 교통사고 만나서 자동차가 다 부서졌는데도 아내가 죽지 않고 살아난 것이 첫 번째 기적이고, 그녀가 기억상실에 걸려서 남편이 아무리 자기가 남편이라고 해도 믿지 않는 상황이 또 기적이었습니다. 남편은 건강한 사람이고 나는 망가진 사람이니까 부부일 수가 없다는 것입니다. 동정하지 말라는 것입니다. 아무리 사랑의 고백을 해도 아내가 받아 주지를 않습니다. 남편이 할 수 없이 아내에게 '당신이 기억상실로 과거를 기억하지 못하고, 과거란 새로 만들어 낼 수도 없는 것이니 이제부터 나도 당신도 새로 사랑을 시작하자'고 하니 사랑을 받아드려 재혼을 합니다. 결혼해 살던 부부가 다시 결혼을 한 것입니다. 그런데 세 번째 기적은 그 부부 사이에 데니라고 하는 아이가 태어나는 것입니다.

저는 이 뉴스를 보면서 이 남자가 무엇 때문에 불구가 되어 버린, 이미 기억상실증에 걸려 정상이 아닌 여자와 두 번씩이나 결혼하면서 끝까지 사랑했을까를 곰곰이 생각해보았습니다. 결론은 결혼서약 때문일 거라는 생각이었습니다. "네 아내나 남편이 병들 때나 건강할 때나 영원히 변치 않고 사랑하겠느냐?" 할 때, 신랑 신부가 하나님 앞에서 서약을 하지 않습니까? 적어도 이 남편은 아내와 함께 가정을 이루고 살아감에 있어서, 건강이나 성격 또는 기타 조건에 행복을 걸지 않았습니다. 우리가 축복받고 잘 되어 행복한 가정을 이루는 것은 아내가 병들어 기억상실증에 걸려있는 현실이 결정하는 것이 아니고, 오직 하나님이 우리 가정을 행복하게 해 주시느냐에 있다고 생각한 것입니다. 사랑의 원리, 즉 사랑의 정신을 가지고 남편은 문제가 있게 된 아내를 지켰다는 것입니다. 그리고 그곳에 하나님이 기적을 베풀어 주셨다는 것입니다.

우리들 중에는 지식이 있으니까, 학위가 있으니까, 저금통장에 돈이 있고 재산이 있으니까 틀림없이 미래가 보장될 것이라고 생각하는 사람들도 있습니다. 그러나 우리가 보장이라고 생각하는 것들은 모세의 샌들에 불과합니다. 벗어던져야 할 것입니다. 우리 가정과 우리 교회와 우리 민족의 희망과 축복은 하나님의 손으로부터 온다는 사실을 알아야 합니다. 이 영성을 가지실 수 있기를 바랍니다. 세상적인 어떤 가치가 여러분에게 행복을 가져다 주지 못합니다. 세상의 어떤 조건이나 학식이나 그런 것이 우리 가정에 절대 행복을 보장해 주지 않습니다. 그런 것은 다 모세가 벗어던진 샌들에 불과합니다. 오직 하나님만이 우리를 지켜 주십니다. 오직 하나님만이 이 광야를 지나게 하십니다. 샌들은 광야를 지나가게 해주지 못합니다.

3. 졸업의 영성

세 번째는, 졸업의 영성입니다. 이것은 모세에게 있어서 엄청난 축복이고, 또 오늘 우리가 받아야 할 축복이기도 합니다. 광야 40년의 기다림과 인내의 시련에 끝을 내 주신 것입니다. "모세야, 모세야, 너는 가서 내 백성을 건져 내라." 마침내 졸업을 시켜 주십니다. 영어로 졸업을 graduate commencement라는 말을 씁니다. graduate는 '매듭을 짓다' '과정을 마치다' 라는 뜻이고, commencement는 '새로운 출발' 이라는 뜻입니다. 졸업이라는 것이 무엇입니까? 그것은 새로운 출발입니다. 해방을 말합니다. 제가 참으로 하나님께 감사하는 것 한 가지가 있습니다. 신학교를 다닐 때 치러야 했던 여러 시험과 목사가 되기 위해 치르는 목사고시를 다 합격하고 끝낸 후, 이제는 더 이상 시험을 안쳐도 되도록 시험으로부터 해방시켜주신 것을 감사하게 생각하고 있습니다. 목사고시가 얼마나 어려운지 제 친구는 목사고시를 일곱 번이나 떨어졌습니다. 이제 제가 누리는 해방 중의 한 가지가 바로 시험 칠 필요가 없어진 것입니다. 나이 들어 시험을 쳐야 한다면 얼마나 힘들겠습니까? 하나님께서 저를 시험으로부터 해방시켜 주셨습니다.

우리 민족이 36년 동안 시험을 쳤습니다. 그러나 마침내 일본으로부터 해방을 시켜 주셨습니다. 이와 같이 모든 일에는 때가 있습니다. 아무리 지금 질병으로 고통을 당하고, 암으로 투병하고 있다하더라도 때가 있습니다. 질병으로부터 졸업할 때가 있습니다. 우리 교인 중에 질병으로 고통 받고 있는 남편을 간호하는 집사님이 계십니다. 몇 년이 지나도록 대소변을 다 받아내며 간병하고 있습니다. 변이 잘 배설이 안되면 장갑을 끼고 관장을 해서 남편의 변을 받아낼 때도 있습니다. 집사님을 보면서 저는 여기에도 졸업의 때가 있으리라는 것을 보고 있습니다. 우리가 영원토록 시험을 치르지는 않습니다. 어느 기간이 지나면 주님이 시험으로부터 해방시켜 주십니다. 일제 36년 후에 우리 민족에게 해방의 때가 있었던 것처럼 이스라엘이 400년 동안 종살이하는 때가 있었지만 출애굽의 때가 있었습니다. 시험의 때는 아무 의미 없이 끝나는 것이 아닙니다. 새로운 사명을 위해서 하나님께서 시험의 때를 벗어나게 해 주십니다.

어떤 의사가 시각장애인을 치료하게 되었습니다. 원래 선천적으로 장애를 가지고 있는데다가 신경신 증후군이라고 하는 질병까지 가지고 있는 환자였습니다. 앞을 못 보는데다가 다른 질병까지 가지고 있으니 얼마나 불행합니까? 그래서 의사가 더 정성을 드려 치료를 해 주었습니다. 이 환자 분이 의사의 호의가 너무 고마워서 감사의 표시로 선물을 드렸습니다. 의사가 작은 손수건이나 양말정도겠지 하고 선물을 풀어보았더니 금반지가 들어 있는 것이었습니다. 이 장애인은 생활보호대상자였습니다. 의사가 너무 놀라서 이런 선물은 받을 수가 없다고 했더니, 옆에 있던 간호사가 이 선물은 참으로 소중한 선물이니 꼭 받으셔야 한다고 해서 받게 되었습니다. 나중에 간호사가 이 선물에 대하여 설명을 합니다. 간호사가 며칠 전에 이 환자를 봤는데 전철에서 노래를 부르고 있더라는 것입니다. 이유는 퇴원이 가까워질 즈음 의사에게 고마운 뜻을 전해야겠는데 돈이 없으니까 전철에서 노래를 부르면서 구걸을 했다는 것입니다. 이 환자의 직업이 바로 그 일이었던 것입니다. 전철에서 노래를 부르고 약간의 돈을 받아 모은 선물이 그 금반지였던 것입니다.

의사는 여기서 하나의 해방을 경험하게 됩니다. 예전에는 길거리나 전철에서 구걸을 하거나 노래를 부르는 사람을 보면 그건 그 사람의 인생일 뿐이라고 생각했습니다. 그러나 자기가 가졌던 이 편견으로부터 해방을 받았습니다. 자신보다 훨씬 아름다운 인격과 아름다운 마음을 가진 사람이 있다는 것을 깨닫게 된 것입니다. 길거리에서 구걸을 하더라도 아내의 병을 치료하기 위해서 치료비를 준비하거나 자기 자식을 공부시키기 위해서 능력 없고 힘도 없으니까 구걸이라도 해서 자식을 가르치려는 사람들도 얼마든지 있다는 사실을 깨닫게 된 것입니다. 돈이 없기 때문에 전철에서 노래를 불러 구걸을 해서 감사의 표시를 하는 이 사람의 진실된 마음을 알고, 이제 자신의 색안경 낀 편견으로부터 해방을 받았다는 것입니다. 이것이 자유입니다. 이것이 하나님이 주신 해방입니다. 편견으로부터 자유함을 얻는 것입니다.

작년에 제가 산본과 세브란스에서 두 학기 졸업을 했습니다. 병에서 두 학기 졸업을 잘 했습니다. 하나님이 졸업을 시켜주신 이유는 병에서 놓임 받으라고 졸업시킨 것이 아니라 이제 고침 받아서 마지막 인생을 우리 교회 40주년 기념에 다 쏟으라고 졸업시키신 것입니다. 앞으로 제가 목회할 수 있는 기간이 그리 많이 남아 있지 않습니다. 마지막 네 인생을 통해서 모든 것을 쏟으라는 것입니다.

지금 여러분이 어려운 시련에 처해 있습니까? 걱정하지 마시기를 바랍니다. 반드시 졸업할 날이 올 줄로 믿습니다. 가난에서, 셋방살이에서 졸업할 날이 옵니다. 남편이 계속 술을 드신다면 그냥 두시고 기도만 하십시오. 그러면 남편이 술에서 졸업할 날이 올 것입니다. 바람피우는 것도 그냥 두십시오. 근력 없으면 바람도 못 피웁니다. 그것도 졸업할 날이 옵니다. 옛날에 바람피우던 사람은 거의 폐병에 걸렸습니다. 죽게 되면 그 때서야 다 집으로 돌아옵니다. 언젠가는 졸업할 날이 옵니다. 시련과 환난에서 졸업할 날이 옵니다.

지난 7월 말경에 경상도에서 7살, 8살 먹은 두 아이를 유괴범이 산속에 데리고 가서 6박 7일을 묶어 놓았습니다. 그 산중에서 밤중에 고양이 울음소리, 승냥이 울음소리 들리지, 귀신이 나올 것 같지, 아이들이 얼마나 무서웠겠습니까? 낮에는 뙤약볕이 내리쬐서 땀이 줄줄 흐르고, 먹을 것도 못 먹고 엄청난 고통 속에 갇혀 있었습니다. 그런데 8살 먹은 형이 겁이 많아서 "엄마야, 엄마야" 하고 산 속에서 울어봐도 누가 그 소리를 듣겠습니까? 그런데 두 아이가 6일 만에 탈출을 해 살아 돌아왔습니다. 어떻게 살아났느냐고 물었더니, 형이 말하기를, "밤에는 너무 무서워서 울고, 낮에는 배고프고 목말라서 울었더니 동생이 '형아야 울지 마라, 형아야 울면 기운이 다 빠져, 기운 빠지니까 울지마' 하는 동생의 격려하는 소리에 울지 않고 참으며 서로 비비니까 묶였던 줄이 풀어져서 살아났다"는 것입니다.

때가 있습니다. 울지 마십시오. 주님도 울지 말라고 하셨습니다. 때가 있다는 말입니다. 환난과 시련이 끝날 때가 있습니다 아픔이 끝날 때가 있고 졸업할 때가 있습니다. 세상에 졸업이 있듯이 시련에도 졸업이 있습니다.

요한계시록 3장 8~10절에 보면, 빌라델비아 교인들에게 "너희는 적은 능력을 가지고도 내 말을 지키며 내 이름을 배반치 아니하였고 또 네가 나의 인내의 말씀을 지켰은즉 내가 또한 너를 지키어 시험의 때를 면하게 하리니"라고 말씀하셨습니다.

그 날이 올 줄로 믿습니다. 그 때를 기다리면서 졸업의 영성을 가지고 이기시기 바랍니다. 울지 마시고 희망을 가지십시오, 주님이 오셔서 우리를 풀어 주실 날이 올 줄로 믿습니다. 일제 36년 동안 죽어 있던 이 민족을 하나님이 일본의 사슬에서 풀어 주셨습니다. 저 휴전선도 하나님이 풀어 주실 것입니다. 그 사명과 부름을 품에 안고 주님이 부르실 때 대답할 수 있는 여러분이 되시기를 주님의 이름으로 축원합니다.

나무 비유의 영성

"…하루는 나무들이 나가서 기름을 부어 왕을 삼으려 하여 감람나무에게 이르되 너는 우리 왕이 되라 하매 감람나무가 그들에게 이르되 나의 기름은 하나님과 사람을 영화롭게 하나니 내가 어찌 그것을 버리고 가서 나무들 위에 요동하리요 한지라 나무들이 또 무화과나무에게 이르되 너는 와서 우리의 왕이 되라 하매 무화과나무가 그들에게 이르되 나의 단것, 나의 아름다운 실과를 내가 어찌 버리고 가서 나무들 위에 요동하리요 한지라 … 이에 모든 나무가 가시나무에게 이르되 너는 와서 우리의 왕이 되라 하매 가시나무가 나무들에게 이르되 너희가 참으로 내게 기름을 부어 너희 왕을 삼겠거든 와서 내 그늘에 피하라 그리하지 아니하면 불이 가시나무에서 나와서 레바논의 백향목을 사를 것이니라 하였느니라"(삿 9:7~15)

기드온은 훌륭한 사사였으나 가정생활에서는 별로 좋은 가장이 못 되었습니다. 자그마치 아들을 71명이나 낳았습니다. 아이들 이름이나 제대로 기억하고 아버지 노릇을 했는지 의문입니다. 자식이 많다 보면 그 중에는 속썩이는 자식도 있기 마련인데, 기드온의 자식들 중에 아비멜렉이라고 하는 아들은 아주 못된 아들이었습니다. 아버지가 죽고 나자, 70명이나 되는 자기 형제들을 다 죽이고 그 피 위에서 임금이 되었습니다. 그런데 막내아들인 요담이 다행히도 피신을 하여 생명을 건졌습니다. 후일, 요담이 돌아와보니 못된 형 아비멜렉이 임금노릇을 하고 있는 것이었습니다. 너무 기가 막혀서 세겜 성 백성들과 아비멜렉을 향해서 외친 메시지가 바로 '요담의 우화'라고 알려진 오늘의 본문입니다.

　나무들이 있었습니다. 하루는 나무들이 의견을 모아 감람나무에게 "당신이 우리들의 왕이 되어주시오" 하고 청합니다. 만일 우리에게 "우리들의 왕이 되어주십시오"라고 한다면 얼마나 큰 행운으로 여기고 기뻐하겠습니까? 그런데 감람나무는 "싫다"고 대답합니다. 감람나무의 거절의 이유는 이런 것입니다. 자기 기름으로 얼마나 하나님과 사람을 영화롭게 하는데 그걸 버려두고 내가 왕노릇 하겠느냐는 것입니다. 나무들이 이번에는 포도나무에게 가서 "당신이 우리의 왕이 되어주시오" 하고 요청했습니다. 포도나무가 대답하기를 "하나님과 사람을 기쁘게 하는 나의 새 술을 버리고 내가 어떻게 왕노릇을 하겠느냐"고 대답합니다. 이번에는 무화과나무에게로 가서 "당신이 우리들의 왕이 되어주시오" 하고 청했습니다. 무화과나무가 대답하기를 "내가 어떻게 나의 단 것, 나의 아름다운 실과를 버려두고 왕이 되어서 다른 나무들 위에서 날뛰겠느냐"고 대답합니다. 왕의 자리가 싫다는 것입니다. 그러자 마지막으로 모든 나무들이 가시나무에게 가서 "당신이 우리의 왕이 되어주시오" 하고 요청을 했습니다. 가시나무가 나무들에게 대답하기를 "너희가 참으로 내게 기름을 부어 왕을 삼겠거든 내 그늘에 피하라"고 합니다. 고통을 받게 되었다는 의미심장한 내용입니다. 여기서 가시나무는 아비멜렉을, 포도나무, 감람나무, 무화과나무는 참 이스라엘 하나님의 백성을 이야기합니다.

가을이 시작되는 이 문턱에서 가을 나무들이 열매 맺는 것을 보면서 우리가 '요담의 우화'를 통해 얻어야 할 참 그리스도인의 영성이 무엇인지 살펴보기를 원합니다.

1. 거절의 영성

첫 번째, 우리 그리스도인은 거절하는 법을 알아야 한다는 것입니다. 이것을 '거절의 영성'이라고 할 수 있습니다. "NO!"라고 말할 수 있어야 한다는 것입니다. 영어에 "음식 더 드십시오"라고 권유를 받을 때 정중하게 거절하는 표현이 있습니다. "노 땡큐"입니다. "아니, 아닙니다"라고 정중하게 거절하는 것입니다. 그러면 상대방이 또다시 권하지 않습니다. 마태복음 5장 37절에서, "오직 너희 말은 옳다 옳다 아니라 아니라 하라 이에서 지나는 것은 악으로 좇아 나느니라"고 말씀하셨습니다. 무조건 모든 것에 "아멘"이라고 하는 것이 아니라 옳은 일이면 "아멘" 하고, 그른 일이면 "아니다"라고 대답을 하라는 것입니다.

감람나무, 포도나무, 무화과나무가 왜 임금 되는 것을 거절하겠습니까? 그 자리가 어떤 자리입니까? 그 자리에 오르기 위해서 일생을 바치는 사람도 있습니다. 임금의 자리에 오르기 위해서 일평생을 바치고, 거기에 도달하면 최고의 성공을 했다고 말합니다. 그런데 왜 거절하겠습니까?

그것은 세 가지 이유에서 그렇습니다.

첫 번째는, 과분한 대접이기 때문입니다. 포도나무나 무화과나무나 감람나무에게 임금이 되라는 것은 마치 농사짓는 사람에게 어느 날 갑자기 "네가 임금이 되라"고 하는 것과 같습니다. 간혹 공산주의에서는 그런 일도 있기는 합니다. 갑자기 농사짓고 있는 사람에게 세상이 바뀌었다면서 "네가 이 곳의 면장을 하라"고 합니다. 공산주의가 망한 것은 정작 일해야 할 지도자가 나오지 못하고 일해서는 안 될 지도자가 나와서 그렇게 된 측면도 있습니다. 머슴에게 면장하라고 하면 그 일이 제대로 될 리가 있겠습니까? 이것은 칼과 완력으로 사회를 혼란스럽게 만들어 버리는 것입니다. 마치 농사짓고 평화롭게 사는 사람에게 대통령하라고 자리를 준 것과 마찬가지로 과분하다고 이 나무들은 말하고 있는 것입니다. 포도나무와 감람나무, 무화과나무가 "내가 어떻게 왕이 되겠느냐"고 하면서 부당하다고 말하는 것입니다.

사도행전 12장 22~23절에 보면, 헤롯 임금이 백성을 다스릴 때, 그 헤롯 임금에게 아부해서 생명을 유지하려는 사람들이 "헤롯 임금님! 임금님의 목소리는 사람의 목소리가 아니라 하나님의 목소리입니다"라고 합니다. 이 말을 들은 헤롯이 영광을 하나님께 돌리지 않고 가만히 있었습니다. '아! 백성이 나보고 하나님의 목소리라 하는 걸 보면 내가 역시 괜찮은 모양이군' 하고 생각하는 순간에 주의 사자가 치므로 충이 먹어 죽었습니다. 어떻게 사람이 하나님께서 마땅히 받아야 할 영광을 대신 취할 수 있겠습니까? 자기 목소리가 하나님의 목소리라는 과분한 대접을 그냥 받아들이다가 죽임을 당했습니다.

별세하신 한경직 목사님에 대한 일화 중 그분이 거절한 두 가지 이야기는 참으로 시사해 주는 바가 큽니다. 이승만 대통령이 한경직 목사님에게 부통령을 맡아 달라고 했을 때 한경직 목사님이 "노"(No) 했습니다. "나는 목사지 정치하는 사람이 아닙니다" 하고 일언지하에 거절했습니다. 인천에 재벌이신 장로님이 큰 집을 두 채 지어서 하나는 자기들의 별채로, 또 하나는 목사님 은퇴 후에 기거하실 사택으로 드리겠다고 했을 때에도 그 제의를 거절했습니다. 혼자 사는데 그렇게 큰 집에서 살 이유가 있겠느냐고 하시면서 기도처인 남한산성에서 생애를 마치겠다고 하신 것입니다. 부당한 대접을 "노"(No)라고 거절했던 것입니다. 거기에 성자와 범인의 차이가 있습니다. 받을 수 있는 대접이 있고, 받지 못할 대접이 있습니다.

우리 교인 중에 전문직에 종사하는 분이 계신데, 그분에게 높임말을 했더니, "목사님, 나이도 어린 사람한테 뭘 그렇게 말을 올리세요? 말씀 낮추세요" 하는 것입니다. 제가 결혼 안 한 젊은 청년들에게야 반말도 하고 말을 놓기도 하지만 일단 결혼한 분들에게는 말을 올려서 합니다. 그 말을 들으면서 두 가지 생각을 했습니다. 하나는, '내가 많이 늙었구나!' 하는 생각이 들었고, 또 하나는 '아, 말씀 낮추라는 말 모처럼 들어 봤네' 하는 생각입니다. '저 어린데 왜 말을 그렇게 깍듯이 올리세요? 저, 동생같이 취급하고 말씀 놓으세요?' 그 말을 참 오랜만에 들어 본 것 같아 감회가 깊었습니다. 그렇다고 해서 제가 말을 놓을 수 있겠습니까? 과분한 대접을 받을 때, "무슨 말씀이십니까"

하고 그것을 거절할 수 있어야 합니다. 이것이 바로 거절의 영성입니다.

두 번째는, 이것은 부당한 이유이기 때문입니다. 포도나무, 무화과나무, 감람나무가 임금이 된다는 것은 부당합니다. 그것은 받을 수 없는 것입니다. 열매 맺어야 할 본분이 있는 사람들이 어떻게 임금 노릇을 하겠습니까? 제가 동신교회에 가서 집회를 인도한 적이 있습니다. 그때 그 교회에 많은 사람들이 참석했는데, 특별히 은퇴 장로님들이 자리를 지키고 앉아 계셨습니다. 모두 연세가 높으셨습니다. 그리고 교인들도 거의 삼분의 이가 다 연세가 높고 연로하신 분들이었습니다. 나이가 많으신 분들이기 때문에 새벽이나 낮이나 집회에 다 참석하시는 겁니다. 직장도 은퇴하신 후니까 오직 교회만 섬기는 겁니다. 그러니 교회가 든든하게 서 가는 것이지요. 강사 담당을 맡으셔서 저를 돌봐 주신 장로님도 연세가 많이 드셨는데, 제가 그 교회의 원로 목사님으로 계시다 돌아가신 김세진 목사님이라는, 아주 훌륭한 어른이셨던 분에 대해 무언가 배울 것이 있지 않을까 싶어서 장로님에게 그 목사님이 요즘 목사님들하고 다른 점이 어떤 것이었느냐고 여쭈었습니다. 그랬더니, 다른 것도 다 기억에 남지만 한 가지 특별히 기억에 남는 것이 있노라고 하면서 에피소드를 이야기해 주셨습니다.

해방 이후 교회가 초창기일 때, 그 교회의 장로님들이 한국유리, 신일산업 등등 유수한 대기업을 경영하는 재벌들이었습니다. 돈이 많으니 장로님들이 그 당시는 귀한 자가용을 타고 다니셨답니다. 장로님들이 목사님이 자전거 타고 다니시는 것을 보고 자기들만 자가용 타고 다니는 것이 미안해서 자가용을 하나 사드렸답니다. 그랬더니 목사님이 그것을 거절하면서 아직 목사 중에 한 사람도 자가용을 안 타는데 어떻게 당신이 자가용을 타고 심방을 다닐 수 있겠느냐고 거절하셨답니다. 그러면서 회사를 경영하는 장로님들이나 타시라고 하셨답니다. 그렇게 자가용을 거절한 후 상당한 세월이 흐른 다음에, 자가용이 대중에게 보편화되자 그제야 자가용을 타셨다는 것입니다. 그것이 장로님의 인상에 남으니까 그 후론 목사님이 하는 일이 다 옳게 보이더라는 것입니다. 물론 그 시대와 지금의 시대와는 상황이 다르기 때문에 액면 그대로 다 따라야 한다는 것은 아니지만, 믿음의 선조들과 신앙의 선배들 - 특히 원로 목사님들 - 이 우리에게 보여 준, 부당한 이익을 절대 취하지 말라는 교훈은 깊이 새길 필요가 있습니다. 마땅히 받아야 할 대접은 받아도 되지만 받기에 곤란한 대접은 받지 말라는 것입니다.

사도행전 20장에서 사도 바울이 에베소에서 3년 목회하고 이별할 때, 그들에게 외친 마지막 고별 설교가 바로 그것입니다. "내가 아무의 은이나 금이나 의복을 탐하지 아니하였고 너희 아는 바에 이 손으로 나와 내 동행들의 쓰는 것을 당하여 범사에 너희에게 모본을 보였노니"(33~35절) "내가 언제 너희들의 것을 욕심내서 착취한 적이 있더냐?" 이 말은 사무엘상 12장 3절에서, 사무엘이 사사를 은퇴하고 사울이 임금 되는 것을 내다보면서 한 고백과 일맥상통합니다. "내가 여기 있나니 여호와 앞과 그 기름 부음을 받은 자 앞에서 내게 대하여 증거하라 내가 뉘 소를 취하였느냐 뉘 나귀를 취하였느냐 누구를 속였느냐 누구를 압제하였느냐 내 눈을 흐리게 하는 뇌물을 뉘 손에서 취하였느냐 그리하였으면 내가 그것을 너희에게 갚으리라"

세 번째는, 욕심의 유혹이기 때문입니다. 부당한 대접, 부당한 이익, 부당한 욕심을 거절하는 것입니다. 야고보서 1장 15절에, "욕심이 잉태한즉 죄를 낳고 죄가 장성한즉 사망을 낳느니라"고 말씀하셨습니다. 이것이 영적인 원리입니다. 욕심내면 눈이 어두워져서 아무것도 안 보이게 됩니다. 자기밖에 안 보입니다. 다른 사람은 못 보게 됩니다.

제 목회인생에서 몇 번 상당한 이익을 볼 기회가 있었습니다. 그럴 때마다 제가 스스로 '안 돼, 그건 안 돼, 과분해, 내가 이 과분한 것을 얻으면 안 돼' 하고 다짐을 하면서 거절을 하곤 했습니다. 그렇게 거절을 하면서 제 스스로 생각하기를 '내가 목사로서 잘 했다' 하는 생각이 들었고 또 하나님이 그것을 무척 기뻐하셨으리라고 믿고 있습니다. '그것이 내게 과분하다. 그것은 내게 부당하다. 그건 욕심이다' 하고 거절했을 때 오는 기쁨과 하나님이 우리에게 주시는 위로는 참으로 엄청나더라는 것입니다.

결국 거절의 영성, 즉 이 나무들이 왕의 자리를 거절한 중심에는 '자기 부인'이 있었습니다. "아무든지 나를 따라 오려거든 자기를 부인하고 자기 십자가를 지고 나를 좇을 것이니라"(막 8:4) 결국은 나를 부정하는 것입니다. 예수님을 보십시오! "아니"(No)라고 거절하는 삶을 사셨습니다. 이것이 예수님의 생애였습니다. 세 번이나 "No"라고 하셨고, 성전 꼭대기에서 뛰어내리면 천사가 받들어 줄 텐데… 그러면 그 신비한 기적을 보고 모든 사람이 다 따라올 거라고 유혹할 때에도 "No", 하나님을 시험하지 말라고 하셨고, 또 그에게 한 번 절하면 천하를 주겠다고 했을 때에도 "No!", 하나님께만 예배하는 것이 나의 전부라고 반응하셨습니다. 예수님은 명예와 권력, 배부름의 유혹을 다 거절하신 것입니다. 그것이 예수님이 우리에게 보여 주신 영성입니다.

우리가 자기를 부인하면 하나님을 인정하는 것이 됩니다. 그것은 하나님 때문에 거절하는 것이기 때문입니다. 아브라함이 자기를 부정했기 때문에, 자기에게 "노"(No) 했기 때문에 모리아산에 가서 자기 아들을 바칠 수 있었습니다. 룻이 남편도 죽고, 시아버지도 없고, 늙고 병든 시어머니를 이방 땅에 버리면 그것으로 그만입니다. 그런데 룻은 버리지 않았습니다. '안 돼, 이것은 인간으로서 의리야. 시어머니는 다 늙고 병들었는데 어찌 내가 버릴 수 있겠는가? 남편은 죽었지만 아들 대신해서 시어머니를 공경해야 돼.' 그것은 자기를 부정하는 것입니다. 그 대가로 룻은 하나님의 은혜를 입어 다윗의 증조할머니가 되는 최고의 영예를 얻었습니다. 내가 나를 부정했을 때 하나님이 모든 것을 주신다는 것입니다.

2. 분복의 영성

두 번째, 분복의 영성입니다. 포도나무는 열매 맺어 향기로운 포도주를 만들어서 사람과 하나님을 기쁘게 하는데 어떻게 이것을 놔두고 임금이 되느냐는 것입니다. 그 복이 얼마나 큰 복인데 거절하겠느냐는 것입니다. 무화과나무는 이렇게 아름답고 단 과일이 있는데 이것을 놔두고 어떻게 임금 노릇을 하겠느냐는 것입니다. 감람나무는 열매 맺어서 이 기름으로 하나님과 사람을 영광스럽게 하는데 이렇게 귀한 일을 놔두고 왜 임금을 하느냐는 것입니다. 내게 주신 분복이 있다는 것입니다. 이 얼마나 아름다운 생각입니까? 이 얼마나 아름다운 모습입니까?

뭐니뭐니해도 나무의 왕은 소나무, 향나무가 되겠지요? 그것이 재목이 되고, 훌륭한 가구가 되는 최고의 나무 중의 왕이라 할 수 있습니다. 그러나 소나무, 향나무만 이 세상에 있고, 만일 포도나무, 과실나무가 없다고 하면 아마 우리는 굶어 죽을 것입니다. 그 과실을 맺는 나무들은 그리 돋보이거나 대단해 보이지는 않지만 우리에게 식량을 제공하는 귀한 일을 합니다. 이게 바로 분복이라는 것입니다.

전도서 5장 18~20절을 보면, "사람이 하나님의 주신바 그 일평생에 먹고 마시며 해 아래서 수고하는 모든 수고 중에서 낙을 누리는 것이 선하고 아름다움을 내가 보았나니 이것이 그의 분복이로다 어떤 사람에게든지 하나님이 재물과 부요를 주사 능히 누리게 하시며 분복을 받아 수고함으로 즐거워하게 하신 것은 하나님의 선물이라 저는 그 생명의 날을 깊이 관념치 아니하리니 이는 하나님이 저의 마음의 기뻐하는 것으로 응하심이니라"는 말씀이 나오는데, 저는 이 본문을 너무 사랑하고 좋아합니다. 우리에게 분복이 있다는 것입니다. 지금 받은바 된 그 분복을 기쁘고 즐거워하라는 것입니다. 즉, 지금 있는 것에 대해 낙을 누리라는 것입니다. 포도나무가 임금노릇 안 하겠다는 것은 포도 열매를 맺는 것이 얼마나 기쁘고 즐거운 분복인데 무슨 임금을 하겠느냐는 것입니다. 무화과나무가 무화과 열매 맺어서 익을 때 되면 입을 딱 벌립니다. 그리고 발그스름하게 익는데 씨도 없고, 먹을 때 껍질 벗기면 아주 잘 벗겨집니다. 벗겨서 한 입에 집어넣으면 얼마나 맛이 있습니다. 이 복, 이 기쁨을 무엇과 바꿀 수 있느냐는 것입니다.

만약 저에게서 목사직이 박탈된다면, 저는 차라리 죽는 것이 행복할 것입니다. 저는 주님이 목사 되라고 부르셨기 때문에 대통령이든 장관이든, 그 어떤 대단한 직책을 주어도 행복할 수가 없습니다. 주의 종 하라고 하나님이 세상에 보내셨기 때문에 그걸 할 때 행복한 것이지요. 거기에 슬픔, 아픔, 괴로움이 있다 해도 자기의 분복으로 알고 즐겁게 해 나가는 것입니다.

저는 이제까지의 삶을 살아오는 동안에 어려서부터 많은 고난과 시련과 질병과 사망의 음침한 골짜기를 통과하는 허다한 환난을 겪어 왔습니다. 혹시 기회가 되시면 저의 시집 중에 수록된 '목회일기' 부분을 보시기 바랍니다. 한 백오십 편 정도 됩니다. 그 목회일기는 내 삶의 어렵고 힘든 것들을 다 승화시켜서 쓴 글들입니다. 그것을 보면 그 어디에도 슬프고 괴롭고 외롭고 쓸쓸한 이야기는 하나도 없습니다. 모든 삶이 아름다웠고 행복했다고 기록되어 있습니다. 거기 하나님의 뜻이 있었고, 하나님의 간섭하심이 있었고, 하나님의 돌보심이 있었고, 하나님이 함께 하셨다는 찬양과 감사뿐입니다.

오늘을 기뻐하지 못하는 사람은 절대 내일을 기뻐할 수 없습니다. 그 언제든 기쁨을 얻을 수가 없습니다. 어떤 절망 속에 있을지라도 오늘 주어진 시간과 오늘 주어진 환경과 처지를 감사하며 살고 기뻐하고 산 사람만이 내일을 기쁨으로 거두게 됩니다. 오늘 불평한 사람이 내일 행복할 것 같습니까? 절대 행복을 거두지 못합니다. 그 대신에 불평을 거두게 되어 있습니다. 모든 것에는 의미가 있고, 모든 것에는 하나님의 역사가 있습니다.

어떤 교회에서 있었던 일입니다. 목사님이 그 교회의 식구들을 다 기억한 것을 보면 한 삼백 명 정도 모이는 규모의 교회였던가 봅니다. 그런데 어느 주일날 목사님이 주일예배를 드리러 가다가 교통사고를 만나서 예배시간이 다 되도록 교회에 도착할 수 없게 되었습니다. 열한 시 예배가 진행되어야 하는데 설교하실 목사님이 안 오시니까 교인들이 모두 안절부절 하고 있었습니다. 그런데 목사님은 도저히 설교를 할 수 없을 만큼 다치셨고 차도 부서지고 게다가 경찰이 놓아주지를 않습니다. 그래서 한 집사님에게 전화해서 상황설명을 하고 부목사님에게 오늘 예배를 대신 인도하도록 하라고 하면서 단, 목사님이 다쳤다는 이야기는 하지 말라고 당부했습니다. 그런데 그 날 그 전화를 받은 집사님은 아주 기분이 좋았습니다. 왜냐하면 삼백 명 교인 중에 목사님이 자기한테 이렇게 중요한 전화를 했기 때문입니다. 그래서 기분이 너무 좋아서 교회에 모인 회중에게 목사님이 전하라는 이야기를 전달하면서 의기양양해했습니다. 그 소식을 전해들은 교인들은 그 집사님을 통해 소식을 전해 들어 상황을 알게 되면서 한편으로는 그 집사님을 부러워하는 마음도 가지게 되었습니다. 어떻게 해서 저 집사님이 이렇게 중요한 상황을 대표로 전화를 받았느냐 하는 생각을 하게 된 것입니다. 다시 말해, 목사님과 얼마나 가깝길래 그런 이야기를 직접 전화로 들었느냐는 것이지요. 그런데 나중에 목사님이 회복되어 교회에 오셨을 때 그 집사님이 "목사님, 삼백 명 교인 중에 특별히 저한테 전화해 주셔서 너무 감사하고 고맙습니다" 했더니, 목사님이 그렇게 감사할 것만은 아니라고 하시면서, 전화하려고 시계를 보니까 모든 교인이 열한 시 정각에 핸드폰 끄고 앉아 있을 텐데, 유독 집사님 생각이 나더라고 했습니다. 왜냐하면 집사님은 꼭 십분 지각을 하기 때문에 아직까지 교회에 못 갔을 것이고 또 핸드폰도 안 껐겠다 싶어서 전화했다는 것입니다. 세상에, 십분 지각하는 교인도 하나님이 쓰실 때가 있다는 것입니다. 중요한 순간에 요긴하게 쓰여진 것입니다.

무슨 일에든지 그 일에는 그 나름대로 의미가 있습니다. 특별히 분복에 사는 사람은 절대로 남과 비교하지 않습니다. 임금을 부러워하지 않습니다. 예수 믿는 사람 가운데 아직도 누가 부럽고, 돈 많은 사람이나 공부 많이 한 사람이나 자식들 잘된 것이나 인물 좋은 것이 부럽다면 그 사람은 분복을 누리지 못하고 있는 것입니다. 분복을 누리는 사람, 분복의 영성을 가진 사람은 임금도 부럽지 않습니다. 남을 질투하지 않습니다. 남과 비교하지 않습니다. 자기 자신에 대해서, 하나님이 주신 것에 대해서 만족하고 살게 되는 것입니다.

회갑예배를 드린 어느 가정 이야기입니다. 아버지가 4남매를 대학까지 다 가르치고 집은 느지막하게 큰 아파트를 장만했습니다. 그 회갑 되신 분은 우리 교회 서리 집사이고, 그 부인은 피택 권사입니다. 그런데 피택 되신 권사님이 예배 중에 찬송도 못 하고, 성경도 못 읽고, 그저 처음부터 끝까지 눈물만 흘리는 겁니다. 그런데 그 눈물이 슬프거나 괴로움의 눈물이 아닙니다. 너무 감사해서 흘리는 감사의 눈물이었습니다. 그 남편은 택시 운전기사로 30년을 넘게 운전을 해서 가정을 꾸려 오셨습니다. 그러니까 평생을 운전대 잡은 것이지요. 삼십 몇 년을 운전했는데도 한 번도 사고를 내지 않아서 3년 전에 시로부터 개인택시를 받게 되었습니다. 그러니 이제 개인택시 사장겸 운전수예요. 자기 차 가지고 운행하니까 잠자고 싶으면 잠자고, 예배드리려면 드리고, 이제 자기 마음대로 할 수 있게 된 것입니다. 택시 운전기사들의 최고의 바람이 개인택시를 한 번 해 보는 것이라는데 집사님이 바로 그 꿈을 이루게 되신 것입니다. 사위가 육군 대위인데, 아주 집안의 질서가 분명합니다. 예배드릴 사람 따로 있고, 부엌에 가서 일할 사람 따로 있고, 군대식으로 조직을 해서 예배를 드리는 것 같았습니다. 그 모습을 보는 저도 참 감사했습니다. 저 집사님 내외가 뭐가 부럽겠습니까? 대통령이 부럽겠습니까? 재벌이 부럽겠습니까? 하나님이 주신 운전 기술 하나 가지고 자식들 4남매 다 대학까지 가르치고, 온 식구가 살아갈 수 있는 집 한 채 마련해서 육십 평생 동안 지켜 주시고 보호해 주신 하나님께 감사하면서 눈물로 회갑예배를 드리는 모습이야말로 어떤 호화롭고 웅장한 잔치와도 비교할 수 없는 감격과 감사가 있었습니다. 비록 조촐하지만 '하나님 고맙습니다', '하나님 감사합니다.' 이것이 오늘 그리스도인들이 누려야 할 분복인 줄 믿습니다.

3. 섬김의 영성

마지막으로, 이 나무들을 통해서 우리들에게 계시하는 영성은 섬김의 영성입니다. 이 나무들은 지배하는 임금의 자리가 싫다는 것입니다. 포도나무, 감람나무, 무화과나무는 섬기는 것이 더 좋다는 것입니다. "인자가 온 것은 섬김을 받으려 함이 아니라 도리어 섬기려하고, 자기 목숨을 많은 사람을 위한 대속물로 주려 함이라"고 했습니다. 주님이 무엇 때문에 오셨습니까? 섬기시려고 오셨습니다. 우리가 만일 어떤 위치에 올라가게 되면 반드시 권세를 사용하기 마련입니다. 포도나무는 포도주 만들어서 하나님 기쁘게 하고 사람 기쁘게 하는 것이 얼마나 귀한데 그걸 버려두고 어떻게 나무들 위에 임금이 되어서 요동하겠느냐고 하였습니다. 감람나무도 하나님과 사람을 영화롭게 하는 이 일을 버려두고 왜 임금이 되어서 나무 위에서 요동하겠느냐고 하였습니다. 무화과나무도 이렇게 아름답고 단 열매를 놔두고 왜 나무들 사이에서 요동하겠느냐고 하였습니다.

이 '요동'이라는 말은 공동번역에서는 '으시대면서 뽐낸다'는 뜻으로 번역했습니다. 높은 자리에 올라가면 뽐내고 춤을 추게 됩니다. 대부분의 사람들이 정치하게 되면 주위 사람들이 "잘 한다, 잘 해, 위대한 인물이다" 하면서 막 추켜세웁니다. 그러면 그 위에서 으시대며 권세를 뽐내게 되는 것이지요. 그런데 이 나무들은 '내가 왜 그런 짓을 해?' 하고 거절합니다. 여러분, 지배자가 되면 원수를 만듭니다. 그러나 봉사자가 되면 친구를 만듭니다. 섬긴다는 것은 얼마나 아름답고 소중한 것인지 모릅니다.

　어떤 분이 우리 교회에 등록했는데, 왜 우리 교회에 오게 됐느냐고 물었더니, 그분 말씀이 어느 교회를 나갈까 기도를 했는데 대한예수교 장로회 안산제일교회 교패가 두 번 나타났답니다. 그래서 우리 교회에 등록하고 나오시게 되었다는 것입니다. 그 교인이 오늘 3부 예배드리면서 내내 우는 것입니다. 그 교인이 등록한 지 1년도 채 안 됐고, 아직 세례도 안 받은 분인데, 설교를 듣고 있으면 제가 선 이 자리에 저는 온데간데없고, 예수님이 예배 끝날 때까지 여기서 보고 계신다는 것입니다. 그러니 눈물을 안 흘릴 수가 없지요. 오늘은 설교하면서 '나는 15년을 여기서 설교를 해도 한 번도 예수님의 얼굴을 본 적이 없는데 신규 등록 교인이 여기서 한 시간을 계속 예수님을 보고 눈이 퉁퉁 붓도록 울고 가는 것을 보니 더 정신 바짝 차리고 설교해야겠다'는 생각이 들었습니다.

　여러분, 그렇다고 신비에 빠지면 안 됩니다. 예수님의 얼굴이 나타나는 것을 보는 것만이 중요한 게 아닙니다. "볼지어다 세상 끝 날까지 내가 항상 너희와 함께 있으리라", "두세 사람이 모인 곳에 너희와 함께 있으리라" 하는 말씀을 믿어야 합니다. 그런데 그 교인의 말을 듣고 난 다음에 제가 새벽예배 마치고 여기서 하나님께 엎드릴 때 마음이 달라지는 것을 느꼈습니다. 우리 교인이 여기서 예수님을 봤다면 분명히 예수님이 나를 이렇게 내려다보실 텐데 몸가짐을 잘 해야겠다는 생각이 드는 것입니다. '무릎 꿇을 때도 좀 똑바로 꿇어야지' 하는 생각이 들었습니다. 신비란 게 별것이 아니긴 하지만 그 환상을 통해 한 가지 우리가 위로 받을 수 있는 것은, 아무도 내가 주님을 위해 헌신하고 있는 것을 몰라주어도 주님만은 오늘도 우리를 살피고 계시고, 우리의 정성을 받아 주고 계시고, 우리의 마음을 다 알고 계시고, 위로받아야 할 자를 위로해 주시고, 치료받아야 할 자를 치료해 주신다는 것입니다.

지난 금요철야예배 때 결혼 7년 만에 기도하고 낳은 아기가 이제 5개월밖에 안 됐는데 갑자기 열이 39도가 넘어가고 열꽃이 온 몸에 나는 상태로 교회엘 왔습니다. 의약분업의 분규 여파로 병원에 가니 의사가 없어서 치료도 못 받고, 할 수 없이 밤중에 철야기도 때 아기를 데리고 왔습니다. 그런데 제가 겁이 덜컥 나는 겁니다. '이거 의사도 없는데 어떻게 하나?' 열꽃이 나서 얼굴이 빨갛게 되었고, 그 홍반이 막 터지는 것입니다. 열은 나고 애는 울고… 그래 어쩌겠습니까? 하나님 앞에 왔는데 고쳐 달라고 기도하고 아기를 축복하면서 모든 교인들에게 다른 기도는 못해도 이 귀한 아이를 위해 합심기도 하자고 해서 천여 명 되는 교인들이 한마음으로 간절히 기도했습니다. 기도를 마치고 돌아가니까 열이 내리고 상태가 좋아져서 오늘 회복되어 교회에 나와 3부 예배드리고 갔습니다.

여기는 하나님이 계시는 곳입니다. 인간의 방법으로는 어찌할 수 없는 그 때에, 어머니의 애통하는 기도를 받으시고 아기를 고쳐 주신, 우리 가운데 살아 역사하시는 하나님이 계신 곳입니다. 우리가 이 교회에서 봉사한다는 것, 누군가를 섬긴다는 것은 임금 노릇도 부럽지 않은 소중한 일입니다. 남의 발을 씻어 주고 남에게 허리를 굽히는 이런 것들이 임금 노릇보다도 훨씬 더 하나님이 기뻐하시는 그리스도인의 영성이라는 것입니다.

해외토픽에 '린다와 로시'의 이야기가 있었습니다. 로시는 관절염으로 인해 두 다리를 못 씁니다. 그래서 휠체어를 타고 다니고 린다는 각막 이상으로 눈이 멀어서 소경이 되었는데, 묘하게도 이 두 사람이 이웃의 아파트에서 살게 되어 학교도 같이 다니고 교회도 같이 다녔습니다. 그런데 이 사람이 교회엘 가거나 학교엘 가면 사람들이 웃었습니다. 왜냐하면 로시는 휠체어를 타면 린다가 휠체어를 밀고 가기 때문입니다. 두 다리를 못 쓰는 로시의 다리가 되어 린다가 휠체어를 밀고, 또 소경인 린다의 눈이 되어 로시가 길을 갈 때면 "왼쪽으로", "오른쪽으로" 하는 것을 보고 사람들이 웃었던 것입니다. 린다가 전화해서 "시장 갈래?" 그러면 로시는 한 번도 거절을 안 합니다. 또 로시가 린다에게 "교회에 갈래?" 그러면 한 번도 거절을 안 합니다. 왜? 눈 없는 사람, 다리 쓰지 못하는 사람이 서로 상부상조하기로 결정했기 때문에 그렇습니다. 비록 눈은 없어도 다리 쓰지 못하는 사람 위해서 일평생 봉사할 수 있다는 것입니다. 또 비록 다리는 못 쓰지만 두 눈 가지고 다리 못 쓰는 사람을 위해서 일생 동안 봉사할 수 있다는 것입니다. 이것이 가장 아름다운 이야기입니다.

내가 당신의 휠체어를 밀어줄 수 있는 것은 임금의 자리보다 더 보람 있고 하나님이 기뻐하는 자리이고, 그 어떤 높은 자리도 부럽지 않은 것입니다. 바로 이 섬김의 영성을 우리가 이 가을에 가질 수 있기를 바랍니다. 부당한 것이 오면 "안 돼" 하고 거절해야 합니다. 예수님도 "안 돼, 안 돼" 그러셨습니다. 우리가 무엇보다도 주님을 섬기는 영성, 그 지극한 분복을 누리며 섬기는 것이 최고의 복인 것을 깨달아야 될 것입니다.

욥의 영성

"욥이 대답하여 가로되 … 나의 가는 길을 오직 그가 아시나니 그가 나를 단련하신 후에는 내가 정금 같이 나오리라 내 발이 그의 걸음을 바로 따랐으며 내가 그의 길을 지켜 치우치지 아니하였고 내가 그의 입술의 명령을 어기지 아니하고 일정한 음식보다 그 입의 말씀을 귀히 여겼구나…"(욥 23:8~14)

일본에 가서 선교사들을 위한 집회를 인도할 때, 제가 묵었던 숙소 건너편에 공원이 하나 있고, 소학교(초등학교)가 있었습니다. 그런데 제가 깜짝 놀란 것은 6시가 되니까 모든 사람들이 나와서 국민보건체조를 하는 것입니다. 그리고 9시가 되니까 선생님이 반바지 입고 교단에 서더니, 모든 선생님과 초등학교 아이들 전체가 다 국민보건체조를 30분 동안 하는 것입니다. 그 국민보건체조는 제가 45년 전 국민학교 다닐 때 했던 것과 똑같은 체조였습니다. 옆구리 운동도 똑같고, 뜀뛰기 운동도 똑같고, 그 내용이 모두 똑같았습니다. 그런데 우리나라는 요즘 국민보건체조를 안 하는 줄로 압니다. 왜냐하면 일본 사람들이 가르쳤다 해서 또한 할 필요 없다 해서 안 하는 걸로 알고 있습니다.

국민보건체조를 아침 6시에 모든 사람들이 공원에서 하고 또 학교에서 하는 것을 보면서 일본은 지금도 줄기차게 정신무장을 하고 있구나 생각했습니다. 일본은 유치원 다니는 아이들도 겨울에 반바지만 입혀서 밖에 내보냅니다. 그 일본의 정신이 저의 정신과 비슷합니다. 저도 무엇인가 한 번하면 끝까지 하거든요. 제가 넥타이 하나 매면 10년 넘게 매듯이, 뭐든지 한 번 하면 그대로 밀고 나가는 성격입니다.

우리 교회도 영적으로 영성으로 무장을 하지 않으면, 21세기에 영적으로 혼란스러운 세상을 참으로 이겨 나가고 버텨 가기가 어렵겠구나 하는 생각을 했습니다.

우리 가운데 한두 가지 불행은 대부분 겪기 마련입니다. 그러나 한꺼번에 네댓 가지 불행을 동시 다발적으로 겪는 사람은 드뭅니다. 그러나 욥은 재산을 다 잃고, 빈털터리가 되었고, 자식 열 명을 일시에 잃었고, 병중에서도 가장 무서운 한센씨병에 상응하는 상피병을 앓았고, 아내가 정신 이상이 되다시피 해서 "하나님이나 저주하고 죽으시오" 하고 가출을 해 버렸습니다. 친구들도 "네가 죄가 많으니까 이런 벌을 받지 까닭 없이 이런 시험을 당하겠느냐? 빨리 회개하라"고 하면서 모두 등을 돌렸습니다. 그런데 그런 여러 가지 어려움을 겪는 욥이 그 어려움 속에서 다시 일어나더라는 것입니다. 어떻게 그것이 가능했습니까? 욥에게는 영성이 있었습니다. 모든 어려움을 극복할 수 있고, 대비할 수 있고, 해결할 수 있는 영성을 그가 가지고 있었습니다. 영적인 무장이 되어 있었습니다. 그러면 욥이 이 어려움 속에서 일어날 수 있었던 영적 무장, 그 영성은 무엇입니까?

1. 몸부림의 영성

첫 번째는, 몸부림입니다. 주저앉는 것이 아니라는 것입니다. 자살한 것이 아니라는 것입니다. 다 끝났다고 하지 않았습니다. 그렇다고 누구 때문에 이렇게 됐다고 원망한 것도 아닙니다. 욥은 하나님을 만나고 싶었습니다. 하나님에게 묻고 싶었습니다. "도대체 무엇 때문에 나에게 이 모든 시련이 한꺼번에 왔습니까? 하나님, 만나고 싶습니다."

"내가 오늘도 혹독히 원망하니 받는 재앙이 탄식보다 중함이니라 내가 어찌하면 하나님 발견할 곳을 알꼬 그리하면 그 보좌 앞에 나아가서 그 앞에서 호소하며 변백할 말을 입에 채우고 내게 대답하시는 말씀을 내가 알고 내게 이르시는 것을 내가 깨달으리라 그가 큰 권능을 가지시고 나로 더불어 다투실까 아니라 도리어 내 말을 들으시리라 거기서는 정직자가 그와 변론할 수 있은즉 내가 심판자에게서 영영히 벗어나리라 그런데 내가 앞으로 가도 그가 아니 계시고 뒤로 가도 보이지 아니하며 그가 왼편에서 일하시나 내가 만날 수 없고 그가 오른편으로 돌이키시나 뵈올 수 없구나!"(2~9절)

위의 말씀에는 욥의 몸부림이 기록되어 있습니다. '하나님 만나고 싶고, 왜 나에게 이런 시련이 한 가지도 아니고 다섯 가지나 한꺼번에 왔는지 한 번 만나서 물어 보고 싶다. 그러면 하나님은 정직하신 분이기 때문에, 진실하신 분이기 때문에 이 모든 것을 나에게 이야기해 주실 것이다.' 몸부림! 이것이 욥의 영성입니다. 시편 42편 1, 3절에 보면, "사슴이 시냇물을 찾기에 갈급함 같이 내 영혼이 주를 찾기에 갈급하니이다 … 사람들이 종일 나더러 하는 말이 하나님이 어디 있느뇨 하니 내 눈물이 주야로 내 음식이 되었도다"라고 하였습니다.

제가 일본에 가서 한 주간을 보냈는데, 화요일에 선교사님들 모아 놓고 선교사 영성 세미나를 했습니다. 우리가 목사가 된다든지, 선교사가 된다든지, 신실한 그리스도인이 된다는 것은 우리가 잘 살고 잘 먹고 행복하기 위함이 아니라 죽기 위해서, 제물로 희생하기 위해서라고 설교했습니다. 그렇기 때문에 우리가 일본에 온 것은 죽으러 온 것이지 살러 온 것이 아니다. 우리가 죽자. 우리가 죽어야 교회가 살고, 우리가 희생해야만 교회가 산다. 간디가 말하기를 인도가 영국을 이길 수 있는 비결은, 쥐가 고양이를 이기는 방법과 같다고 하면서 쥐가 쥐약 먹고 고양이 앞에서 춤을 한 번만 추면 고양이가 쥐 잡아 먹는다. 그러면 그 때는 이긴다고 했습니다. 그러면 우리가 먹고 춤출 쥐약이 뭡니까? 그게 십자가요, 희생입니다. 그러므로 누군가 여기 와서 앞장서서 희생하고 눈물 흘리고, 피 흘릴 때 일본 선교가 될 수 있고, 우리 민족, 재일 동포, 조총련까지 선교할 수 있다라고 말씀을 전했습니다.

그런데 이번 세미나를 동경의 롯데 컨벤션센터라고 하는 큰 빌딩을 빌려서 낮에는 제직 세미나를 하고, 저녁에는 동경 임마누엘교회에 가서 저녁 집회를 했습니다. 그런데 임마누엘교회에서 두 가지 은혜를 받았습니다. 첫째는 임마누엘교회의 담임 목사님이 선교사로 일본에 가서 선교를 하는데, 조그마한 방을 빌려서 시작했습니다. 한 다섯 평이나 될까 말까 하는 조그마한 빌딩의 방에서 시작했는데, 그나마도 본국인 한국이 IMF를 당해서 선교비도 중단되고, 도와 줄 사람도 없고, 또 일본은 부자 나라인데 무슨 선교비를 도와주느냐고 해서 관심을 가져주지 않아 얼마 안가 교회 문을 닫게 되었더랍니다. 그래서 기도하면서 참 가슴 아파 하고 있었는데 마침 동역하던 여자 전도사님이 "목사님! 사모님! 우리가 이대로 주저앉을 수는 없습니다. 하나님의 뜻이 있어서 우리를 일본에 보내셨는데 이대로 끝날 수는 없지 않습니까? 그러니 우리 주저앉지 말고 다시 일합시다" 하더라는 겁니다. 그래서 무슨 일을 할 거냐고 했더니, "내 고향이 전라도인데, 김치 하나는 잘 담급니다. 그러니 김치 장사를 시작합시다." "선교사가 어떻게 김치 장사하느냐?"고 했더니 "굶어 죽은 것보다는 장사해서 교회를 하나 설립하는 것이 좋다"고 합니다. 그렇게 하자고 해서 그 전도사님이 김치를 담아서 길거리에 앉아서 파는데 냄새난다고 누가 와 보지도 않습니다. 한 달 동안 한 사람도 사 가지를 않습니다. 그러니까 다른 선교사들이 "김치 장사하려고 왔나 선교하려고 왔지. 그러니 일본 사람이 누가 예수 믿겠느냐"고 하면서 비난을 합니다. 그런데 한 달이 지나니까 한 일본 사람이 그들이 만든 김치를 사 먹어 보더니 오십 명을 그 다음 날 데리고 왔더랍니다. 그러더니 그 다음부터는 김치 팔러 나오기도 전에 김치 장사보다 먼저 와서 줄을 서서 기다리더라는 것입니다. 그렇게 1년을 김치 장사를 했는데, 문제는 그 다음부터 선교할 생각이 없어지더랍니다. 어떻게나 돈이 잘 벌리던지, 1년 동안 돈을 긁어모으다시피 했답니다. 그래서 이대로 가다가는 선교는 고사하고 김치 공장 만들겠다 싶어서 김치 장사해서 번 돈을 가지고 예배당 앞에 조그마한 빌딩 삼층 짜리가 있는데, 거기서 병원을 하던 사람이 다른 큰 곳으로 옮겨가면서 아주 싼 가격으로 빌려주어서 동경 임마누엘교회를 설립해서 예배드리게 되었다는 것입니다. 그래도 동경에서는 유일하게 건물을 일층부터 삼층까지 쓰면서 그런 대로 교회 면모를 갖춘 교회에서 제가 집회를 했습니다.

이것은 한 선교사의 몸부림입니다. 이것은 영성입니다. 더 놀라운 사실은 김치 장사하던 그 자리를 다른 사람에게 물려줬는데, 한 달 지나니까 일본사람이 한 명도 오지 않더랍니다. 그때 그 선교사가 파는 김치하고 맛이 다르다면서 한 사람도 오지 않아 그 사람은 문을 닫고 말았다는 것입니다. 그래서 그 동경 임마누엘교회가 기무치교회, 즉 '김치교회' 라고 불린다는 것입니다.

도저히 빠져나갈 수 없는 상황 속에서 좌절하고, 절망하면서 '한국 교회에서 선교비 보내주는 것도 없고 하니까 이제 모든 것을 끝내 버리자' 하는 것이 아니라 그 자리에서 몸부림을 칠 때에 김치를 통해서도 하나님께서 예배당을 설립해 주시더라는 것입니다.

삼일 동안 연합집회를 했는데, 요꼬하마교회를 담임하고 계신 목사님(선교사)인데, 첫날부터 삼일 내내 금식을 하는 것을 보았습니다. 우리는 밥 먹는데 그분은 물만 마시며 금식하니까 눈이 말똥말똥 하면서 총기가 있었습니다. 그러니 밥을 먹는 사람이 불편하지 않습니까? 같이 금식하든지, 아니면 같이 먹든지 해야지. 어떤 사람은 금식하고, 어떤 사람은 먹고 하니까 불편해서 "왜 금식을 하느냐"고 했더니, 요꼬하마에서 교회를 개척했는데 일본도 경제가 어려워져서 교인들이 얼마 모이지 않다 보니까 보증금이 다 월세로 빠져나가 버렸답니다. 이제 일주일만 있으면 보증금도 다 까먹게 돼 있어서 주인이 교회를 비워달라고 한다는 것입니다. 그래서 교회가 문 닫게 생겼다는 거예요. 그러니 참 기가 막히더라고요. 일본에서 연합집회를 해서 모인들 얼마나 모이겠습니까? 많이 모여야 한 백이삼십 명 모일뿐입니다. 그래서 그 교인들 앉혀놓고 '사랑'에 대한 설교를 이야기했습니다. "일본이라는 나라가 위대한 것은 공동체가 대동단결을 하는 것이기 때문입니다. 어느 동네에 무슨 잔치가 있다고 하면 다 모여야지 모이지 않으면 이지매(왕따)를 시킬 정도로 대동단결이 잘 되기 때문에 기독교의 복음이 들어가기가 너무 어렵습니다. 이미 그들은 무엇인가를 중심으로 단결하고 있어서 기독교가 들어오면 왕따를 당할 수밖에 없습니다. '그렇기 때문에 우리는 이 정신을 배워서 일본에서 선교할 때에 선교사와 우리 동포들이 사랑으로 하나되어 서로 뭉치고 돕지 않으면 안 됩니다"라고 역설했습니다. 그러면서 그 자리에서 요꼬하마교회를 살리자고 하면서 특별헌금 시간을 갖고 또한 시간시간 나오는 모든 헌금을 다 보태서 요꼬하마교회 목사님께 드리면서 교회가 다시 일어날 수 있도록 격려하였습니다.

제가 일본에 가서 또 한 가지 참으로 놀란 것은, 동경에 약 1,300만의 인구가 사는데, 그 도시에 자전거 도로를 다 해놨습니다. 일본 전체 인구가 1억 3천입니다. 우리나라보다 5배나 더 큽니다. 그럼에도 불구하고 차가 별로 막히지 않습니다. 우리나라 같으면 차가 길거리에 엄청날 텐데 일본에는 차들이 잘 보이지 않습니다. 차는 특별할 때에만 타고 다니고 다 자전거를 타고 다닌다는 것입니다. 사장이며, 부사장이며, 여자, 남자, 학생 할 것 없이 모두 자전거를 타거나, 그렇지 않으면 전철을 타고 출퇴근하기 때문에 교통이 원활하다는 것입니다. 일본도 우리나라처럼 석유가 나오지 않습니다. 그런데 국제 원유가 인상으로 인해 일본 경제가 위태로워지는 것을 방지하기 위해서 일본은 미리부터 자전거로 다 전환을 시켜서 어디든지 자전거를 타고 갈 수 있도록 해놓았습니다.

제가 어떤 귀한 분을 만나기로 했는데 이분도 자전거를 타고 왔다고 하는 것입니다. 이분이 일본에서 아주 저명한 분인데 말입니다. 왜 자전거를 타고 왔느냐고 했더니, 차는 주차하기가 불편하지만 자전거는 훨씬 편리하고 대답합니다. 시내 전체가 자전거 교통으로 움직이고 있었습니다. 일본이 세계 경제를 거머쥐고 살아 보려는 어떤 몸부림이 이미 내적으로 '준비완료 경제무장'이 되었더라는 것입니다. 그걸 보면서 안산 이 도시만이라도 신도시이니까 자전거도로를 만들어서 자동차 대신에 자전거로 전환시키고 특별히 꼭 멀리 간다든지 할 때만 자동차를 쓴다면, 우리 교회나 이 도시가 주차장 걱정 안 하고 살 수 있겠구나 하는 생각이 들었습니다. 이것이 일본의 정신이요 몸부림입니다.

오늘 경제가 어렵다고 실망과 좌절하지 말고 미래를 향한 몸부림을 요셉과 같이, 욥과 같이, 38년 된 환자와 같이 갖게 되기를 주님의 이름으로 축원합니다. 우리는 기도가 몸부림입니다. 철야가 몸부림이고, 찬양이, 그리고 예배가 몸부림입니다.

2. 포기의 영성

두 번째는, 욥에게는 포기의 영성이 있었습니다. 포기했다는 것입니다. "그런데 내가 앞으로 가도 그가 아니 계시고 뒤로 가도 보이지 아니하며 그가 왼편에서 일하시나 내가 만날 수 없고 그가 오른편으로 돌이키시나 뵈올 수 없구나 나의 가는 길을 오직 그가 아시나니 그가 나를 단련하신 후에는 정금 같이 나오리라"(8~10절)고 하면서 욥이 그렇게도 몸부림을 치다 마침내는 자기 자신을 하나님께 포기합니다. 이 신앙과 이 영성은 굉장히 중요합니다. 포기는 절망이나 자살이 아닙니다. '이것은 내 힘, 내 권한이 아니구나! 이게 하나님이 하시는 역사구나! 그러니 하나님 맡아 주십시오. 내가 한센씨병 같은 상피병에 걸리고, 아내가 가출하고, 자식이 열 명이나 죽고, 재산이 하루아침에 다 없어진 것은 내 힘으로 할 수 있는 것이 아무것도 없습니다. 그러니 하나님 알아서 하십시오' 하고 하나님께 맡겨드리는 것입니다. 이러한 포기가 성경 전체에 흐르고 있습니다.

여러분! 하나님은 우리의 형편과 사정을 다 아시며, 하나님은 선하시고 자비로우신 분임을 알기에 하나님께 맡겨드리는 것입니다.

아브라함은 인생의 중요한 시기에 세 번을 하나님께 자기 자신을 포기합니다. 첫째는 본토 아비집을 떠나 내가 지시한 땅으로 가라 할 때에 본토, 아비, 친척집을 다 하나님께 맡기고 포기하며 떠났습니다. 둘째는 가나안 땅에 가서 자기 조카 롯과 다툴 때도 소돔과 고모라성을 다 포기했습니다. 셋째는 독자 아들까지도 포기했습니다. 하나님께 번제로 바치라고 할 때에 그 자식을 하나님 손에 맡겼습니다. 절망이나 좌절이 아니라 "하나님, 이것은 내 힘으로 할 수 없는 것이기 때문에 하나님께 맡겨드립니다"라고 한 것입니다. 이 포기가 신앙이고, 이것이 십자가입니다.

겟세마네 동산에서 예수님이 자기 자신을 던져 버리십니다. "내 원대로 마시고 하나님 뜻대로 하십시오." 이 포기에서부터 기독교의 영성과 무장이 시작되었습니다.

바바라 존슨 여사가 쓴 '고난은 필수, 불행은 선택'이라는 글이 있습니다. 이 바바라 존슨 여사가 다섯 가지를 우리에게 질문했는데, 세상에서 가장 불행한 사람 있으면 나한테 오라는 것입니다. 그 책에서 존슨 여사는 부부가 살다가 한쪽이 뇌졸중으로 많이 쓰러진다는 것입니다. 자신의 남편이 그 중의 한 사람이다는 것입니다. 그리고 50만 가정 중 한 아들이 월남전에서 죽었는데, 그중 자신의 둘째아들이 월남전에서 적군이 쏜 포탄에 맞아서 전사했고, 8백 가정 중 한 자녀가 무면허와 음주운전 교통사고로 죽는데, 자신의 아들이 오토바이 선수인데 무면허

음주운전자가 운전하는 트럭에 치어 죽었다는 것입니다. 그리고 미국은 열 가정 중에서 한 가정이 동성연애자 자식이 나온다는데, 자신의 자식 중 셋째아들도 동성연애자라는 것입니다. 그는 유아세례 받고 믿음으로 잘 자랐지만 대학을 졸업할 때 동성연애자가 되어서 가출해 인연을 끊고 있다는 것입니다. 그리고 사십대, 오십대, 넘어가면서 40명 중 한 사람 꼴로 당뇨병에 걸리는데 자신도 당뇨병 환자라는 것입니다.

그러면서 그는 말하기를 "누구든지 내게 오시오. 나보다 더 불행한 사람 있으면 나한테 오시오. 나는 남편이 뇌졸중으로 쓰러졌소. 둘째아들이 월남전에서 죽었소. 첫째아들이 음주운전자의 트럭에 치어 비참하게 길거리에 찢겨져 죽었소. 나는 사탄에게, 나쁜 동성연애자들에게 내 아들을 빼앗겼소. 그리고 내 몸은 당뇨병으로 무너졌소. 그러나 '불행은 선택이지만 고난은 필수입니다'"라고 하였습니다.

이 바바라 존슨 여사가 가장 가슴 아프고 괴로운 것은 자기 아들이 동성연애자 되어서 남자하고 결혼해 산다는 것입니다. 그것도 예수 믿는 아이가. 이게 제정신입니까? 아이를 때려 보기도 하고, 달래어 보기도 하고, 무슨 수를 다 써도 소용이 없었습니다. 결국은 이 바바라 존슨 여사가 하나님께 포기해 버립니다. "하나님! 나는 이 자식을 살리기 위해서 모든 것을 다 했어요. 그러나 내 자식은 돌아오지 않으니 하나님께 맡깁니다" 하고 그 자식을 하나님께 맡기고 자기의 불행을 주걱으로 누룽지 긁어내듯이 다 긁어내었습니다. 그리고는 전국에 돌아다니면서 동성연애자 자식을 둔 부모들의 고통을 위로하면서 하나님께 자식을 맡기자고, 하나님께 포기하자고, 하나님은 살아 계시기 때문에 우리 믿음의 자식들을 절대로 버리지 않고 돌아오게 하실 것이라고 격려합니다. 그리고 앞으로 이 땅에 동성연애자들이 없어지도록 우리가 이 일을 위해서 캠페인을 벌이자고 독려합니다. 이런 운동을 전개해서 미국전역에 굉장한 영향력을 끼쳤습니다. 그런데 가출한 동성연애자 아들이 10년 만에 회개하고 감동을 받아 돌아옵니다. 이 바바라 존슨 여사가 어떻게 자기 자신을 극복했느냐 하면, "야, 너는 남편 복도 없고, 새끼들 복도 없고, 몸에는 병들고 그 모양이냐?"고 사람들이 비웃을 때 하늘을 쳐다보았다는 것입니다. 그러면서 "그래, 나 망했다. 어쩔래?" 그렇게 망했다는 것을 인정하고 포기해 버리고, 인생을 새롭게 출발할 때에 하나님의 새로운 역사가 있더라는 것입니다. 바로 그것입니다. 내게 있는 힘을 다해서 몸부림을 쳐보십시오. 그러나 더 이상 자기 힘으로 안될 때는 그것을 붙잡고 거기서 시간을 끌지 말고 "주여! 하나님의 뜻대로 해 주십시오" 하고 맡기고 기도하라는 것입니다.

3. 소망의 영성

세 번째는, 소망의 영성입니다. 몸부림을 쳤습니다. 몸부림을 쳤기 때문에 그것을 주님께 맡길 수 있었습니다. 그리고 또 주님께 맡길 수 있었던 것은 그에게 하나님에 대한 소망이 있었기 때문입니다.

"나의 가는 길을 오직 그가 아시나니 그가 나를 단련하신 후에는 정금같이 나오리라 내 발이 그의 걸음을 바로 따랐으며 내가 그의 길을 지켜 치우치지 아니하였고 내가 그의 입술의 명령을 어기지 아니하고 일정한 음식보다 그 입의 말씀을 귀히 여겼구나"(10~12절)

욥이 승리할 수 있는 비밀은 그것입니다. 하늘에 대한 소망입니다.

여러분이 잘 아시는 대로, 저도 많은 시련과 환난과 아픔, 고통, 사망의 음침한 골짜기를 겪으면서 스무 살 때부터 지금 여기까지 하나님의 은혜로 살아왔습니다. 그런데 저는 항상 수로보니게 여인이 주님한테 멸시, 천대를 받으면서도 "개에게 자녀의 떡을 던짐이 마땅치 않도다" 했을 때, "주님 옳습니다만, 개도 주인의 상에서 떨어지는 부스러기를 먹고 삽니다. 부스러기라도 주십시오" 했던 그 고백이 제 삶의 고백이 되었습니다. "주님, 나 부족하니까 말씀의 떡덩어리 하나만 주십시오. 떡 하나만 먹으면 됩니다." 그랬더니 35년 동안 주님이 늘 말씀의 떡을 계속 공급해 주셨습니다.

저에게 제일 먼저 던져 주신 말씀은 마가복음 11장 24절에 있는 "믿고 구한 것은 받은 줄로 믿으라 그러면 그대로 되리라"였습니다. 저는 하나님이 주신 이 말씀을 덜컥 받아먹었습니다. "그래, 믿고 구한 것은 받은 거야. 주님! 나는 믿습니다. 내 모든 문제를 해결해 주실 것으로 믿습니다." 그러나 현실과 환경은 전혀 변화가 없었습니다.

'말씀을 믿을 것인가! 내 환경을 보고 절망할 것인가!' 하는 그 기로에 서 있을 때 두 번째 주신 말씀이 히브리서 11장 36절의 "인내가 필요함은 너희가 하나님의 뜻을 행한 후에 약속을 받기 위함이라"였습니다. 그러므로 인내는 하나님의 결재라고 생각했습니다. 내가 인내하고 기다린다는 것은 하나님의 결재입니다. 그렇기 때문에 십 년이고 이십 년이고 얼마든지 기다릴 수 있었습니다. 그렇게 기다리는 가운데 신명기 28장 7절 말씀, "네 원수가 한 길로 왔다가 일곱 길로 도망간다"는 말씀을 주셨는데, 어느 날 가난과 고통과 질병이 하루아침에 싹없어져 버렸습니다. 그리고 나서 요엘 2장 25절을 또 주셨는데, 그 말씀을 붙잡고 몇 년을 제가 감사했는지 모릅니다. "메뚜기와 늦과 황충과 팟종이의 먹은 햇수대로 너희에게 갚아 주리니"라는 말씀을 통해 아무리 힘들어도 걱정하지 말고 참고 기다리면 하나님이 다 갚아 주실 것임을 믿고 의지했습니다.

제가 참으로 이 말씀을 통해서 하나님께 죄송한 것은, 제가 주님을 위해 일하다 아프고, 쓰러졌으면 당연히 하나님이 주신 것이라 여기고 감사히 받겠지만, 하나님하고는 아무 관계없이 세상과 짝하여 살다가 망가진 것을, 그런데도 그 세월을 하나님이 갚아 주시겠다는 것입니다. 전혀 예수하고 관계없는 세월도 하나님이 갚아 주신다는 것입니다. 그러니 고린도전서 2장 9절 말씀에, "하나님이 자기를 사랑하는 자들을 위하여 예비하신 모든 것은 눈으로 보지 못하고 귀로도 듣지 못하고 사람의 마음으로도 생각지 못하였다 함과 같으니라"고 하신 것이 얼마나 감사합니까?

제가 여기 고잔에 올 때만 해도 이렇게 아름다운 성전과 이런 뜰과 이 도시를 상상도 못 했습니다. "네가 나를 사랑해라. 나를 사랑하면 네 눈으로도 보지 못하고, 귀로도 들어 본 적도 없고, 마음으로도 생각해 본 적이 없는 것을 너에게 준비했다 주겠다"는 것입니다.

골로새서 1장 24절을 읽으면서 하나님이 주시는 말씀으로 저는 교회를 사랑했습니다. "내가 이제 너희를 위하여 받는 괴로움을 기뻐하고 그리스도의 남은 고난을 그의 몸된 교회를 위하여 내 육체에 채우노라" 너는 교회의 아픔을 네 몸에 십자가처럼 채워야한다는 것을 깨달았습니다.

그리고 최근에는 하나님이 제게 빌립보서 2장 17절 말씀을 주셨습니다. "만일 너희 믿음의 제물과 봉사 위에 내가 나를 관제로 드릴지라도 나는 기뻐하고 너희 무리와 함께 기뻐하리니" 요즘 정말 저는 포도주가 되고 싶습니다. 교회를 사랑하고 주님을 위해 헌신하고 믿음과 눈물과 금식으로 살아가는 모든 성도들, 충성스런 성도들을 볼 때에 내가 포도주가 되어야겠다는 생각을 합니다. 그래서 하나님은 교인들이 저렇게 주님을 위해 충성하니 네가 포도주가 되어서 거기다 네 몸을 제물처럼 부으라고 하신 것 같습니다.

그리고 무엇보다도 "두려워 말라 내가 너와 함께 함이니라 놀라지 말라 나는 네 하나님이 됨이니라 내가 너를 굳세게 하리라 참으로 너를 도와 주리라 참으로 나의 의로운 오른손으로 너를 붙들리라"는 이사야 41장 10절의 말씀이 평생 동안 저를 지켜 주셨습니다. 이런 모든 말씀을 하나님이 그때그때마다 던져 주시고, 그 말씀을 먹는 사이에 저는 여기까지 왔고, 이 모든 영광이 다 하나님의 축복으로 말미암은 것입니다.

지난 주일에 5부 예배를 마치고 정기 당회를 준비하려고 하는데, 갑자기 중년 되신 집사님이 (저는 집사님인 줄 몰랐습니다) 자기는 ○○○ 집사라면서 하나는 나이가 스물둘 정도 되고, 하나는 열아홉 살 정도 되는 두 아들을 데리고 들어오더니 아들들에게 내 앞에서 옷을 다 벗으라고 하니까 다 큰 청년들이 엄마 말을 듣고 옷을 다 벗었습니다. 그러면서 "목사님! 우리 아이들 몸 좀 보세요." 그 몸을 보는 순간에 저는 전율을 느꼈습니다. 그 집사님의 아들들은 도저히 상상할 수 없을 만큼 나쁜 피부병이 온 몸에 퍼져 있었습니다. 그 집사님이 하는 말이 매주 수요일 날 와서 레위기 강해를 들었는데, 레위기 강해에 두 주간에 걸쳐서 한센씨 병자들은 제사장한테 가서 그 몸을 보이라는 말씀을 듣고 아이들 몸을 제사장에게 보이려고 저에게 데려왔다는 것입니다. 태어나자마자 아이들이 피부병에 걸려 병을 고쳐 보려고 소록도도 가보고, 한센씨 환자들이 사는 마을에 가서 약을 가져다 바르고, 별별 의사를 다 만나 봤지만 아직까지 이 아이들이 치료가 안 됐다는 것입니다. 그러더니 천만 원짜리 저금통장하고 도장을 내놓는 것입니다. 이 아이들이 몸과 얼굴에 약을 발라야 하는데, 약 한 병에 오만 원 간답니다. 그런데 우리 교회 집사님 한 분이 만 원만 받고 약을 대 줘서 치료를 받고 있는데, "목사님! 나는 이것이 전부입니다" 그러면서 하나님께 이걸 드릴 테니까 기도해 달라는 것입니다. 제가 일본에 가면서 그 집사님과 두 아들을 위해 이 시를 썼습니다.

차라리 한센씨병이라면 당신의 뜻에 순종하겠습니다

내게 온 병이라면 오히려 감사하겠습니다
어찌하여 주님이 주신 두 아들에게
욥과 같은 난치의 병을 주셨나이까
제사장에게 보이라는 말씀에 은혜 받고 청년인 두 아들
목사님 앞에 옷 벗겨 치부같은 환부 보일 때
순종하는 두 아들 고마웠고 나는 이미 사람이 아닌
오직 어머니였습니다.
마리아의 옥합보다 더 소중한 내 옥합 깨뜨릴 때
나는 이미 어머니가 아닌 당신의 종이었습니다
주여! 계집종에게 한 마디 말씀만 하옵소서
몸부림치라시면 더 몸부림치겠습니다
포기하라시면 더 포기하겠습니다
기다리라 하시면 더 기다리겠습니다

-난치병 아들을 둔 어머니들에게 바치는 시-

　호세아 2장 15절에 보면, 하나님은 아골 골짜기를 소망의 골짜기로 삼아 주신다고 했습니다. 소망의 문으로 삼아 주신다고 했습니다. 아골 골짜기는 아간이 범죄하고 나서 돌무덤이 만들어진 공동묘지입니다. 죽음과 심판의 골짜기입니다. 그러나 그 아골 골짜기가 소망의 문이 된다는 것입니다. 예수가 소망의 문입니다.
　야고보서 5장 11절에 보면, "보라 인내하는 자를 우리가 복되다 하나 너희가 욥의 인내를 들었고 주께서 주신 결말을 보았거니와 주는 가장 자비하시고 긍휼히 여기는 자시니라"고 했습니다.

우리는 뜻하지 않게 사람의 힘으로는 해결할 수 없는 난치, 불치의 고통이 찾아올 때가 있습니다. 그럴 때 욥과 같이 몸부림을 치시기를 바랍니다. 기도의 몸부림, 찬양의 몸부림, 믿음의 몸부림, 헌신의 몸부림을 치십시오. 그리고 내 힘이 미치지 못할 때에는 하나님께 모든 것을 맡기십시오. 그리고 하나님에 대한 소망을 잃지 마시기를 바랍니다. 하나님은 반드시 저와 여러분을 사랑하시기 때문에, 그리고 하나님은 살아 계시기 때문에 아골 골짜기 같은 절망의 골짜기에서 소망의 문을 삼아 주시는 축복의 하나님이시기 때문에, 반드시 사람이 상상할 수도 없는 어떤 하나님의 계획과 섭리와 축복을 가지고 욥을 갑절로 축복해 주신 것처럼 저와 여러분과 우리를, 그리고 그 어머니를 축복하실 것을 확신합니다.

엘리야의 영성

"…저가 대답하되 내가 만군의 하나님 여호와를 위하여 열심이 특심하오니 이는 이스라엘 자손이 주의 언약을 버리고 주의 단을 헐며 칼로 주의 선지자들을 죽였음이오며 오직 나만 남았거늘 저희가 내 생명을 찾아 취하려 하나이다 … 그러나 내가 이스라엘 가운데 칠천인을 남기리니 다 무릎을 바알에게 꿇지 아니하고 다 그 입을 바알에게 맞추지 아니한 자니라"(왕상 19:12~18)

혹시 우리 중에 한 번도 죽고 싶을 때가 없었던 사람이 있습니까? 그런 사람이 있다면 그 사람은 높은 경지에 이르렀든지, 도통했든지, 아니면 좀 모자라든지… 아무튼 인생을 살아가다 보면 죽고 싶을 때가 있습니다. 가령 부끄러운 일을 당했다든지, 엄청난 죄를 지었다든지, 아니면 삶이 곤고하고 힘들거나 버거울 때, 이 고통스런 세상을 사느니보다는 차라리 하나님 나라에 가고 싶다고 생각하기도 합니다. 그곳에는 눈물도 없고, 고통도 없고, 창피할 것도 없고, 옷 잘 입을 필요도 없고, 성형 수술 할 필요도 없고, 아무 걱정 근심이 없으니 그곳에 가고 싶다고 생각하는 것입니다.

민수기 11장 14~15절에 보면, 모세가 이스라엘 백성을 이끌고 광야를 가다가 그들이 고기를 먹을 수 없다고 하나님을 원망하고 모세에게 불평하는 것을 보고 "책임이 심히 중하여 나 혼자는 이 모든 백성을 질 수 없나이다 주께서 내게 이같이 행하실진대 구하옵나니 내게 은혜를 베푸사 즉시 나를 죽여 나로 나의 곤고함을 보지 않게 하옵소서" 하고 기도했습니다. "하나님, 너무 책임이 커서 제가 감당 못 하겠으니 저를 차라리 죽여주십시오" 하고 기도한 것입니다.

또 요나가 하나님의 명령대로 니느웨에 가서 회개를 촉구하고 나서 박넝쿨 그늘 밑에서 잠을 자다가 벌레가 박넝쿨을 다 갉아먹어서 잎이 시들어 버려 뜨거운 햇볕이 머리에 내리쬐자 요나가 혼곤하여 스스로 죽기를 구하여 가로되 "사는 것보다 죽는 것이 내게 나으니이다"(욘 4:8) 하고 구했습니다.

욥도 친구들의 계속적인 공격을 견디지 못해 자신의 친구들에게 자기를 좀 불쌍히 여겨 달라고 하면서 "하나님의 손이 나를 치셨구나 너희가 어찌하여 하나님처럼 나를 핍박하느냐 내 살을 먹고도 부족하냐 … 내가 알기에는 나의 구속자가 살아 계시니 후일에 그가 땅 위에 서실 것이라 나의 이 가죽, 이것이 썩은 후에 내가 육체 밖에서 하나님을 보리라 내가 친히 그를 보리니 내 눈으로 그를 보기를 외인처럼 하지 않을 것이라 내 마음이 초급하구나"(욥 19:21~22, 25~27) 말하였습니다.

본문의 엘리야도 "여호와여! 넉넉하오니 지금 내 생명을 취하여 주시옵소서. 이만큼 살았으면 됐고 이만큼 했으면 됐으니 내 생명을 그저 데려가 주시옵소서" 하고 죽여 달라는 간청을 했습니다. 엘리야는 그 시대에 사회적인 신망을 갖고 있는 선지자였습니다. 그런 그가 사회를 바라볼 때 희망이 없었습니다. 임금은 정치적으로 바알과 아세라 목상(우상)과 야합을 하고, 왕비가 나라의 지도자가 되어 나라를 온통 우상숭배로 이끄는 등 종교마저 다 썩어 버린 형세였습니다. 그 벌로 3년 동안 비가 내리지 않아 백성들이 사느냐 죽느냐 하는 생사의 기로에 섰습니다. 살길은 오직 하나, 신앙의 개혁을 하지 않고 이대로 가다가는 온 나라가 다 망한다는 위기의식에 사로잡혔습니다. 그래서 갈멜산에서 바알을 섬기는 850명의 제주들, 우상숭배자들을 다 모아 놓고 백성들이 보는 앞에서 진짜 하나님이 야훼 하나님인지, 바알인지 시험해 보자 해서 맞붙어 기도하기 시작했습니다. 그러자 여호와의 불이 내려서 번제물과 나무와 돌과 흙을 태우고 심지어 도랑의 물까지 다 핥아 버렸습니다. 이렇게 엘리야의 하나님이 승리해서 엘리야가 바알의 선지자들을 남김없이 다 잡아다가 기손 시내에서 죽였습니다. 왕비 이세벨이 그 소식을 듣고 사자를 엘리야에게 보내어 "내가 내일 이맘때에는 정녕 네 생명으로 저 사람들 중 한 사람의 생명 같게 하리라"(2절)고 하자 저가 그 생명을 건지려고 도망하여 남쪽 국경 변방인 브엘세바에 이르렀습니다. 그리고 스스로 광야로 들어가 하룻길을 행한 후에 로뎀나무 아래 앉아서 "여호와여 넉넉하오니 지금 내 생명을 취하옵소서 나는 내 열조보다 낫지 못하나이다"(4절) 하고 하나님께 죽기를 구했습니다. 그러면 하나님은 왜 엘리야 같은 위대한 종을 절대절망의 자리, 죽고 싶은 절망의 자리로 몰아붙이셨을까요?

우리는 이 본문을 통해 '아! 세상을 더 살아 무엇하랴!' 하는 아무 희망도 없는 그 자리에서 어떠한 영성을 가져야 할 것인지 배워야 합니다. 혹시 우리 중에 누군가 삶이 곤고하고, 모든 것이 뜻대로 되지 않고, 내 생각과는 상관없이 모든 것이 무너지고 허물어지고 부끄럽고 창피한 일들이 자신을 사로잡고 있는 그런 자리에 있는 사람이 있다면, 이 본문을 통해서 하나님이 주시는 영성을 얻을 수 있기를 바랍니다.

1. 고독의 영성

첫 번째, 엘리야가 거두어들인 영성은 고독의 영성입니다. 고독이란 무엇입니까? 홀로 있는 것입니다. 왕비 이세벨의 협박을 피해서 브엘세바로 피신한 엘리야는 로뎀나무 밑에서 원망하다가 너무 피곤해서 잠이 들어 있었을 때, 천사는 엘리야를 어루만져 깨우며 일어나서 떡과 물을 먹으라고 합니다. 그것을 먹고 힘을 얻은 엘리야는 호렙산에 있는 굴에 들어가 머물고 있었을 때 여호와 하나님의 말씀이 임하기를, "엘리야야 네가 어찌하여 여기 있느냐?", 다시 말해 "너 왜 여기서 절망하고 좌절하고 이렇게 있느냐?"는 것입니다. 그때 엘리야가 하나님께 "내가 만군의 여호와를 위하여 열심이 특심하오니 이는 이스라엘 자손이 주의 언약을 버리고 주의 단을 헐며 칼로 주의 선지자들을 죽였음이오며 오직 나만 남았거늘 저희가 내 생명을 찾아 취하려 하나이다"(10절)라고 대답합니다. 엘리야는 "이스라엘 백성이 하나님을 떠나 하나님과 등지고 선지자들을 다 죽였습니다. 그래 이제 내 목숨 하나 부지했는데 나마저 죽게 되면 이 모든 것이 끝이 납니다. 그러니 이세벨의 손에 죽느니 차라리 하나님이 저를 죽여주십시오" 하고 죽기를 갈망하고 있습니다.

세상의 모든 사람에게 버림을 당하고 홀로 있을 때, 그 때는 절대고독의 자리입니다. 그러나 그 절대고독의 자리는 절망하고 좌절하고 죽음을 구하는 자리가 아닙니다. 절대고독의 자리는 절대만남의 자리입니다. 아무도 없는, 그 모든 도움이 다 차단된 그 자리에서 누구와 만납니까?

하나님이 엘리야를 만나 주셨습니다. 그가 피곤해서 잠이 들었을 때 천사를 보내서 잠자는 엘리야를 깨워 하늘로서 떡과 물을 먹이면서 "네가 길을 이기지 못할까 하노라" 하면서 염려해 주셨습니다. "너 호렙산에 가야 되는데 가다가 쓰러지면 어떻게 하느냐? 네가 길을 이기지 못할까 걱정이다"고 하시면서 그를 먹여 주고 잠재우고 일으켜 세워서 호렙으로 나아가게 해 주셨습니다.

이것은 구약에 나오는 최초의 성찬입니다. 엘리야에게 하늘에서 온 떡과 물을 먹이셨습니다. 기손 강가에서 850명이나 되는 바알의 선지자를 죽였을 때도, 사르밧 과부의 집에서 3년을 기거하고 있을 때도 하나님이 떡을 먹이지 않았습니다. 그런데 홀로 아무도 없는 절대고독의 자리에 있을 때, 하나님이 천사를 보내서 그를 만나 주시고 그에게 이 기막힌 성찬을 주셨습니다.

하나님과 독대하는 자리, 절대고독의 자리는 절망하고 좌절하는 자리가 아니라 하나님과 단 둘이 만나는 영광의 자리라는 것입니다.

사도 바울이 다메섹에서 예수를 만난 다음에 예수 만난 감격이 너무 커서 친구들이나 친척들을 만나지 않고, 또 사도들도 만나지 않고 아라비아 광야로 들어가 3년 동안 있었습니다. 왜 그렇게 했습니까? 가족도, 친척도 아무도 없는 광야에 가서 오직 하나님과 독대하기 위해서였습니다. 하나님과 둘이만 있는 시간, 오직 하나님과 독대하는 자리를 갖기 위해서 사람 없는 곳을 스스로 선택해 들어간 것입니다. 이것이 바울의 신앙입니다.

하물며 내 스스로 마련해서라도 그런 시간을 가져야 하겠거늘, 하나님이 마련해 주신 시간이라면, 내게 불가항력적으로 그런 것이 왔다면, 그 시간이야말로 하나님과 깊은 영적 교통을 나누는 시간이 되지 않겠습니까? 사람에 대해서는 우리가 실망할 필요는 없습니다. 사람은 믿음의 대상이 아니고 사랑의 대상입니다. 원수까지도 사랑해야 합니다. 우리가 믿을 분은 오직 하나님뿐입니다.

요한복음 2장 24~25절에 보면, "예수는 그 몸을 저희에게 의탁지 아니하셨으니 이는 친히 모든 사람을 아심이요 또 친히 사람의 속에 있는 것을 아시므로 사람에 대하여 아무의 증거도 받으실 필요가 없음이니라"고 말씀하십니다. 사람을 어떻게 의지합니까? 사람은 사람에 지나지 않는다는 것을…. 사람이라는 것은 저버리게 되어 있으며, 사람의 속성은 달면 삼키고 쓰면 뱉는 것인데 어찌 그러한 사람을 의지할 수 있겠느냐는 것입니다.

요한복음 16장 32~33절에서 예수님은 이렇게 말씀하셨습니다. "보라 너희가 다 각각 제 곳으로 흩어지고 나를 혼자 둘 때가 오나니 벌써 왔도다 그러나 내가 혼자 있는 것이 아니라 아버지께서 나와 함께 계시느니라 이것을 너희에게 이름은 너희로 내 안에서 평안을 누리게 하려 함이라 세상에서는 너희가 환난을 당하나 담대하라 내가 세상을 이기었노라 하시니라"

혹시 우리 중에 세상에 나 혼자 있는 것처럼 절망하고 좌절하는 사람이 있다면 그래서는 안 된다는 것입니다. 나 혼자만 있습니까? 하나님도 계십니다. 이세벨만 있습니까? 이세벨만 있는 것이 아니라 하나님도 계십니다. 이세벨이 내일 이맘때면 너를 죽이겠다고 무서운 공갈 협박을 했습니다. 그러면 그 소리만 있습니까? "두려워 말라 내가 너와 함께 함이니라"는 하나님의 음성도 있습니다. 왜 세상의 두려운 소리는 들을 줄 알고 하나님의 소리는 못 듣습니까?

요즘 두려운 소리가 들려옵니다. "이제 IMF보다 더 무서운 것이 온대. 큰일났어. 기름값 올라서 다 망하게 됐어." 이게 바로 이세벨 소리입니다. 세상의 소리, 두렵고 떨리고 염려되는 소리가 들려올 때, 그것은 곧 사탄의 소리인 줄 아시기 바랍니다. 그럴 때, "염려하지 말라, 너의 미래는 내가 책임진다. 두려워 말라, 모든 것이 합력해 선을 이룬다"는 하나님의 음성을 들으셔야 합니다.

보십시오! 엘리야가 만일 거기서 850명을 죽였는데, 그 다음 날 누가 죽였는지도 모르게 엘리야가 죽임을 당했다면 어쩔 뻔 했습니까? 이세벨의 사전 경고를 통해서 하나님이 피신시키신 것인 줄 누가 알겠습니까? 엘리야가 도망친 것이 잘못이 아니라 끝났다고 절망하고 좌절한 것이 문제인 것입니다. 절대고독이 오고 절대절망이 왔을 때, 그때 하나님과 단 둘이 만나는 시간을 가졌어야 합니다. 그 시간을 위해 하나님이 그를 절대좌절의 시간으로 이끄신 것을 알아야 합니다.

2. 겸손의 영성

두 번째, 겸손의 영성을 얻어야 합니다. 사람이 듣기에도 거슬리지만 하나님이 들으시기에는 더욱 거슬리는 말을 하는 사람이 많습니다. 보십시오! 하나님이 엘리야에게 "엘리야야 네가 어찌하여 여기 있느냐", "왜 네가 절망하고 동굴 속에 있느냐"고 물으실 때에 엘리야가 이렇게 대답합니다. "내가 만군의 하나님 여호와를 위하여 열심이 특심하오니 이는 이스라엘 자손이 주의 언약을 버리고 주의 단을 헐며 칼로 주의 선지자들을 죽였음이오며 오직 나만 남았거늘 저희가 내 생명을 찾아 취하려 하나이다."

여기서 듣기에 거북한 말이 무슨 말인가 하면, 자기가 굉장히 중요한 인물이라고 생각해서 자기의 열심이 특심하다고 자부합니다. 자기만이 모든 것인 줄 알았고, 자기만이 세상 슬픔 다 당한 것처럼, 세상 짐을 다 진 것처럼, 근심, 걱정, 염려로 가득 차서 "죽여주십시오" 하고 잘못된 말을 합니다. 마치 자기만 잘 믿고 다른 사람은 다 잘못 믿는 것처럼 생각하고 있습니다.

또 한 가지는, "나는 내 열조보다 낫지 못합니다"라는 말인데, 그럼 자기가 열조보다 못하지 열조보다 더 잘났습니까? 모세보다도 훌륭합니까? 이삭이나 아브라함보다도 훌륭합니까? 그들보다 못합니다. 그런데 그것을 한스럽게 생각해서 "죽여주시옵소서" 합니다. 이런 엘리야의 교만을 보시고 하나님은 "내가 이스라엘 가운데 칠천 인을 남기리니 다 무릎을 바알에게 꿇지 아니하고 다 그 입을 바알에게 맞추지 아니한 자니라"(18절)고 하셨습니다. 네가 대단한 존재라고 생각하지만 너 같은 사람을 내가 칠천 명이나 남겨 두었고, 너 죽고 나면 다른 사람 또 남겨 둔다는 것입니다.

엘리야의 교만은 다른 것이 아닙니다. 하나님께 죽기를 구했다는 것입니다. 어떻게 하나님께 기도로 죽기를 구합니까? "하나님, 죽여주시옵소서." 기도는 그런 것이 아닙니다. "하나님 나 살려 주십시오. 나 죽게 되었으니 살려 주십시오." 이것이 기도인 줄로 믿습니다. "하나님, 연약하니까 도와 주십시오" 그래야지, "에이, 나는 소용없어, 끝났어"라고 해서는 안 된다는 것입니다. 기쁨은 같이 나누시고 슬픔은 축소시키시기 바랍니다.

어떤 사람은 자기가 아프면 집안 식구들을 다 원수로 만들어 놓는 사람들이 있습니다. 나 아픈데 어째서 안 들여다보고 무관심 하느냐면서 모든 가족들에게 고통을 주는 사람이 있습니다. 그러나 또 어떤 가장은 자기가 아프면 그것을 가족들에게 공개하지 않고 "괜찮아, 아무것도 아니야" 하면서 가족들을 안심시키는 사람도 있습니다. 이것이 겸손이라는 것입니다. 어떤 사건이 우리를 겸손하게 했다면, 그것은 하나님의 축복입니다. 어떤 사건이 우리를 교만하게 했다면, 그것은 정말 불행한 사건입니다.

잠언 16장 18절에 보면, "교만은 패망의 선봉"이라고 하였습니다. 제가 노회나 총회를 가보면 그 말씀을 그대로 보는 듯한 광경을 많이 보게 됩니다. 선후배도 아랑곳하지 않고 수단과 방법을 동원하여 제일 높은 자리에 올라가려고 합니다. 그 모습을 보면서 속으로 '저러면 안 되는데, 저렇게 교만하면 안 되는데' 하는 생각을 하게 됩니다. 그 사람들은 나중에 굉장히 부끄러움을 당합니다. 그런데 "아니요. 저는 그런 일 못 맡아요. 제가 부족하니 먼저 하십시오" 하고 양보하고 뒤로 물러서면 다른 사람들이 그 사람을 세워주고… 그럴 때 높아지는 것을 볼 수 있습니다. 교만은 패망의 선봉입니다.

세상의 모든 것은 주식과 같다는 말이 있습니다. 주식하는 교인들이 많이 생겼다는 소리를 듣습니다. 저는 주식에는 문외한이라 잘은 모르지만 주식에 대해서 아는 것이 한 가지가 있습니다. '세상은 주식과 같다.' 주식에 투자해 놓으면 맘을 놓을 수가 없습니다. 언제 주가가 내려갈지 모릅니다. 대통령이 조금만 잘못해도 주식이 뚝 떨어져 버리고, 유가 파동만 일어나도 뚝 떨어지고, 어디서 무슨 사건만 터져도 주가가 뚝 떨어져 버립니다. 그래서 주식에 투자한 사람은 항상 주식 시황에 따라 가슴이 철렁하기도 하고 조마조마합니다. 오죽하면 어떤 목사님은 교인들 얼굴만 봐도 뉴스 안 듣고도 주식 시황을 안다고 합니다. 교인들이 밝은 얼굴로 오면 주식이 올라간 것이고, 찡찡하면 주식이 내려간 증거라는 것입니다. 모든 것은 그와 같이 믿을 수 없습니다. 사람이나 주식, 그 모든 것은 다 믿을 수 없습니다. 오직 믿을 수 있는 것은 하나님 한 분뿐입니다. 우리가 달리 누구를 의지하고 살겠습니까? 우리가 하나님께 기도하면 길이 열려지게 되어 있습니다.

어떤 주부가 있었습니다. 자식 삼 남매와 남편과 살면서 직장 생활 하는 여성입니다. 시아버지, 시어머니가 아프셔서 집에 모시게 됐습니다. 시아버지가 중풍으로 쓰러져서 시어머니 혼자 돌보기 어렵고 해서 며느리와 함께 합쳐서 살게 되었는데, 이로 인해 생활비가 많이 들어 살림은 어려워지고, 또 아프신 분들 모시다 보니 기도할 시간과 가정예배 드릴 시간도 따로 없고, 부지런히 일을 해야 했습니다. 그래서 이 부인은 기도 수첩을 만들었습니다.

그리고 기도수첩에 가족들의 기도제목을 일일이 적고 기도했습니다. 그러던 어느 날, 큰딸이 차를 운전하며 직장에서 돌아오다 교통사고가 나서 차는 다 부서졌지만 딸과 그 차에 함께 탔던 일행들은 하나님 은혜로 무사히 살아 돌아왔다는 것입니다. 그 말을 들은 이 부인은 하나님께 "큰딸의 생명을 지켜주셔서 하나님 은혜 고맙고 감사합니다" 하고 고백했습니다. 그리고 다음 날 아침에 일어나서 기도 수첩을 열어 보니 "우리 큰딸이 직장 출퇴근할 때 교통사고 나지 않게 지켜 주시옵소서"라는 기도문이 적혀 있는 것을 발견했습니다.

여러분, 날마다 계속되는 일이 시시하다고 생각되십니까? 엘리야가 잘못한 것이 무엇입니까? 무엇이 교만입니까? 하나님께 생명을 구하지 않은 것입니다. 왜 미국이란 나라가 그렇게 복잡한데도 무너지지 않는 줄 아십니까? 청교도 후예들이 아직도 하나님께 자신의 가정과 사회, 국가를 위해 기도하기 때문입니다. 만일 그 주부가 기도하지 않았다면 병든 시아버지와 연약한 시어머니, 남편과 여러 자식들 사이에서 갈등을 겪는 삼대가 어떻게 그 상황을 잘 이겨 나갈 수가 있었겠습니까? 날마다 시간이 없어서 기도수첩을 펼쳐 놓고 하나님께 간절히 기도하는 그 어머니의 기도가 민족과 가정을 지키고 생명을 지켰습니다. 교만하다는 것이 뭡니까? 하나님 도움 없이도 살 수 있다고 생각하는 것입니다. 기도 안 해도 살고, 예배 안 드려도 살 수 있다고 생각하는 것입니다. 절망하는 것이 교만입니다. 어렵고 힘들 때 하나님을 찾아 "주님! 도와 주십시오. 제가 견디기 어렵습니다" 하고 도움을 요청하는 이 기도의 영성, 이 겸손의 영성을 오늘 우리가 회복해야 우리 민족이 살고 이 나라가 살 줄로 믿습니다. 우리는 얼마나 기도를 무시하고, 하나님을 멸시하고, 하나님 없이, 하나님의 도움 안 받아도 살 것처럼 교만하게 살고 있습니까?

3. 위로의 영성

세 번째, 위로의 영성입니다. 여러분! 죽고 싶은 엘리야에게 하나님이 천사를 보내어 어루만져 주시고, 두 번씩이나 하늘의 떡과 하늘의 생수를 갖다 먹이시면서 용기와 위로와 힘을 주셨습니다. "네가 길을 이기지 못할까 하노라, 가다가 쓰러지면 어떡하느냐? 이것 먹고 힘내서 가거라." 그 어려움 속에서, 두려움 속에서 잠자게 하셨다는 것은 그에게 정신적인 평안을 준 것입니다. 시편 127편 2절에 보면, "그러므로 여호와께서 그 사랑하는 자에게는 잠을 주시는도다"라고 했습니다. 우리에게 복잡하고 어려운 일이 생기면 하나님이 잠재워 주십니다. 잠 잘 잔 사람은 하나님이 그렇게 해 주신 것입니다. 아침에 잠자고 일어나면 하나님이 문제를 다 해결해 놓으신 것을 알게 됩니다.

아기가 울면 젖 먹여서 잠을 재웁니다. 그런 다음에 기저귀도 빨고 우유병도 소독하고 약과 먹을 것도 준비하고 집안 청소도 해놓고 아기가 깨어나면 모든 것이 다 준비되어 있는 것처럼, 하나님도 우리가 곤고하고 어렵고 죽고 싶을 때, 잠을 들게 해서 잠자는 사이에 우리 정신을 치료해 주십니다. 그러므로 무슨 일이 생기면 많이 먹고 푹 주무시기 바랍니다. 잠자고 일어나면 하나님이 굉장히 좋은 것을 준비해 놓고 계십니다.

그 다음, 그에게 무슨 일을 하셨느냐 하면 그의 육신을 돌보셨습니다. 먹을 떡과 물을 주셨다는 것은 하나님이 우리 육신에 대해 무관심하지 않으신 증거입니다. 우리가 먹고 마시고 살 것에 대해 절대 무관심하지 않으십니다. 그러므로 어떻게 살지 걱정하지 말아야 합니다. 하나님이 살 길을 다 열어 주십니다.

여러분! 하나님은 우리가 어려울 때 용기를 주십니다. 예레미야가 아나돗에서 하나님 말씀을 전하다가 그 사람들의 하는 행동이 너무나 올바르지 못한 것을 보고 "왜 불의를 행하고 못된 짓 하는 저들은 다 잘 살고 하나님의 종들은 이렇게 핍박을 받습니까? 왜 죽고 시련을 당합니까? 저들을 복수하고 원수를 갚아 주십시오" 하고 기도한 적이 있습니다. 그랬더니 "네가 보행자와 함께 달려도 피곤하면 어찌 능히 말과 경주하겠느냐 네가 평안한 땅에서는 무사하려니와 요단의 창일한 중에서는 어찌

하겠느냐 네 형제와 아비의 집이라도 너를 속이며 네 뒤에서 크게 외치나니 그들이 네게 좋은 말을 할지라도 너는 믿지 말지니라"(렘 12:5~6)고 말씀하셨습니다. 여기서 예레미야가 위로를 받고 힘을 얻어서 마침내 순교자가 됩니다.

제가 미국 갔다 오면서 공항에서 제일 잘 팔리는 책을 한 권 샀습니다. 그 책 제목은 '사람이 사소한 일에 목숨을 건다' 입니다. 그러나 제가 그것을 약간 의역하면 '사소한 일에다 땀을 흘리지 말라' 고 할 수 있을 것 같습니다. '돈 스웨트', 조그만 일 때문에 땀 흘리지 말라는 것입니다. 즉, '작은 일에 목숨을 걸지 말라' 는 뜻입니다. 엘리야가 "죽여주십시오" 하고 기도했는데, 그것 때문에 죽을 것까지 있습니까? 엘리야나 우리들에게 생각하게 하는 바가 큽니다. 우리 한국말 중에 "죽겠다"는 말이 있는데, 아마 우리나라 사람들은 목숨이 여러 개인가 봅니다. 목숨을 너무 많이 겁니다. 툭하면 "배고파 죽겠네", "배불러 죽겠네", "좋아 죽겠네", "기분 나빠 죽겠네", "추워 죽겠네", "더워 죽겠네", "미쳐 죽겠네", "기분 좋아 죽겠네"….

도대체 목숨이 몇 개이길래 계속 죽겠다는 겁니까? 목숨 거는 데가 너무 많습니다. 심지어 어떤 사람은 채널에다 목숨을 거는 사람도 있습니다. 남편, 부인, 딸하고 셋이서 텔레비전을 보는데, 아버지는 끝까지 MBC 11번, 엄마는 끝까지 KBS 9번, 딸은 끝까지 SBS 6번, 채널 가지고 목숨을 걸고 싸우고 있어요. 이쪽이 채널 돌리면 저쪽이 채널 돌리고… 그렇게 싸우다가 이혼한 부부도 있답니다. 왜 그런데다 목숨을 겁니까? 지난주부터 우리 교회 주보에 환자 명단이 올라왔습니다. 그 명단을 보면서 기도하기로 했는데, 뜻밖에도 환자 명단이 너무 많이 올라왔습니다. '신경통, 당뇨병, 혈압, 골다공증…' 그래서 제가 그런 것 다 빼라고 했습니다. 그런 병은 늙으면 다 오는 것이고, 당뇨는 약 먹고 운동 열심히 하면서 음식을 조절하여 먹으면 되고, 골다공증은 여자들 출산하고 갱년기 접어들면 으레 찾아오는 것이고, 신경통, 허리 아픈 것도 다 비오기 전 일기예보로 신경통 오는 건데 뭐 그것이 병이냐고 했더니, 그럼 뭐가 병이냐고 묻기에 "병은 없습니다. 우리 믿는 사람에게는 병이 없습니다"라고 했습니다. 그럼 뭐가 병이겠습니까? 기도 안 하는 것이 큰 병이고, 전도 안 하는 것이 큰 병이고, 하나님께 온전히 안 바치고 사는 것이 죽을병입니다. 이런 것이 진짜 병이지 나머지는 병도 아니고 아무것도 아닙니다.

지진, 폭풍, 불 가운데서도 아무 소리가 안 들립니다. 그런데 고요한 중에 세미한 주의 음성이 들려옵니다. "엘리야야! 다메섹에 가서 하사엘에게 기름을 부어 아람 왕을 삼고, 예후에게 기름을 부어 이스라엘 왕을 삼고, 엘리사에게 기름을 부어 너를 대신하여 선지자로 세워라. 바알에게 입맞추지 않고 무릎 꿇지 않은 자 칠천을 남길 것이니 염려하지 말고 가서 네 할 일 해라. 목숨 걸 때가 따로 있지 거기다 목숨을 거느냐?"라고 말씀하십니다.

어느 중학교 선생님이 신부전증에 걸려서 병가를 다 써 버렸습니다. 그렇다고 퇴직할 수도 없습니다. 왜냐하면 자식들과 부인을 부양해야 하기 때문입니다. 더구나 방학이 되려면 아직 멀었고 자기는 이제 그만둬야만 하는 상황에 처했습니다. 그런데 동료 선생 둘이 와서 자기들의 병가를 열흘씩 주겠다는 것입니다. 두 사람 병가를 합치면 20일이니까 그걸 대신 쓰고 쉬라는 것입니다. 그 몸으로 어떻게 가르치느냐는 것입니다. 서무과에 가서 눈물 흘리며 이야기했더니 그런 법이 없다는 것입니다. 자기 병가를 자기가 사용하지, 남의 병가를 갖고 어떻게 병가를 낼 수 있느냐는 것입니다. 그런데 그 서무과장이 선생님들의 우정에 감동해서 병가를 받아 주어서 그 선생님이 쉬게 되었습니다. 그 소문이 퍼져서 다른 선생님들도 자기 병가를 그 선생님을 위해 반납해 어느덧 백일이라는 병가가 주어졌습니다. 이 백일은 어떤 날이냐 하면, 앞으로 백일 후면 자기가 퇴직하게 되는 날입니다. 퇴직금을 다 받을 수 있는 날입니다. 아파서 교사 직은 그만두더라도 퇴직금으로 나머지 생애를 가족들과 먹고 살 수 있는 돈이 나오는 그 날이 백일 후인데, 그 백일을 동료 교사들이 채워줘서 선생님이 퇴직금을 전부 받아서 나왔다고 하는 LA고등학교에서 있었던 한 선생님의 이야기입니다.

여러분, 하나님이 아니면 누가 위로를 해 줍니까? 여러분, 사람에게는 위로를 기대하지 마시기 바랍니다. 우리를 위로할 분은 하나님밖에 없습니다.

그 누가 나의 괴로움 알며 그 누가 나의 슬픔 알까
주 밖에 누가 알아주랴 영광 할렐루야

이 찬송처럼 여러분, 내가 누구한테 위로 받겠습니까? 하나님밖에는 나를 위로할 분이 없습니다. 어렵고 곤고하고 고독할 때, 세상이 다 차단되고 나 혼자 세상에 내버려진 것 같을 때 절망하지 말고 "주여! 나를 도와 주세요" 하고 겸손하게 주님께 나아가서 주님과 독대하고, 거기서 주의 말씀을 통해서 위로 받을 때, 여러분에게 승리의 길이 열려지기를 주님의 이름으로 축원합니다.

예수 영성이야기

둘.

광야 시험의 영성

가나의 영성

갈릴리의 영성

베다니의 영성

발씻김의 영성

갈보리의 영성

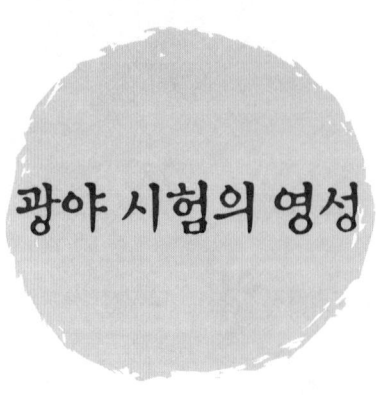

광야 시험의 영성

"그 때에 예수께서 성령에게 이끌리어 마귀에게 시험을 받으러 광야로 가사 사십 일을 밤낮으로 금식하신 후에 주리신지라 시험하는 자가 예수께 나아와서 가로되 … 이 돌들이 떡덩이가 되게 하라 … 네가 만일 하나님의 아들이어든 뛰어내리라 … 내게 엎드려 경배하면 이 모든 것을 네게 주리라 이에 예수께서 말씀하시되 사단아 물러가라 기록되었으되 주 너의 하나님께 경배하고 다만 그를 섬기라 하였느니라 이에 마귀는 예수를 떠나고 천사들이 나아와서 수종드니라"(마 4:1~11)

여름은 광야로 가기에 가장 적합한 계절입니다. 수련회, 여름성경학교, 성지순례 등 교회의 여러 행사들을 여름에 치르는 이유도 바로 광야로 가는 어려운 길을 택할 좋은 기회가 되기 때문입니다. 만약 우리 중 누군가가 시험과 환난을 당했다면 그 자리가 바로 광야입니다. 예수님도 광야를 통과하셨는데, 그가 세상에 오셔서 사신 대부분의 삶이 광야 그 자체였고, 30년의 사생애를 마치고 공생애로 들어갈 때 성령과 함께 광야로 가셔서 40일 동안 금식기도를 하신 후 마귀에게 세 가지 시험을 받으셨습니다.

첫 번째 시험은 허비하고 낭비하고 살라는 시험이었습니다. 즉, 이 돌들을 가지고 떡덩이를 만들라는 것입니다. "네가 만일 하나님의 아들이어든 명하여 이 돌들이 떡덩이가 되게 하라"(3절)고 하면서 하나님이 주신 신령한 은사들을 허비하고 낭비하라고 유혹하였습니다. 그러나 예수님은 하나님이 우리에게 주신 모든 은사, 즉 하나님의 축복은 나 자신만을 위해 허비하고 사치하는 데 쓰라고 주신 것이 아니라 하나님의 영광을 위해서 써야 한다는 것을 아셨습니다. 예수님이 이 시험을 받으신 것처럼 우리 믿는 자들도 그와 똑같은 유혹을 사탄에게 받습니다. "어차피 한 번 살다 가는 세상인데 사치하고 낭비하고 허비한다고 죄가 되느냐? 네 마음대로 살라"고 사탄은 쉼 없이 우리를 찾아와서 속삭입니다.

그 시험에서 예수님이 승리하자 사탄은 두 번째로 예수님을 성전 꼭대기로 데리고 올라가서 뛰어내리라고 합니다. "가로되 네가 만일 하나님의 아들이어든 뛰어내리라 기록하였으되 저가 너를 위하여 그 사자들을 명하시니 저희가 손으로 너를 받들어 발이 돌에 부딪히지 않게 하리로다 하였느니라"(6절) 사탄은 예수님이 첫 번째 유혹에 넘어가지 않자, 두 번째로 명예를 가지고 유혹하였습니다. 명예, 즉 네가 빛나야 하지 않겠느냐는 것입니다. 성전 꼭대기에서 뛰어내릴 때 천사가 받아주면 영적으로 얼마나 신령해 보이고 또 너를 따르는 사람이 얼마나 많겠느냐는 것입니다. 그러나 예수님은 명예가 중요한 것이 아니라 '하나님을 시험치 않는 것'이 더 중요함을 아셨습니다. 즉, 빛나는 것보다는 하나님께 우리가 쓰임 받는 것이 더 중요하다는 것을 아셨습니다. 예수님이 그 시험을 받으신 것처럼 우리에게도 언제나 이 시험은 평생 뒤따라옵니다.

두 번째 시험에서도 예수님이 승리하자 마지막으로 사탄은 예수님께 와서 천하만국과 그 영광을 보여 주며 "만일 내게 엎드려 경배하면 이 모든 것을 네게 주리라"(8~9절)고 유혹하였습니다. 이것이 거짓과 소유입니다. 사탄이 어떻게 모든 것을 줄 수 있습니까? 오직 하나님만이 모든 것을 우리에게 주실 수 있는 줄로 믿습니다. 사탄의 속임수와 거짓에 넘어가지 말아야 합니다. 또한 사탄이 심어 주는 소유욕에 이끌려서도 안 됩니다. 사람은 어떻게 하든지 무엇이 생기면 내 소유로 삼아 등기를 내려고 합니다. 그러나 우리는 세상 것으로는 절대로 만족을 누릴 수가 없습니다. 우리 존재 자체가 하나님의 형상으로 지음 받았기 때문에 명예나 권세, 물질이나 그 어떤 것으로도 만족을 얻을 수 없습니다. 세상에 우리의 영혼을 만족시킬 만한 것은 아무것도 없습니다. 하나님을 소유했을 때에만 우리는 진정한 만족을 누릴 수 있습니다.

이렇게 사탄은 우리에게 찾아와서 이것저것을 준 후에 하나님이 주신 것을 사치하고 낭비하고 허비하게 만든 후 명예를 가지고 자아 중심으로 살게 만듭니다. 그리고 결국에는 소유욕과 거짓으로 하나님의 나라에서 멀어지게 만듭니다.

그러면 이 광야의 영성, 즉 예수님이 광야의 시험을 물리치신 승리의 영성은 무엇입니까? 다시 말하면, 광야는 우리에게 어떤 영성을 가져다주느냐는 것입니다. 이 여름에 산이나 들로 나가서 사치와 방종과 자기 명예와 자랑, 소유욕과 거짓, 이런 것들로부터 진정 승리할 수 있는 비결이 무엇인가 하는 것을 본문을 통해 살펴보고자 합니다.

1. 훈련의 영성

첫 번째, 훈련의 영성입니다. 하나님이 자기 백성을 훈련시키실 때는 반드시 광야로 보내십니다. 그 이유는 광야에는 위험과 시험, 그리고 위기가 도사리고 있는 곳이기 때문입니다.

하나님은 모세를 미디안 광야로 보내서 모세 안에 있는 강한 자아가 다 녹아질 때까지 인내하고 기다릴 줄 아는 겸손한 사람이 되도록 훈련시키셨습니다. 자기 스스로 '난 아무것도 아니다. 오직 하나님만 바라볼 수밖에 없다'고 고백할 때까지 40년이란 세월을 광야에서 보내게 하셨습니다. 또 이스라엘 백성을 이집트에서 해방시키신 후 약속의 땅 가나안으로 인도하실 때에도 똑같이 시나이 광야에서 40년을 보내게 하셨습니다.

이 광야라고 하는 곳은 옷도 해 입을 수 없고, 농사도 지을 수 없고, 인간 스스로는 아무 대책도 세울 수 없는 곳입니다. 하나님이 아침에 만나를 내려주시고, 저녁에는 메추라기를 내려주셔서 배를 채울 수 있게 해 주시고 또 광야길을 걷느라고 목이 말라 핍절해 있을 때에는 반석에서 샘물을 나게 해서 목을 축일 수 있게 해 주셨습니다. 하나님께서는 그때그때 필요한 것을 공급해 주셨습니다. 그것을 통해 하나님만 바라보도록 훈련시키시는 것입니다. 자기 자신의 소유를 의지하고 사는 신앙생활이 아니라 하나님이 그때그때 필요한 대로 우리에게 공급해 주시고 인도해 주시는 은혜로 사는 삶을 가르쳐 주시기 위해 40년이란 결코 짧지 않은 세월을 광야에서 보내게 하셨습니다.

또 '큰 자'라는 이름의 뜻을 가진 사울도 아라비아 광야에서 3년을 보냈습니다. 사울 역시 이 광야에 머무는 동안 자기는 '큰 자'가 아니라 '작은 자'이며 '나는 아무것도 아니다. 내가 드러나면 안 되겠다'는 것을 깨달았습니다. 이것을 깨닫는데 3년이란 기간이 필요했습니다. 훈련의 목적은 훈련 자체에 있는 것이 아니라 어느 기회엔가 쓰임 받는데 그 의미가 있습니다. 미국에 완전한 연주로 정평이 나 있는 LA심포니 수석 지휘자인 살로틴이라는 사람이 이런 글을 남겼습니다. 오케스트라 지휘자는 단원들로부터 착하고 좋은 사람이라는 말을 듣기 위해서 존재하는 것이 아니라 무대에 섰을 때 하나님과 관중으로부터 "야, 저 지휘자 정말 훌륭하다"라는 말을 듣기 위해서 존재한다는 것입니다. 성가대 지휘자나 그 밖의 모든 지도자들은 자신이 지도하고 이끄는 사람들에게 "야, 저 사람 훌륭한 사람이야, 우리가 지각을 해도 봐주고, 틀려도 계속 묵인해 주고…"라는 말을 듣기 위해 존재하는 삶이 아니라는 것입니다. 물론 대원들로부터 훌륭한 지휘자라는 소리를 듣는 것도 대단히 좋은 것이고, 하나님과 관중들로부터 "야, 저 지휘자는 훌륭했어"라는 두 가지 말을 다 듣는 것도 좋겠지만, 실상 그렇게 하기란 쉽지 않다는 것입니다. 비록 잘못하면 지적하고, 잘못하면 고치고 또 고쳐서 밤중까지라도 완전해질 때까지 연습을 계속하면 그 당시에는 단원들로부터 '야박한 지도자'라는 말을 듣는다 할지라도 정작 무대에서 하나님과 사람 앞에서 연주할 때, '야, 저 지휘자 훌륭해, 저 오케스트라 단원들은 너무 훌륭해' 하는 평가를 받아야 된다는 것입니다. 그래서 혹독하게 훈련을 시킨 살로틴이라는 지휘자 밑에 있는 사람들은 실수 없이 완벽한 연주를 해낼 수 있었다는 것입니다.

세계적으로 가장 유명한 첼리스트인 파블로 카잘스에게, 그가 95세 되었을 때 기자가 물었습니다. "카잘스, 당신은 세계에서 가장 유명한 첼리스트가 되었는데, 왜 나이가 95세인 요즘도 하루에 6시간씩 연습을 합니까?" 그때 카잘스가 대답하기를 "나는 아직도 내가 발전해야 한다고 생각하기 때문에 연습을 쉬지 않고 합니다"라고 했습니다. 95세나 된 음악가가 하루 6시간을 연습했다는 것입니다. 자기 자신을 훈련시키는 것입니다.

사도 바울이 "나를 복종시킨다"라고 한 것이 바로 이것을 두고 말한 것입니다. 사도 바울의 지도자는 성령과 예수, 그리고 하나님뿐입니다. 그러나 자기 자신이 자기를 쳐서 계속 복종을 시킵니다. 그렇지 않으면 교만해지기 때문에, 날마다 내가 죽어지지 않으면 내가 살아나기에 자아를 죽이기 위해 '날마나 내가 죽는다' 는 것입니다. 날마다 죽는 훈련을 한다는 것입니다.

위대한 특수부대들을 보십시오. 특수대원들을 데려다가 맨 처음 하는 일은 그들의 머리를 깎아 버리는 것입니다. 교만을 먼저 제거해 버리는 것이지요. 세상의 사치며 멋을 다 없애 버리는 것입니다. 어떤 때는 다짜고짜 막 욕을 해댑니다. "어디서 굴러먹다 온 말 뼈다귀냐?" 사람이 말 뼈다귀는 아니지만 멸시를 받아야만 실전에 나가서 전투할 때 이기기 때문에 그렇습니다.

위대한 지도자들은 운동선수를 트레이닝시킬 때 얼음을 깨서 물 속에 집어넣어 버립니다. 겨울 영하 10도까지 내려가는 날씨에 물 속에 들어가면 온 몸이 덜덜 떨리고 이빨이 부딪칩니다. 이 훈련을 통과하지 못하면 훌륭한 군인도 될 수 없고, 위대한 선수도 될 수 없기에, 앞으로 위대한 선수가 되려면 어려운 과정을 다 극복해야 한다는 것입니다.

우리가 신앙생활할 때 어렵고 힘든 코스는 다 싫어합니다. 누구나 쉽게 믿으려고 합니다. 또 얼렁뚱땅해서 제대로 훈련도 받지 않고 목사가 되고, 주의 종이 된 사람도 많이 있습니다. 그 사람은 언젠가는 펑크가 나게 되어 있습니다. 왜 예수님이 광야에 들어가서 금식기도 하시고 사탄에게 시험을 받으셨으며, 왜 바울이 아라비아 광야에서 3년 동안 혹독한 시련을 겪으며 자기 자신과의 싸움을 한 줄 아십니까? 이것은 결코 장난이나 연극이 아닙니다. 그 훈련의 목적은 바로 지도자로 태어나기 위한 것입니다.

누가복음 4장 13절 말씀을 보면, "마귀가 모든 시험을 다한 후에 얼마 동안 떠나니라"고 했습니다. 저는 이 말씀을 읽다가 깜짝 놀랐습니다. 누가복음에 마태복음과 똑같은 본문의 내용이 들어 있는데, 누가복음이 조금 다른 것은 그 내용 중에 예수님이 말씀으로 승리했을 때 마귀가 잠시 동안 떠났다고 언급된 것입니다. 우리는 여기에서 참으로 교훈을 얻어야 합니다. 우리가 한 번 이겼으니까, 한 번 축복 받았으니까, 한 번 하나님 앞에 무엇을 했으니까 이제는 되었다고 생각할 때에 또 다시 마귀가 반드시 시험을 합니다. 얼마 동안만 떠났다가 다시 찾아온다는 것입니다. 우리들의 영성은 반드시 하나님의 광야를 통과해야 합니다.

스데반이 설교할 때 '광야교회' 이야기를 했습니다. 우리 모두는 광야교회에서 훈련을 받습니다. 여기서 인내, 사랑, 헌신, 기도의 훈련을 받습니다. 이 훈련들을 잘 받고 세상에 나가게 되면 기도로 승리하며, 모든 유혹을 이기는 축복을 우리가 받게 됩니다. 그러나 이 훈련에서 패하는 사람은 영원히 패하게 됩니다. 이것은 굉장히 중요한 교훈입니다.

저는 중국영화에 대해서 아주 부정적인 편견을 가졌었습니다. 그러나 세월이 많이 지난 후 꼭 그렇지만은 않다는 것을 새삼 깨달았습니다. 내가 중국영화를 좋아하지 않았던 것은 교훈이 없다고 생각했기 때문입니다. 중국영화의 단골 메뉴는 복수입니다. 만일 아버지들끼리 원수가 되면 자식들, 그 손자 대에 이르러서까지 그 원수를 갚습니다. 복수를 대물림하는 스토리입니다. 즉, 복수를 정의시하고 있습니다. 그런데 어느 날 TV에서 중국영화를 보다가 한 가지 배울 것이 있었습니다. 주인공하고 상대방하고 폼을 잡고 싸우는데, 상대방이 죽기 아니면 살기로 싸우다가 두들겨 맞아 다 죽었나보다 싶으면 어느 새 벌떡 일어나서 기본 동작을 꼭 취합니다. 그리고 나서 다시 싸웁니다.

그리고 권투선수도 보면 두들겨 맞아서 TKO를 당해 카운트다운을 하면 '나인' 할 때쯤 일어나서 다시 기본 동작을 취하고 경기를 시작하는 장면을 봅니다.

여러분, 우리도 실패할 수 있습니다. 우리도 살면서 두들겨 맞고 넘어져서 세상의 환난과 시련에 만신창이가 될 수 있습니다. 그러나 그 때에도 우리는 일어나 반드시 다시 기본 동작을 취해야 합니다. 우리의 기본 동작(자세)이 무엇입니까? 하나님께 매달리며 기도하는 것, 주께 겸손히 회개하는 것, 이 기본 동작으로 돌아가야 거기서 새로운 출발을 할 수 있고, 마침내 복을 얻게 될 줄 믿습니다. 이것이 우리의 진정한 영성입니다. 실패를 하지 않는 것이 아니라 실패해도 다시 일어나 하나님께 나아가는 것, 이것만이 실패를 면하는 유일한 길입니다.

저는 우리 교회의 모든 성도들이 이 역사에 참여하기를 바랍니다. 세상의 어떤 원칙이나 원리도 훈련 없이 되는 것은 없습니다. 하나님은 우리에게 훈련 없이 슬며시 넘어가게 놔두지 않으십니다. 영원한 승리를 위해서 우리는 혹독한 훈련이 필요하고, 오늘 하루의 승리를 위해서 아침의 영성이 필요할 줄로 믿습니다. 마귀는 잠시 떠났다가 다시 온다는 것을 알아야 합니다. 한 번 마귀가 시험하고 패했다고 안 오는 것이 아니라 잠시 떠났다가 다시 올 기회를 엿본다는 것을 명심해야 합니다.

2. 자유의 영성

두 번째, 자유의 영성입니다. 주님은 자유하지 않습니까? 예수님을 보십시오! 무엇에 얽매인 것이 전혀 없었습니다. 여러분, 세상의 가치는 어디에 있습니까? 어떻게 하면 명예를 얻어볼까, 어떻게 하면 권세를 얻을까, 어떻게 하면 더 소유하고 과시하며 살 수 있을까에 몰두합니다. 부자로 사는 사람들은 자신의 부를 과시합니다. 내가 부자라는 것을 티를 냅니다. 같은 밥을 먹더라도 비싼 밥을 먹고, 같은 옷을 입더라도 메이커 있는 비싼 옷을 입으면서 자기가 부자인 티를 냅니다. 세상의 가치는 그런 것입니다. 그러나 예수님에게 있어서 그런 것들은 휴지조각만도 못한 것입니다. "사람이 떡으로만 사는 것이 아니요, 하나님의 입으로 나오는 모든 말씀으로 살 것"(4절)이기 때문입니다. 떡이 없어도 가난해도 하나님 말씀을 의지하고 사는 것이 주님의 가치입니다. 또 명예나 소유는 하나의 액세서리에 불과합니다. 아니 휴지조각만도 못합니다. 그것들이 어떻게 우리의 영혼을 빛낼 수 있겠습니까? 우리를 빛나게 하실 분은 오직 하나님뿐입니다. 여기에 우리의 자유함이 있습니다.

예를 들면, 우리가 예배 때 부르는 '여호와는 나의 목자시니'라는 곡을 부르노라면 어려운 데가 한 군데 있습니다. '진실로 선함과 인자하심이' 란 대목만 넘어가면 나머지 부분은 다 부른 거나 마찬가지입니다. 이것을 실수 없이 부르려면 배에다 힘을 주고 호흡을 조절해야 합니다. '진실로 선함과 그 인자하심이' 하고 쭉 올라갔다가 내려오는 것입니다. 그 부분만 넘어가면 나머지 부분은 문제없습니다. 마찬가지로 기도 한 번 죽도록 해서 응답받아 보십시오. 그 다음부터 드려지는 모든 기도는 그 방법대로 주님이 응답해 주십니다.

여러분, 하나님 앞에서 축복을 체험해 보셨습니까? 하나님이 나를 사망의 음침한 골짜기에서 건져내셨든지 혹은 염병과 죽음의 자리에서 건져내신, 어떤 영적인 체험을 가지고 계십니까? 그것 한 번 통과하면 나머지 모든 문제는 자유함을 얻게 됩니다. 가령 추운 겨울, 영하 10도나 되는 곳에서 옷을 벗고 물속에 들어가 몸을 단련했다면, 그 어떤 것인들 못하겠습니까? 하나님은 훈련의 영성을 가진 사람에게 자유함의 축복을 가져다주십니다. 이것은 대단히 중요한 것입니다.

'한 가지라도 딱부러지게 해라, 그러면 성공이다' 라고 하는 책이 있습니다. 그 말처럼 신앙생활 할 때 한 가지라도 하나님께 딱부러지게 해 보십시오. 그 중에 제일 중요한 것은 예배 하나 딱 부러지게 드리는 것입니다. 하나님께 주일 한 가지라도 딱부러지게 지키는 것입니다. 무엇인가 한 가지라도 딱 부러지게 하면, 모든 것을 자유케 해 주시는 복을 받습니다.

어느 날, 주일 5부 예배 마치고 신동산교회에 가서 예배를 인도했는데, 참으로 말할 수 없이 큰 은혜를 받았습니다. 그 교회는 서인천에서 톨게이트로 들어가면 공단지역으로 가는 길목에 2,000평 되는 교회인데, 성전건축을 하다가 IMF때 부도가 나서 완공을 보지 못하고 짓다말았기에 흉물 사나운 모습이었습니다. 그 교회 사모님이 제게 오래 전에 자기 교회가 건축하다 중단이 되어서 시험이 많은데 우리 교회 건축한 책도 읽었고 방송설교도 들은바, 목사님이 한 번 오셔서 집회해 주면 큰 힘을 얻을 것 같다고 간곡히 부탁을 했었습니다. 제가 여러 가지로 약속이 되어 있고, 금년에 모든 계획이 다 잡혀 있어서 따로 시간 내기는 어렵고 어느 때 기회가 되면 저녁 한 시간만이라도 말씀을 전하겠다고 하였더니, 내가 올 수 있는 시간에 맞춰 교인들 모아 놓을 테니 언제라도 와 달라고 하기에 저녁 예배드리기 전에 틈을 내서 그 교회에 갔는데, 저는 그 교회에서 '긍휼'을 느끼는 큰 은혜를 받았습니다. 그 교회는 500명 모이는 교인들이 IMF 이전에 2,000평이나 되는 큰 예배당을 짓기 위해 정성을 다해서 헌금했는데, IMF를 만나자 교인들이 어려워지면서 헌금이 줄어들고 열심도 줄어들고 해서 결국은 교회를 짓다가 은행에 10억, 농협에 10억, 합해서 20억의 빚이 늘어나자 교인들과 건축위원들이 다 떠나가고, 다섯 분 계시던 장로님까지 교회를 떠나갔다는 것입니다. 그렇게 중직자들이 하나 둘 떠나가고 겨우 250명 남짓 되는 교인들이 남아서 교회를 지키고 있었습니다. 그렇게 되자 담임 목사님은 교회의 재산들을 정리해서 빚을 막느라 나중에는 사택까지 다 내놓고 목사님과 사모님은 할 수 없이 5평되는 기도실로 옮겨서 생활을 하고 있었습니다. 그 기도실은 지붕이 슬래브로 되어 있어 여름에는 더워서 찜통 같은 곳인데도 기도 외에는 다른 방법이 없기에 "하나님, 도와주세요" 하고 하루 8시간을 엎드려서 기도만 했답니다. 얼굴을 보니 새까맣게 타 버렸습니다. 막상 제가 가서 200명 정도 모인 교인들과 예배당을 짓다가 중단한 한 쪽 옆에 있는 헌 예배당을 보고 예배를 드리려는데 눈물이 앞을 가렸습니다. 우리도 예배당을 지어 본 경험이 있어서인지 '얼마나 이분들이 마음이 아프고 괴로울까' 생각하니 측은하고 안타깝기 그지없었습니다. 목사님이 교인들이 떠날 때 심장이 녹는 것 같더랍니다. 빚을 못 갚게 되자 은행에서는 아무리 사정해도 소용이 없었고 결국 교회를 경매에 부쳐버렸답니다. 2년 반 동안 목사님과 사모님이 엎드려 기도하다 보니 먹는 것도 변변찮아 몸이 쇠

약해지고 병이 들어 병원에 갔더니 목사님은 쓸개가 다 녹아져서 터져 버렸고, 사모님은 아랫배가 아파 견딜 수 없어서 아랫배를 절개했더니 자궁이 다 썩어 녹아졌더랍니다. 그런데 목사님 부부가 그 와중에서도 두 가지를 감사하였습니다.

하나는 아이들이 어려운 중에도 장학금도 받고 도움도 받아서 대학을 졸업했습니다. 졸업하자 집에서 쫓아냈답니다. "너희들 대학 졸업했으면 부모나 교회에 의지할 생각 말고 자립해라" 하고는 서울로 보냈더니, 두 형제가 방을 하나 얻어 가지고 직장생활을 하면서 주일이면 서울에서 예배드리러 온다는 것입니다. 교회에 와도 사택도 없지만 그 부부는 아이들을 보면서 하나님이 자식을 이렇게 잘 길러 주셔서 자립해 가게 해 주셨으니 무얼 더 바랄 게 있겠는가 생각하며 감사하는 것이었습니다. 또 아직까지도 기도하며 250명이나 남아 있는 교인들이 어떻게든지 성전건축을 해 보겠다고 포기하지 않고 모두 모여서 집회를 열고 은혜를 받으려고 하는 것을 볼 때 큰 격려가 된다는 것입니다. 그러면서 그분들의 얼굴에는 기쁨이 넘쳐흘렀습니다.

또 하나의 감사는 은행장하고 농협장이 경매를 서너 번 부쳐도 아무도 안 사가더랍니다. 왜냐하면 예배당 짓다가 목사님의 쓸개가 녹아지고 사모님의 자궁이 다 녹아 썩었다는 것이 소문이 나서 행여 그런 것을 샀다가 벌이라도 받을까봐 아무도 안 사가더라는 것입니다. 그러자 이제는 은행장과 농협장이 와서 또다시 경매 안 부칠 테니 자기들에게 줄 금액만 10년이 걸리든, 20년이 걸리든 갚아 주면 나머지는 결손처리 해줄 테니 다시 건축을 시작하라고 했다는 것입니다.

제가 말씀 전하면서 우리도 어려운 가운데서도 하나님의 기적같은 은혜로 예배당 지었다는 간증과 말씀을 전했더니 교인들이 다 우는 것입니다. 이 전은 하나님의 성전이니 여러분이 걱정 안 해도 하나님이 다 책임져 주시니까 걱정하지 말고 끝까지 이 십자가를 지고 나가서 승리하라는 말씀과 이 어려운 때를 잘 통과하고 이 훈련을 잘 견디면 하나님이 복을 주실 거라고 격려해 주었습니다.

여러분, 혹독하고 가슴 아픈 엄청난 시련이 몰려와 주의 종들의 쓸개가 녹아지고 자궁이 녹아지는 아픔이 있었지만, 그 속에서 하나님은 때를 따라 은혜를 주셨습니다. 그분들이 자식에 대해서, 미래에 대해서 자유함을 얻었습니다. 그런데 바로 그러할 때에 하나님이 축복을 해 주셨습니다. 혹시 여러분 중에 기가 막힌 어떤 웅덩이에 빠져서 고통하고 계신 분이 계십니까? 그 훈련을 견디고 나면 자유함의 축복을 주십니다. 그까짓 것 있어도 좋고, 없어도 좋고, 목숨까지라도 하나님의 손에 맡기고 살아가겠다는 진정한 자유함을 가질 때, "진리를 알지니 진리가 너희를 자유케 하리라"(요 8:32)는 말씀과 같은 참 자유를 주십니다. 예수를 아는 사람은 아예 없어도 살 수 있고, 멸시와 천대를 받아도 아무런 소유도 없어도 감사와 기쁨으로 살 수 있습니다. 그 힘을 누가 주십니까? 하나님이 훈련받은 자에게 주시는 자유의 영성인 줄로 믿습니다. 이것이 우리가 가져야 할 영성입니다.

3. 승리의 영성

마지막으로, 승리의 영성입니다. 광야는 승리하는 곳입니다. 예수님이 말씀으로 사단을 이기셨을 때 마귀는 떠나고 천사들이 와서 수종들었습니다.

여러분, "세상에서는 너희가 환난을 당하나 담대하라 내가 세상을 이기었노라"(요 16:33)는 말씀과 같이 주님이 세상을 이기셨기 때문에 우리들도 이긴다는 것입니다. 광야는 훈련의 영성을 갖게 하고 훈련의 영성은 또 자유함을 가져다주고, 모든 것에 자유함에 이르게 한 다음에는 승리의 축복을 가져다줍니다. 이것이 광야의 축복입니다.

저는 작년 1년 동안 몸이 아파 사역을 쉬면서 산본에서 광야의 훈련을 잘 받았습니다. 저는 그때 받은 훈련 덕택에 그 어느 때보다도 지금은 건강한 목회를 하고 있습니다. 영적으로나 육체적으로나 모든 면에서 볼 때 참 많이 건강해졌다고 할 수 있습니다. 만약 작년에 하나님이 저에게 브레이크를 걸어주지 않으셨더라면 아마도 저는 곤두박질쳐서 결정적인 병으로 죽었을 것입니다. 물론, 죽어서 하나님 나라에 가는 것도 영광스러운 일이겠지만, 하나님이 이 땅에서 하라고 하신 일들을 다 끝내지 못하고 인생을 마쳤을지도 모른다는 생각이 듭니다. 그런데 이렇게 건강하게 살아서 교회를 섬기면서 두 가지 감사의 고백을 합니다. 첫째는, 하나님의 은혜로 나의 생명을 연장해 주고 살려주신 것을 감사하고 있습니다. 질병으로 인한 실패와 좌절 속에서도 하나님이 다시 나를 살려주신 것을 감사하지 않을 수 없습니다. 둘째는, 성도들의 사랑과 기도가 결국 저로 하여금 하나님의 은혜를 받게 했음을 알고 감사하고 있습니다. "하나님, 우리 목사님에게 영육간에 강건함을 주십시오. 건강을 회복시켜 주십시오" 하면서 새벽이건 밤이건 간에 저를 위해 기도한 성도들의 그 기도를 하나님이 받으시고 은혜를 베푸셨습니다.

그리고 제가 병상의 생활을 보내고 다시 목회 현장으로 돌아오고 나서 깨달은 것이 몇 가지가 있습니다. 첫째로, 건강은 목회이고 목회는 건강이라는 사실을 새삼 깨달았습니다. 저는 목회에 건강 따위는 아무 관계가 없다고 생각했습니다. 그저 목회만 하면 되는 줄 알았습니다. 그런데 건강하지 못하니까 작년에 산본에서 유리방황하며 격리된 생활을 1년이나 했습니다. 어느 땐 철야에 오고 싶었고, 매 예배 시간마다 교인들이 보고 싶어 마음이 다 녹아지는 듯 했습니다. 또 어떤 교인들은 "목사가 교회를 위해 목숨을 바친다 해놓고 피해서 살고 있나? 차라리 목회하다 죽는 게 낫지" 하는 이야기를 한다는 소리도 들었습니다. 그러나 그것은 여러분이 몰라서 하는 이야기입니다. 사람이 건강하지 못하면 강단에 선다는 것이 얼마나 두려운지 아십니까? 아무리 서고 싶어도 못 섭니다. 교회에 와서 정말 여러분과 같이 있고 싶었고, 함께 부르짖고 기도하고 싶었습니다. 그러나 그러지 못하고 안타까운 시간을 보내면서 저는 건강을 잃은 것은 목회를 잃는 것과 같다는 것을 깨달았습니다.

둘째로, 스트레스를 받지 않고 살아야 한다는 것을 깨달았습니다. 병이 나기 전에는 누군가 "목사님, 교회에 큰일났어요. 홍수가 나서 큰 피해를 당하게 생겼어요" 하면 가슴이 벌렁벌

렁했습니다. 그러나 지금은 누군가 와서 교회버스가 사고를 내서 무슨 일이 생겼고, 교인들 집에 무슨 우환이 생겼고… 하면서 큰일났다고 해도 지금은 '큰일은 무슨 큰일, 큰일 난 것은 바로 당신이다. 하나님이 이 교회에 살아 계시는데 뭐가 문제냐?' 생각하고는 예사로 넘겨 버립니다.

여러분, 무슨 일이 생겨도 내가 큰 일이지 절대로 하나님의 교회는 큰 일이 아닌 줄로 믿습니다. 어떤 일이 생겨도 하나님은 살아 계셔서 이 교회를 이끌어 가십니다.

그리고 마지막으로 병이 난 후로 저는 모든 면에서 특히 저 자신을 지키는 면에서 철저히 절제하는 생활을 합니다. 예전에는 욕심이 얼마나 많은지 어디 가다가도 맛있는 음식을 보면 '이 때 먹어 두어야지 언제 먹겠나' 싶어서 먹고 싶은 데로 음식 먹었습니다. 그런데 지금은 어떤 음식이든지 딱 정해진 양이 있어서 배가 3분의 2 정도 찼다고 느끼면 더 이상 먹지 않습니다. '안돼, 더 먹으면 이것은 독약이다. 더 먹으면 큰일 나' 하고는 음식을 통제합니다. 무섭게 제 자신을 훈련시킵니다. 그리고 또 운동을 정기적으로 합니다. 식사하고 운동하고 계속 뛰면서 나를 쳐서 복종시킵니다. '살찌면 안돼, 살찌면 큰일 나. 사람들이 갈비씨라고 부를 만큼 몸이 가벼워야 해' 하고 자꾸 자신을 훈련시킵니다.

작년에 제가 개인적으로 연구를 해 봤습니다. 운동이 도대체 내 건강에 몇 퍼센트나 유익을 주는가? 그런데 운동만 하고 다른 것을 중단했더니 별로 효과가 없었습니다. 또 약만 먹으면서 얼마나 효과가 있나 관찰해 봤더니 약만 가지고는 별로 효과가 없다는 것을 알았습니다. 물론 약이 제일 큰 효과를 차지하지만, 약 자체가 제 병을 치료해 주거나 건강을 유지시켜 주는 것은 아니라는 것을 깨달은 것입니다. 그러면 음식을 절제하면 건강을 유지할 수 있느냐? 아닙니다. 음식만 절제한다고 좋은 것도 아닙니다. 음식을 절제하다 보면 허기져서 기도할 때도 힘듭니다. 그러기에 그것만 가지고는 안 됩니다. 이렇게 개인적으로 조사해 보면서 결정적인 것 한 가지를 깨달았는데, 여러 가지를 종합적으로 하니까 내 건강에 도움이 되더라는 것입니다.

우리 교회는 여름인데도 성장을 하고 있습니다. 그 이유가 무엇이겠습니까? 첫째는, 하나님께서 축복하신 것이고, 둘째는, 성도들의 기도 때문입니다. 주차장을 넓혀 놓으니까 여름 연휴가 되어도 교인들이 차 가지고 다 교회에 왔을까요? 목사님 두 분을 고잔뜰로 보내서 사할린 동포에게 사랑을 베풀고, 장로님 두 분을 고정적으로 보내고, 70인 전도대가 밥만 먹으면, 고잔뜰에 가서 라면을 끓여 먹으면서 전도하니까 많이 전도가 되었을까요? 아니면 여기에 요셉같은 사람이 있어서 일까요? 아닙니다. 어느 한 가지만 가지고 된 것이 아닙니다. 우리 교회가 주차장을 만 평 만들어 놓는다고 해서 절대 부흥되는 것이 아닙니다. 목사를 수천 명을 보낸다고 해서 부흥되는 것이 아닙니다. 모든 것이 협력하여 선을 이룰 때 거기서 결정적인 교회 성장의 축복이 오더라는 것입니다. 한 가지만 잘 해서는 안 됩니다. '나는 주일을 잘 지키니까', '나는 봉사를 잘하니까' 아닙니다. 모든 것을 다 잘 해야 됩니다. 여러분, 우리 안산제일교회의 정체성은 무엇입니까? 그것은 '전도'와 '헌신' 입니다. 우리 교인들 중에 교회 나오시다 넘어져 다리가 골절되었는데도 여름성경학교 한다니까 다리를 절뚝거리면서 부엌에서 밥하는 권사님에게 성지순례 가자고 했더니, "그것보다도 고잔뜰 전도해놓고 가겠습니다" 하는 여종들의 아낌없는 헌신이 지난 23년 동안 이 교회를 이끌어 온 성장의 원동력이 되었다고 봅니다. 우리 교회의 부흥이 그냥 하늘에서 뚝 떨어진 것이 아니라 성도들의 전도와 헌신의 열매로 거두어진 거라는 것입니다.

혹시 여러분 중에 기도를 많이 하는데도 무엇이 잘 안되는 분이 계십니까? 그럴 때는 먼저 "그 나라와 그 의를 구하는" 기도를 하십시오. 그러면 그 나머지는 저절로 다 이루어집니다. 그렇기에 기도할 때 전도할 대상을 놓고 먼저 기도하십시오. "하나님, 이 영혼을 건져 주세요. 그리고 이 일을 책임져 주세요. 이 사업은 주님의 것입니다. 주님을 위해 헌신하겠으니 이 일을 이루어 주세요" 하고 전도와 헌신이라는 두 가지 기도제목을 가지고 기도하십시오. 그러면 구하지 않은 것까지도 덤으로 받은 솔로몬과 똑같은 은혜가 오늘 우리에게 임할 줄 믿습니다. 정말로 구체적으로 한 영혼을 구해 보겠다고 기도해 보신 적이 있습니까? 그 전도의 목적을 놓고 기도해 보시기 바랍니다.

이 지상에는 네 가지 동네가 있습니다. 첫 번째 동네에 사는 사람은 "예, 그래요, 그런데요" 동네입니다. 교회가 만일 무슨 일을 하자거나 하나님이 무슨 일을 시켜도 "예, 그래요. 그러기는 그런데요" 하면서 평생 동안 이유를 다는 사람들이 사는 동네입니다. 두 번째는 "하긴 해야지, 언젠가는 해야 될 일이야" 그러면서 안 하는 동네입니다. 세 번째는 "좋았을 걸, 그때 했으면 좋았을 걸" 동네입니다. "그때 기도했으면 좋았을 걸", 그때 예배당 지었으면 좋았을 걸" 하며 후회만 하는 동네가 있고, 마지막 동네는 "그때 잘 했지" 동네입니다. "그때 금식기도 잘 했어", "그때 예배당 잘 지었어", "그때 우리들 어렵다고 예배당 안 짓고 뒤로 피했으면 어떻게 되었겠어? 참 잘 지었어", "그때 고잔에 가서 전도 잘 했어. 사할린 동포 오셨을 때 우리가 전도 잘 했어" 하는 동네입니다.

여러분의 주소는 어느 동네입니까? 저는, 우리 교회는 "그때 잘 했어" 동네입니다. "그때 잘 했어, 어렵고 힘들 때 주님께 십일조 잘 드렸어. 그래서 우리가 축복받았지. 어렵고 힘들 때 주님께 시간 드려서 전도하고 헌신하길 잘 했어." 이 동네 사람들이 되시길 주님의 이름으로 축원합니다.

가나의 영성

"예수께서 가라사대 여자여 나와 무슨 상관이 있나이까 내 때가 아직 이르지 못하였 나이다 그 어머니가 하인들에게 이르되 너희에게 무슨 말씀을 하시든지 그대로 하라 … 예수께서 저희에게 이르시되 항아리에 물을 채우라 하신즉 아구까지 채우니 이제는 떠서 연회장에게 갖다 주라 하시매 갖다 주었더니 연회장은 물로 된 포도주를 맛보고 어디서 났는지 알지 못하되 물 떠온 하인들은 알더라…"(요 2:1~11)

    요르단의 천재 시인인 칼릴 지브란이 '추녀와 미녀'라는 시(詩)를 썼습니다. 추녀와 미녀가 해수욕을 하고 나왔는데, 추녀가 먼저 나와 미녀가 벗어 놓은 아름다운 옷을 입고 가 버렸습니다. 곧이어 미녀가 해수욕을 마치고 나와 옷을 찾으니 자기 옷은 온데간데없이 사라지고 추녀가 입고 다니던 초라한 옷만이 덩그러니 놓여 있는 것입니다. 차마 벌거벗은 몸으로 다닐 수 없어서 궁여지책(窮餘之策)으로 하는 수없이 추녀의 옷을 걸쳐 입었습니다.

그런데 이 두 여자가 거리에 나오자 사람들의 태도가 이전과는 판이하게 달라집니다. 예전에 미녀가 걸쳤던 아름다운 옷만 보고 그 속에 감춰진 추녀의 참모습은 보지 못합니다. 또한 추녀가 걸쳤던 초라한 옷 모양새만 보고 그 속에 감춰진 미녀의 참모습은 보지 못합니다. 내면에 감춰진 속사람과 진정한 사람의 됨됨이를 보지 못하고 사람의 외양과 꾸밈만 보고서 쉽사리 그 사람을 판단해 버리는 현대인들의 잘못된 시각의 단면을 예리하게 비판한 아름다운 시입니다.

그와 같은 인간의 그릇된 시각은 예수님이 사시던 시대에도 예외는 아니었나 봅니다. 여기에 수채화처럼 아름다운 결혼 잔칫집의 풍경이 아스라이 펼쳐집니다.

갈릴리 가나의 어느 혼인집에 예수님과 성모 마리아, 그리고 제자들이 초대를 받았습니다. 한참 잔치의 흥이 무르익을 즈음에 곤란한 일이 생겼습니다. 뭐니뭐니해도 잔칫집에서 제일 중요한 것이 포도주인데 어느 새 포도주가 다 떨어져 버린 것입니다. 이 당혹스러운 사태를 눈치 챈 어머니 마리아가 예수님에게 다가와 "예수님, 포도주가 모자랍니다" 하고 귀띔합니다. 그러자 예수님이 "여자여! 그 일과 나와 무슨 상관이 있나이까? 아직 내 때가 이르지 아니하였나이다" 하고 완곡히 거절합니다. 그런데 어머니 마리아는 예수님의 말을 액면 그대로 받아들이고 실망한 것이 아니라, 자기와는 아무 관계가 없다고 거절하는 그 말의 이면에 숨은 참뜻을 간파했습니다. 주님의 속마음을 읽은 것입니다. 다시 말하면 주님이 할 일 없이 놀고 즐기자며 잔치 음식이나 맛보자고 여기에 온 것은 아닐 거라고 예감한 것입니다. 주님이 여기 오신 데에는 분명히 무슨 뜻이 있을 것이라는 것을 알았기 때문에 하인들에게 "무슨 말씀을 하시든지 그대로 하라"고 의연하게 분부할 수 있었으리라 생각됩니다. 그랬더니 예수님이 "항아리에 물을 채우라"고 하셨습니다. 그 말씀대로 아구까지 채워 연회장에게 떠다 주니 연회장이 물이 변하여 포도주가 된 그 포도주의 맛을 극찬합니다. 이것이 아름답고도 놀라운 가나의 혼인집에서 행하신 예수님의 첫 번째 기적입니다.

물이 변하여 포도주가 된 이 첫 번째 기적은 율법과 비교해 볼 때 너무나 큰 차이가 있음을 알 수 있습니다. 율법의 첫 번째 기적은 모세가 나일강을 피로 물들게 한 사건이었습니다. 그것은 저주의 기적이라고 할 수 있겠습니다. 그러나 예수님의 복음의 기적은 플러스 알파의 기적, 즉 불가능을 가능케 한 변화의 기적이었습니다. 여기에 위대한 '가나의 영성'이 있습니다.

물이 포도주로 변화되는 가나의 영성은 어떤 영성입니까? '영성'을 신학교에서는 '신학'이라고 말하고, 교회에서는 '경건'이라고 말합니다. 21세기에 교회가 갱신하고자 할 때 최우선에 두어야 할 것은 바로 영성의 회복입니다. 영성은 교회의 생명입니다. 가나에서 기적을 행하신 그리스도의 영성을 깊이 묵상할 때, 오늘 이 시대를 살아가는데 반드시 필요한 생명의 영성을 발견하게 되리라 생각합니다.

1. 노력의 영성

거기 유대인의 결례를 따라 두세 통 드는 돌항아리 여섯이 놓여 있었습니다. 이 돌항아리에 있는 물은 아주 깨끗한 물입니다. '결례'라는 것은 사람이 밖에서 죄를 짓고 집에 들어올 때 손발을 씻고 하나님 앞에 깨끗한 모습으로 나아오고자 행하는 예식입니다. 그러므로 돌항아리도 깨끗하고, 그 속에 든 물도 정한 생수와 같은 것입니다.

그런데 물이 포도주로 변하게 한 기적의 원동력은 무엇이었을까요? 그 물이 맑아서였을까요, 아니면 돌항아리가 특별한 재질로 만들어졌기 때문이었을까요, 아니면 너무도 급히 포도주가 필요했기에 다급한 상황이 기적을 불러왔을까요?

"아구까지 채우니"라는 말씀을 주목해야 합니다. 종들은 대충대충 일을 하거나 할 마음도 없는데 하는 수없이 한 것이 아니라 주님이 말씀하신 그대로 물을 채우되 '아구까지' 가득 채웠습니다. 이것은 인간이 할 수 있는 노력의 극치를 말해 줍니다. 이 노력을 다른 말로 '성실'이라고도 하고 '충성'이라고도 합니다. 사람이 할 수 있는 최선을 다하는 것, 이것이 바로 물이 변하여 포도주가 된 기적의 원동력이었고, 이것은 곧 노력의 영성, 순종의 영성이었습니다. 아구까지 채웠을 때, 그때 기적이 일어난 것입니다.

기적은 언제나 일정한 패러다임을 가지고 있는데, 반드시 세 가지 과정을 거치게 되어 있습니다. 첫 번째는, 하나님의 말씀을 듣는 순간, 그 명령이 임하는 순간에 기적이 시작됩니다. 두 번째는, 우리에게 임하는 그 말씀의 명령은 어려운 일이 아니라 언제든 마음먹으면 할 수 있는 일이라는 것입니다. 그것은 결코 어렵지 않습니다. 세 번째는, 아구까지 채워지는 백퍼센트 노력이 기울여졌을 때, 그때에 하나님의 기적이 일어납니다.

한센씨병에 걸린 나아만 장군을 보십시오! 한센씨병을 고치려고 엘리사를 찾아왔는데, 엘리사가 문도 열어보지 않고 "요단강에 가서 네 몸을 일곱 번 씻어라" 하는 명령만 내립니다. 요단강은 먼데 있는 강이 아닙니다. 다메섹이나 저 멀리 요르단에 있는 강이 아니라 바로 나아만의 가까운 곳에 있었습니다. 나아만이 어렵사리 순종해서 요단강에 몸을 여섯 번 담갔을 때까지 아무 일도 일어나지 않았습니다. 그가 인간으로서 할 수 있는 마지막 인내의 한계까지 다다랐을 때, 그 때에야 비로소 흉하게 상처진 한센씨병의 흔적이 다 사라지고 깨끗한 몸으로 고침을 받았습니다.

아브라함을 보십시오! 그에게 독자 이삭을 모리아산에서 번제로 바치라는 명령이 내려졌습니다. 그 명령은 결코 어렵기만 한 것은 아니었습니다. 이삭을 희생제물로 드려야 하는 모리아산은 먼데 있는 것이 아니라 바로 예루살렘의 제일 높은 산꼭대기였기 때문입니다. 만일 모리아산이 먼 곳이었다면 가다가 마음이 변하거나 도중하차할 위험이 많았을 테지만 근접한 예루살렘의 산꼭대기에서 자식을 바치라는 것은 아브라함에게 조금이나마 위안이 되었을 것입니다.

아브라함이 얼마만큼 가다가 종들을 거기에 머물게 하고, 나무와 칼과 불쏘시개 만을 지워서 이삭을 데리고 산꼭대기로 올라갑니다. 이것이 바로 아구까지 채워지는 장면입니다. 마지막까지 최선을 다하는 노력의 결정, 인간으로서 따를 수 있는 지고의 순종입니다. 하나님의 명령을 따라 칼을 들어 아들 이삭의 가슴에 내리꽂으려는 그 순간에, 하나님이 아브라함의 팔을 능하신 오른팔로 잡으셨습니다. 하나님의 말씀대로 자식을 산 제물로 드리려는 바로 그 순간에 하나님이 그의 순종의 제사를 받으시고 '여호와 이레'의 축복을 주셨습니다.

이 노력의 영성은 비단 우리 하나님을 믿는 사람에게만 해당되는 특별한 영성이 아닙니다. 운동선수들을 보십시오! 얼마나 갖은 노력을 다 합니까? 과학자들을 보십시오! 연구실에 들어가서 돋보기를 쓰고 얼마나 심혈을 기울여 연구에 열중합니까? 도둑들은 또 얼마나 기막힌 연구를 합니까? 철사 하나만 갖고서도 철통같이 잠긴 자물쇠를 눈 깜짝할 사이에 열고 들어갑니다. 이것은 그냥 앉아서 손쉽게 얻어지는 기술이 아닙니다. 또 신비주의자들을 보십시오! 신비주의자들이 축지법을 쓴다든지, 도통한 사람들이 명상을 통해 황홀경에 빠지는 걸 보십시오. 그들이 그냥 도통합니까? 또 마술하는 사람들이 관중을 속이는데 "비둘기 나와라 뚝딱" 하면 시계에서 비둘기가 나오고, "바람아 불어라" 하면 어디선가 바람이 불어오는 이런 것들은 보통 연습과 보통 노력으로 되는 것이 아닙니다.

그렇다면 우리 교회 안에서는 또 어떻습니까? 교회에서도 방언하고, 예언하고, 주님과 깊이 교통하는 영적인 일들은 아무 생각 없이 주일마다 습관처럼 교회를 왔다 갔다 하는 사람에게서 나타나는 것이 아닙니다. 주님 앞에서 자기 마음을 토하고 울부짖으며 몸부림을 치는 사람들, 주님을 찾고 또 찾는 사람들에게서 나타나는 것입니다. 하나님은 '사모하는 영혼'을 만족시키시는 분이기에, 믿는 자의 간구와 소원이 응답되는 것은 너무나 당연한 결과입니다. 예수님은 얼마나 애쓰고 힘써서 기도하셨던지 이마에서 피땀이 흘러 내렸다고 했습니다.

이것은 가만히 앉아서 될 대로 되라는 식으로 하는 기도가 아닙니다. 구하고 찾아다니고 문을 두드리고 응답될 때까지, 주님께 들으심을 얻을 때까지 자기의 중심을 다해 올려드리는 기도입니다. 사람으로서 할 수 있는 최선을 다하는 그 노력의 절정, 몸부림의 클라이맥스에서 하나님의 기적은 일어납니다. 하나님은 이렇게 노력하고, 애쓰고, 힘쓰고, 두드리고, 찾는 자에게 기적을 베풀어주십니다.

잠언서는 '지혜의 보고'(寶庫)라고 할 수 있는데, 거기에 부자가 되는 비결이 씌어 있습니다. "게으른 자여 개미에게로 가서 그 하는 것을 보고 지혜를 얻으라 … 좀더 자자, 좀더 졸자, 손을 모으고 좀더 눕자 하면 네 빈궁이 강도같이 오며 네 곤핍이 군사같이 이르리라"(잠 6:6, 10~11) 게으르면 가난해지고 궁핍해진다는 경계의 말씀입니다. 그러나 또 개미처럼 부지런하면 부하게 되리라는 뜻이 내포되어 있는 말씀이기도 합니다.

우리 믿는 사람들에게도 그대로 적용되는 '잠언'(지혜의 말씀)인 것이 분명합니다. 우리 예수 믿는 사람도 얼마든지 부유하게 살 수 있습니다. 그것은 하나님이 부자이시므로 우리 역시 부자이고, 하나님이 우리에게 재물 얻을 능력을 주시기 때문입니다. 그러나 게으른 사람은 결코 풍요한 삶을 살 수 없습니다.

이와 마찬가지로 영적인 부요와 영적인 권능을 누리기 위해서도 열심히 노력하고 애쓰는 것이 필요합니다. 기도하며 간구할 때 영적인 권능을 받게 됩니다. 한 달란트 맡은 자처럼 자신에게 주어진 것을 땅에 묻어 놓고 게으르고 나태한 삶을 살아서는 결코 주님의 부요에 이를 수가 없습니다. 오히려 "바깥 어두운 데서 슬피 울며 이를 가는" 징계만이 기다리고 있을 뿐입니다.

하나님은 얼마나 부지런하고 성실하신 분인지 모릅니다. 또 동물들, 특히 개미는 얼마나 부지런한지 모릅니다. 태양이나 달도 자기 임무에 언제나 충실합니다. 이와 같이 창조주 하나님도, 피조물인 물질세계와 동물들도 쉬지 않고 애쓰고, 노력하고, 자기의 일에 최선을 다합니다.

앨빈 토플러는 21세기는 쉬운 것을 좋아하는 풍조가 만연한 시대가 될 거라고 예견했습니다. 남편들이 회사에 충실하고, 교회에서 신앙생활도 열심히 하고, 가정에도 최선을 다할 때 그 가정에는 미래가 있습니다. 또 자녀들이 부모 공경하고 공부도 열심히 하고 성실하게 자기 맡은 일을 다할 때, 그 사회와 가정과 나라는 미래가 있습니다. 그러나 남편이 온통 세상 연락에 빠져서 가정도 직장도 돌아보지 않거나, 또 자녀들이 자기 공부는 하지 않고 오락이나 원조교제 같은 것에만 빠져 있을 때, 그 가정과 사회와 나라에는 미래가 있을 수 없습니다. 그들의 인생은 전혀 희망이 없고 삶은 절망적일 수밖에 없습니다. 우리는 과학자들의 부단한 노력과 운동선수들의 혼신의 힘을 다하는 훈련을 본받을 필요가 있습니다. 그들은 얼마나 뛰고, 얼마나 땀 흘리고, 얼마나 노력합니까? 이것이 바로 '아구까지 채우는' 노력의 영성입니다.

잠자는 교회, 신비주의에 빠져서 비현실적인 꿈만 꾸는 교회는 참교회가 아닙니다. 무슨 은사를 받고 방언하고 예언하고 병고치고 하는 것 등은 그저 편히 앉아서 얻어지는 것들이 아닙니다. 하나님께 울부짖고 구하고 몸부림치며 간절히 원할 때에야 비로소 얻어집니다. 이 노력의 영성은 마침내 변화의 영성을 가져옵니다. 노력만으로 기적은 안 나타납니다. 노력 그 자체는 기적이 아닙니다. 아무리 물을 아구까지 채워도 물이 포도주로 변하지는 않습니다. 그러나 노력의 끝은 하나님의 축복의 시작입니다. 그렇기 때문에 노력 없이는 기적도 없다는 논리가 됩니다. 자기에게 맡겨진 일에 최선의 노력을 다할 때, 그때 비로소 기적이 일어납니다.

2. 변화의 영성

'물이 포도주로 변했다', '물로 된 포도주'는 변화의 기적이고, 거듭남의 영성이고, 새로운 변화입니다. 라인홀드 니버는 이런 기도를 했습니다. "하나님, 변할 수 있는 것은 변하게 할 수 있는 능력을 제게 주셔서 변케 하시고 변할 수 없는 것은 그것을 받아들일 수 있는 믿음을 제게 주시고, 이 두 가지를 분별할 수 있는 지혜를 주시옵소서!" 변할 수 없는 것이 있습니다. 변개할 수 없는 것이 있다는 것입니다.

사도 바울이 간질병에 걸려서 주의 일 하려면 병에서 고침 받아야 능력 있는 사역을 할 수 있겠노라고 하나님께 세 번을 기도했습니다. 이것이야말로 완전한 기도요, 아구까지 찬 기도입니다. 돌항아리에 물을 채우듯이 세 번을 완전히 기도했습니다. 그런데도 병이 낫지 않았습니다. 좀처럼 하나님의 응답이 없습니다. 대신에 거절의 응답만이 들려옵니다. "네가 약할 때 곧 강하게 된다"는 거절의 응답을 받은 후, 그 때부터 사도 바울은 이 간질병을 사랑하였습니다. 간질병을 자매처럼, 형제처럼, 자기 몸의 아름다운 일부분으로 품고 다니면서 생애가 다하기까지 헌신하며 자족하였습니다. 그 후로 또다시 그 병을 고쳐 달라는 기도를 하지 않았습니다. 간질병 가지고도 주의 일을 얼마든지 할 수 있다는 겸손과 약할 때 하나님의 강함이 오히려 저로 강하게 한다는 감사를 잊지 않았습니다. 이것이 바로 받아들이는 믿음이고 겸손과 감사로 제사드리는 수용의 믿음입니다.

물이 변하여 포도주가 되었다고 할 때의 이 '변화'는 다른 사람을 향해서 요구하는 것이 아닌 자기 자신이 변화되는 것을 의미합니다. 다른 사람을 변화시킬 수 있는 분은 오직 하나님뿐이십니다. 사람이 어떻게 다른 사람을 변화시킬 수 있겠습니까? 바로 내가, 나 자신이 변하는 것이 '물'이 '포도주'로 바뀌는 역사입니다.

부부 관계만 봐도 이것을 쉽게 알 수 있습니다. 남편이 아무리 아내를 변화시키려 해도 그것은 항상 무위로 끝납니다. 또 아내가 아무리 남편을 변화시키려 해도 그것은 늘 허무하게 끝나 버리고 맙니다. 그러나 부부가 서로를 변화시키려는 노력을 포기하고 자기 자신에게 초점을 맞출 때, 그전에는 보이지 않던

상대방의 좋은 면과 감사한 부분들이 눈에 띄게 됩니다.

　매일 남편에 대해 불평만 하던 어떤 아내가 마음을 새롭게 하고 어느 날인가부터 아침마다 컴퓨터 앞에 앉아 남편의 감사한 점들을 한 가지씩 타이핑하기 시작했습니다. 처음엔 감사한 것들이 잘 생각나지 않았지만, 곰곰이 생각해 보니 남편이 그래도 교회는 꼬박꼬박 나가는 것, 매달 월급봉투를 한 번도 빠트리지 않고 집에 가져다주는 것 등이 고맙게 느껴졌습니다. 그러기를 365일 하다보니 365가지 감사 목록이 만들어졌습니다. 예전에 남편의 잘못된 점, 불만스러운 일들만 생각할 때는 감사할 일들이 도무지 생각나지 않았는데, 이렇게 감사하기로 마음먹고 나니 감사할 일들이 얼마나 많은지… 이제는 남편이 그렇게 멋있어 보이고, 성실해 보이고, 훌륭해 보일 수가 없었습니다. 이것이 바로 기독교인의 영성, 감사로 제사드리는 '변화'의 영성입니다.

　비단 이것은 부부 관계뿐 아니라 목사와 교인 간의 관계에서도 마찬가지입니다. 담임 목사가 자기 교인들을 좀 어떻게 해서든지 변화시켜 보려고 애쓰면 애쓸수록, 변화는 일어나지 않고 교인들의 단점만 눈에 띕니다. 그러나 억지로 교인들을 변화시키려는 생각을 버리고 자기 자신을 변화시키면 교인들이 다르게 보이고, 그들의 장점만 눈에 띕니다. 그렇게 먼저 자기 자신을 변화시킬 때, 다른 사람의 변화도 자연히 뒤따라오는 것이 인지상정(人之常情)입니다. 이와 같이 우리를 변화시킬 수 있는 방법은 별다른 것이 아닙니다. 마태복음 9장 17절 말씀처럼, 새 포도주는 새 가죽 부대에 담는 길만이 변화의 지름길이 됩니다. 새 포도주를 헌 가죽 부대에 담으면 그것이 다 터져 버릴 뿐 아니라 새 포도주까지 못 쓰게 됩니다.

  인간의 방법에 치우치지 않고 하나님 앞에 부끄러움 없는 완전한 사람으로 서고자 하는 최선의 노력, 즉 '아구까지 채우는' 노력의 영성을 가질 때, 그때 비로소 내가 변화되는 은혜를 맛보게 됩니다. 이와 같이 최선을 다하는 충성과 성실과 노력의 영성은 변화의 기적을 체험하게 하며, 그 기적은 또 쓰임 받는 영성으로 고양됩니다.

3. 쓰임받는 영성

  예수님이 갈릴리 가나의 혼인 잔칫집에서 물로 포도주를 만드신 기적을 통해 하나님의 영광을 나타내시자 제자들이 믿게 된 역사가 일어났습니다. 그 제자들이 기적을 체험하자 그들은 하나님께는 영광으로 쓰여지고 사람에게는 믿음의 도구로 쓰여지게 되었습니다.

  사사기 9장에 보면, '요담의 우화'가 나옵니다. 성경에 나오는 우화 중에 가장 아름다운 우화입니다. 나무들이 모여서 포도나무에게 사정을 합니다. "포도나무야! 포도나무야! 우리의 임금이 되어다오" 포도나무는 "아니야, 우리가 포도열매 맺혀서 사람을 기쁘게 하고, 하나님께 영광이 되는데 어떻게 이런 귀한 일을 버려두고 너희들 앞에서 왕노릇을 하겠느냐? 나는 절대 못해"라고 합니다. 그러자 나무들이 무화과나무를 찾아갑니다. "무화과나무야! 무화과나무야! 우리들의 임금이 되어다오" 하자 "아니야, 아름다운 무화과 열매를 맺혀서 사람을 기쁘게 하고, 하나님을 영화롭게 하는데 그 일을 제쳐두고 어떻게 내가 왕노릇 하겠느냐? 나는 왕노릇 하는 것이 싫다"고 대답합니다. 그러자 이번엔 감람나무에게 찾아갑니다. "감람나무야! 감람나무야! 우리의 왕이 되어다오" 하자 "아니야, 이렇게 열매를 맺혀서 기름으로 불을 밝히고, 하나님께 영광의 기름으로 부어지는 귀한 일을 버려두고 어떻게 왕이 되겠느냐? 나는 싫다"고 합니다. 이제는 하는 수 없이 나무들이 가시나무를 찾아갑니다. "가시나무야! 가시나무야! 우리들의 왕이 되어다오" 하자 "그럼, 그럼, 내가 왕이 되겠다. 내가 왕이 되면 너희들은 내 그늘 아래서 쉬어라" 그래서 가시나무를 왕으로 세웠더니, 그 밑의 모든 나무들이 찔려서 다 죽게 되었다는 의미심장한 내용의 우화입니다.

하나님께서도 우리를 쓰실 때 두 가지로 쓰십니다. 가롯 유다같이 차라리 태어나지 않았으면 좋을 뻔한 "가시나무"로 쓰이는 경우가 있는가 하면, 이 요담의 우화처럼 "대통령도, 국회의원도 다 싫다. 내가 하고 있는 성가대가 얼마나 귀한데, 교사가 얼마나 귀한데, 예배드리는 게 얼마나 좋은데, 이것이 얼마나 감사한데" 하는 쓰임 받는 영성을 가지는 경우도 있습니다.

얼마 전에 신문기사에서 미국에서 어느 중학교의 한 백인 노처녀 여선생이 14살 된 흑인 학생에게 자기의 신장을 떼어 준 이야기를 읽은 적이 있습니다. 신부전증으로 신장 두 개가 다 파손된 자기 제자를 위해 35살의 이 선생님은 기꺼이 자신의 귀한 신장을 희사했습니다. 저는 이 기사를 읽고 제 몸의 장기

중에서 눈을 기증하기로 결심하고, '내 몸의 장기가 건강하고 모든 신체가 건강하다는 것은 얼마나 큰 축복인가' 하고 생각했습니다. 이 한 세기! 21세기가 시작되는 이 시대에 위대한 정치가도 알고 있고, 위대한 재벌도 알고 있고, 위대한 학자도 알고 있고, 인류를 위해 공헌하는 성직자도 알고 있지만, 가장 저를 회개시키고, 저를 부끄럽게 하고, 저 자신을 겸손케 하는 그 사람은 바로 자기 제자에게 선뜻 자기 신장을 떼어 준 노처녀 선생님의 아낌없이 주는 삶이 저를 온통 흔들어 놓았습니다.

　이것이 바로 있는 곳에서 좋은 포도주가 되는 삶입니다. 위대한 자리에 올라가서 위대한 일을 하겠다는 것은 어리석은 생각입니다. 바로 지금 있는 이 자리에서 최선을 다하면 내가 변화되고, 하나님의 변화의 기적이 일어납니다. '좋은 포도주를 내는 사람', '있는 자리에서 최선을 다하는 사람', 이것이 가나의 기적이고 물이 변하여 포도주가 되는 축복의 삶임을 다시 한 번 기억하며 살아가시기를 바랍니다.

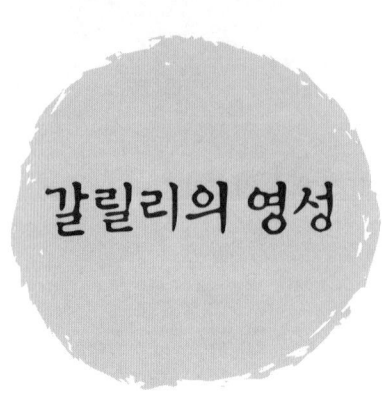

갈릴리의 영성

"예수는 게네사렛 호숫가에 서서 … 시몬에게 이르시되 깊은데로 가서 그물을 내려 고기를 잡으라 시몬이 대답하여 가로되 선생이여 우리들이 밤이 맞도록 수고를 하였으되 얻은 것이 없지마는 말씀에 의지하여 내가 그물을 내리리이다 하고 그리한즉 고기를 에운 것이 심히 많아 그물이 찢어지는지라 이에 다른 배에 있는 동무를 손짓하여 와서 도와달라 하니 저희가 와서 두 배에 채우매 잠기게 되었더라…"(눅 5:1~11)

중국의 고사 가운데 이런 이야기가 있습니다. 음악을 전혀 할 줄 모르는 남자가 속임수를 써서 중국 왕실의 악단 단원으로 들어갔습니다. 그는 연습할 때나 연주할 때 연주하는 시늉만 했습니다. 나라에서 녹도 받고, 갈채도 받고, 살림도 늘어나고, 모든 것이 잘 되어 갔습니다. 그런데 어느 날 문제가 생겼습니다. 황제가 "연주를 협주가 아닌 독주로 들어보고 싶다"고 한 것입니다. 그래서 이 가짜 악사가 아프다든지 바쁘다든지 하는 여러 가지 핑계를 댔습니다. 제 아무리 핑계를 해도 소용이 없자 자기 차례 되기 전날 저녁에 고민을 합니다. 아무리 고민을 해도 길은 없고, 황실에 가 임금 앞에서 연주하면 틀림없이 죽임을 당할 것 같아서 그만 독약을 먹고 자살하고 말았다는 이야기입니다.

우리에게 피할 수 없는 막다른 시간이 왔을 때 그것이 사업이든, 건강이든, 직장이든, 가정이든, 어떤 피할 수 없는 절대절명의 순간이 왔을 때 어떻게 대처해야 하겠습니까? 도대체 실패는 우리 기독교인에게 어떤 의미를 줄까요? 실패는 파멸이고, 끝장이며 절망일까요? 그렇지 않습니다. 고린도전서 10장 13절에 보면, "사람이 감당할 시험 밖에는 너희에게 당한 것이 없나니 오직 하나님은 미쁘사 너희가 감당치 못할 시험 당함을 허락지 아니하시고 시험 당할 즈음에 또한 피할 길을 내사 너희로 능히 감당하게 하시느니라"고 하셨습니다. 하나님께서 우리에게 넉넉히 감당할 만한 힘을 주시며 피할 길을 주신다는 것입니다.

베드로는 갈릴리 바닷가에서 고기를 잡다가 완전히 실패했습니다. 이것은 아마추어의 실패가 아닌 프로의 실패입니다. 고기 잡는 것이 본업인 어부가 한 마리의 고기도 잡지 못했습니다. 갈릴리 바닷가에서 고기잡이하던 베드로의 이 실패는 영적으로 어떤 의미를 가지고 있습니까? 예수님은 그곳에 오셔서 이 실패를 영성으로 바꾸십니다. 그러면 실패의 영성은 무엇입니까? 베드로의 실패로 인한 영성을 세 가지로 생각해봅니다.

1. 비움의 영성

첫 번째, 실패는 비움의 영성입니다. 2절 말씀에 보면, "호숫가에 두 배가 있는 것을 보시니 어부들은 배에서 나와서 그물을 씻는지라"고 했습니다. 아무것도 얻지 못했을 때 오는 결과가 빈 배입니다. 한 마리도 못 잡았다는 것은 배를 완전히 비웠다는 뜻이고, 그것은 실패했음을 나타내는 것입니다. 출발은 어디에서부터 시작되는 줄 아십니까? 비움에서부터 시작됩니다. 우리는 비워야 합니다.

빌립보서 2장 5~8절에 보면, "너희 안에 이 마음을 품으라 곧 그리스도 예수의 마음이니 그는 근본 하나님의 본체시나 하나님과 동등 됨을 취할 것으로 여기지 아니하시고 자기를 비어 종의 형체를 가져 사람들과 같이 되었고 사람의 모양으로 나타나셨으매 자기를 낮추시고 죽기까지 복종하셨으니 곧 십자가에 죽으심이라"고 했습니다. 예수님의 가장 위대한 영성은 십자가의 영성이고, 부활의 영성입니다. 그리고 이 두 가지 영성은 자기를 '비운' 데서 온 것입니다. 하나님과 동등 되는 자기를 던져 버리고 종의 몸, 인간의 몸을 입으시고 십자가에 못 박아 죽기까지 자기를 다 내어놓으시고 비우셨습니다. 이것이 기독교의 영성이고, 하나님의 영성이고, 실패의 영성입니다. 비우라는 것입니다. 비우는 데서부터 하나님은 시작하시겠다는 것입니다.

"심령이 가난한 자는 복이 있나니 천국이 저희 것이요 애통하는 자는 복이 있나니 저희가 위로를 받을 것임이요 온유한 자는 복이 있나니 저희가 땅을 기업으로 받을 것임이요 의에 주리고 목마른 자는 복이 있나니 저희가 배부를 것임이요 긍휼히 여기는 자는 복이 있나니 저희가 긍휼히 여김을 받을 것임이요 마음이 청결한 자는 복이 있나니 저희가 하나님을 볼 것임이요 화평케 하는 자는 복이 있나니 저희가 하나님의 아들이라 일컬음을 받을 것임이요 의를 위하여 핍박을 받는 자는 복이 있나니 천국이 저희 것임이라"(마 5:3~10)

　이 그리스도인의 팔복은 누가 받습니까? 마음을 비운 자, 모든 것을 다 비운 자가 받습니다. 베드로는 실패했으나 예수님은 베드로를 실패로 보지 않고 비움으로 보셨습니다. 베드로는 지난날 자기가 가졌던 배를 다루는 기술과 자기 노력과 지혜와 기술, 모든 것을 다 비워 버린 것입니다. 실상 예수님과 베드로는 두 번째 만남을 가진 것입니다. 첫 번째 만남은 요한복음 1장 40절에 기록되어 있습니다. 먼저 예수님을 만난 형제인 안드레가 "내가 메시아를 만났다. 우리 메시아를 만나러 가자"고 하면서 베드로를 이끌었을 때, 형제인 안드레의 손에 이끌려 예수님을 만난 일이 있습니다. 그러나 그 때에 베드로는 아직 비우는 작업을 하지 못했습니다. 그리고 다시 어부로 돌아왔습니다. 그런데 두 번째로 예수님이 찾아오셨습니다. 첫 번째 만남과 두 번째 만남 사이에는 얼마만큼의 기간이 필요했습니다. 예수님이 베드로를 비우는 작업을 하는 시간이 필요했던 것입니다. 밤새도록 그물을 던져도 한 마리도 잡지 못하도록 완전히 빈 그물이 되어 실패와 좌절을 맛보도록 주님이 이미 계획해 놓으셨다는 것입니다. 왜 그렇게 하셨을까요? 비움으로부터 주님과의 만남이 시작되기 때문입니다.

우리 한국교회의 존경받는 목사님들 중 대부분의 목사님들이 이와 같은 실패의 영성, 비움의 영성을 체험하신 분들입니다. 폐결핵 때문에 한쪽 폐를 잘라 내신 고(故) 한경직 목사님, 충현교회의 김창인 목사님, 순복음교회의 조용기 목사님, 동도교회의 최훈 목사님, 명성교회의 김삼환 목사님, 장석교회의 이용남 목사님, 간암으로 사경을 헤매다 살아나신 주안장로교회의 나겸일 목사님, 온누리교회의 하용조 목사님, 또 자녀 문제로 눈물을 흘리셨던 소망교회의 곽선희 목사님, 새문안교회의 고(故) 김동익 목사님 등등. 이런 존경받는 목사님들은 한결같이 건강이나 그 어떤 부분에서 실패를 경험한 분들입니다. 그리고 그 속에서 자기 자신을 다 비웠습니다. 이분들을 가만히 보십시오. 어떤 자리나 명예를 절대 탐하지 않습니다. 이미 그들은 속에 있는 것, 세상을 다 비우셨습니다. 한국의 어떤 목사님을 보더라도 실패의 영성, 비움의 영성없이 목사 되신 분은 한 분도 없습니다.

우리 교회에서 항존직 선출을 위한 투표가 있게 될 것입니다. 이 투표를 통해서 장로가 되려면 출석교인의 3분의 2의 표를 얻어야 합니다. 안수집사, 권사가 되려면 2분의 1의 표를 얻어야 합니다. 그런데 적어도 장로, 안수집사, 권사가 되려면 투표에 앞서 세 가지를 통과해야 합니다. 첫째는, 자기 양심에 통과해야 됩니다. 온전한 십일조 생활을 하고 있는가, 예배를 잘 드리고 있는가, 주일성수 하고 있는가, 새벽기도를 빠지지 않고 잘 나올 자신이 있는가, 가족을 다 빠짐없이 구원했는가, 또 사회적으로 어떤 부끄러움이나 허물이 없는가, 가정을 잘 다스리고 있는가, 덕을 행하고 있는가, 착하고 충성스러운가, 이런 것들은 자기 양심하고 관계가 있는 것입니다. 둘째는, 성도들로부터 2분의 1 내지 3분의 2에 해당하는 표를 받아야 합니다. 몇 명이 교회에 오든 간에, 오는 수에 따라 그 정해진 표를 얻어야 합니다. 셋째는, 하나님으로부터 선택을 받아야 합니다. 아무나 되는 것이 아닙니다. 표 나온 것을 공개하면, 모든 사람들이 '꼭 될 사람이 됐구나!' 합니다. 마음을 비우시기를 바랍니다. 누가 날 알아주겠습니까? 만일 마음을 비우지 않고 욕심으로 채웠다가 떨어지면 그 뒷감당을 누가 하겠습니까? 자기 자신이 책임을 져야 합니다. 욕심 버리고 마음을 비울 때 시험에 들지 않습니다.

아들 셋을 둔 서른다섯 된 가정주부가 있었습니다. 그런데 남편이 처녀와 외도를 하더니 돈 한 푼, 위자료 한 푼 주지 않고 쫓아냈습니다. 셋방 얻을 돈도 없이 세 아이를 데리고 이십 년 전에 안산에 왔습니다. 리어카도 끌고 포장마차도 하고, 사과 궤짝 위에 사과 몇 개 올려놓고 장사하면서 아이들을 길렀습니다. 설상가상으로 5년쯤 지나서는 자궁암에 걸려서 메디컬센터에서 자궁을 다 절제하는 수술을 했습니다. 경제적으로 최악의 상황에 이르렀기 때문에 교회에서도 도움을 주려고 노력했습니다. 그리고 15년이 지난 지금 몸은 더욱 만신창이가 되었습니다. 폐에 늑막염이 생기고, 심장 기능이 약화되고, 신부전증에 걸려서 병원에 입원해 일주일에 두 번씩 혈액 투석해야 합니다. 이틀 동안은 완전히 누워 있어야만 합니다. 그 정신적인 고통과 육체적인 고통이 얼마나 크겠습니까? 온 몸에 피멍이 들고 온통 주사바늘 자국밖에 없습니다. 지난주에 제가 병원에 가 만났습니다. 손을 잡으니까 눈물이 앞을 가립니다. 그런데 아이들이 전 남편을 데리고 오자, 그분은 "이제 나 죽을 때 되니까 구경하려고 왔느냐? 나를 버려서 이 모양 만들 때는 언제고 구경하려고 왔느냐? 가라, 이놈아" 하고 한 맺힌 말들을 토해놓습니다. 그러면서 저에게 "목사님, 저는 도저히 용서를 못하겠어요. 용서가 안 돼요" 합니다. 그래서 제가 손목을 부여잡고 "그깟 전 남편, 버렸던 남편이 세상의 전부이냐? 자신의 장기(신장)를 빼서 엄마에게 주겠다는 귀한 자식들이 셋이나 있고, 하나님이 있고, 예수님이 있고, 성령이 있고, 교회가 있고, 부족하지만 여기 목사도 있는데, 그게 그렇게 용서가 안 되느냐? 이제 생명이 얼마 남지도 않았는데 다 털어 버리고 당장 남편과 애들 다 오라고 해서 남편을 용서해 주겠다고 말하라"고 했습니다. 그랬더니 울면서 그렇게 하겠다고 하였습니다.

20년 동안 얼마나 한이 맺혔겠습니까? 무일푼으로 쫓겨와서 갖은 고생 다 한 그 한을 어떻게 풀 수 있겠습니까? 그렇기 때문에 여러분, 이 세상 살아갈 동안 다른 사람에게 한 맺히는 일을 하면 안 됩니다. 그것은 그 사람을 죽이는 일입니다. 또 한이 맺힐 일을 당했어도 반드시 한을 풀어야 합니다. 가슴 속에 맺힌 한이 결국은 병이 되어서 자기를 망칩니다. 분노가 가득 차 있으면 분노가 나오고, 욕심이 가득 차 있으면 욕심이 나오고, 내 안에 세상이 가득 차 있으면 결국 내 몸은 썩게 되는 것입니다. 혹시 실패했습니까? 건강을 잃었습니까? 가족들로부터 버림을 당했습니까? 이 때야 말로 비움이 필요한 때입니다. 비워야 삽니다.

2. 채움의 영성

두 번째는, 채움의 영성입니다. 비우는 것은 곧 채우는 것입니다. 왜 하나님이 비우게 하십니까? 더 위대한 것으로 채우시기 위함입니다. 생각해 보십시오! 만일 고깃배가 가득 차 있으면 아무것도 채울 수 없을 것입니다. 그러나 본문을 보면 빈 배에 예수님이 세 가지를 채우십니다.

첫째는, 주님으로 채우십니다. 주님이 먼저 들어가십니다. 3절 말씀에 "예수께서 한 배에 오르시니 그 배는 시몬의 배라"고 했습니다. 그 배 안에 예수님 자신을 채우셨습니다. 그리고 5절 말씀에 보면, 시몬 베드로는 예수님을 "선생이여"라고 부르고 있습니다. 헬라어로 '에피스타타'라는 말인데, 에피스타타라는 말은 놀랍게도 '선장'이라는 뜻입니다. 옛날에는 베드로가 이 배를 운항하는 선장이었는데, 자기가 다 비워지니까 이제는 예수님을 선장으로 모셨습니다. 주님을 주인으로 모셨습니다. 실패가 주는 놀라운 '채움' 곧 예수로 채우는 역사입니다.

빌립보서 3장 5~9절에 보면, "내가 팔일만에 할례를 받고 이스라엘의 족속이요 베냐민의 지파요 히브리인 중의 히브리인이요 율법으로는 바리새인이요 열심으로는 교회를 핍박하고 율법의 의로는 흠이 없는 자로라 그러나 무엇이든지 내게 유익하던 것을 내가 그리스도를 위하여 다 해로 여길뿐더러 또한 모든 것을 해로 여김은 내 주 그리스도 예수를 아는 지식이 가장 고

상함을 인함이라 내가 그리스도를 위하여 모든 것을 잃어버리고 배설물로 여김은 그리스도를 얻고 그 안에서 발견되려 함이니 내가 가진 의는 율법에서 난 것이 아니요 오직 그리스도를 믿음으로 말미암은 것이니 곧 믿음으로 하나님께로서 난 의라"고 하였습니다. 바울은 세상의 모든 것을 버렸습니다. 모든 것을 배설물로 여겼습니다.

정말 무서운 목사, 장로가 누구인 줄 아십니까? 예수로 자기 가슴을 가득 채우지 않고 목사직으로, 성직으로 자기를 채운 사람입니다. 예수로 가슴과 머리, 교회와 가정을 가득 채우지 않고, 직분이나 명예로 채우기 때문에, 그런 목사 때문에 교회가 망하고, 그런 장로 때문에 교회가 망하는 것입니다. '예수 목사'가 되어야 하는데 '나 목사'가 되고, '예수 장로'가 되어야 하는데 '나 장로'가 된다는 것입니다.

나 씨 성을 가진 분들께는 죄송합니다. 나를 비우라니까 비우지 않고 예수로 가득 채우지 않으니까 오늘날 교회에 '나 권사', '나 안수집사', '나 장로', '나 목사'가 수두룩해져서 교회를 망치고 하나님의 교회를 곤경에 빠뜨린다는 것입니다.

여러분! 예수로 채우십시오. 왜 예수님이 비우게 하고, 병들게 하고, 좌절하게 하고, 실패하게 합니까? 세상 다 털어 버리고 예수로 가득 채우라고 그렇게 하시는 것입니다.

둘째는, 말씀으로 채웠습니다. "시몬에게 이르시되 깊은 데로 가서 그물을 내려 고기를 잡으라" 깊은 데로 가서 그물을 던지라는 말씀이 그 배에 가득 채워질 때, 실패는 끝난 것입니다. 베데스다 연못에 예수님이 오셔서 38년 된 중병 환자를 보고 "일어나 걸어가라"고 하십니다. "할 수 있거든이 무슨 말이냐? 믿는 자에게는 능치 못하심이 없느니라"는 말씀이 떨어질 때에 불가능은 끝이 납니다.

"그가 찔림은 우리의 허물을 인함이요 그가 상함은 우리의 죄악을 인함이라 그가 징계를 받음으로 우리가 평화를 누리고 그가 채찍에 맞음으로 우리가 나음을 입었도다"라는 이사야 53장 5절 말씀이 떨어질 때, 모든 질병은 끝이 납니다.

또 마가복음 11장 24절 말씀, "무엇이든지 기도하고 구하는 것은 받은 줄로 믿으라 그리하면 너희에게 그대로 되리라"는 약속이 제게 떨어졌을 때, 절망과 좌절은 끝이 났습니다.

베드로는 "선생이여 우리들이 밤이 맞도록 수고를 하였으되 얻은 것이 없지마는 말씀에 의지하여 내가 그물을 내리리이다" (5절)라고 했을 때, 실패가 끝났습니다. 우리가 마지막에 붙잡을 것은 하나님 말씀밖에 없습니다.

여러분, 저에게서나 혹은 부교역자들에게서나, 교회 직원들에게서나, 인간적인 것을 절대 기대하지 마십시오. 지혜롭고, 머리가 좋고, 영리하고, 똑똑하고, 건강하고… 그런 것을 기대하지 마시고 두 가지만 기대하십시오. 우리 교회와 목사님이 예수로 가득 차고, 말씀으로 가득 차기만을 기대하십시오. 말씀이 떨어질 때 세상의 귀신이나 모든 질병은 다 끝이 납니다. 말씀이 임하면 실패는 끝이 납니다. 그렇기 때문에 우리가 말씀 앞에 있어야 하고 제단이 말씀으로 채워져야 합니다. 새벽이나 낮이나 밤이나 언제든지 말씀으로 채워져야 합니다.

이렇게 예수와 말씀으로 채워졌을 때, 물고기로 가득 채워졌습니다. "고기를 에운 것이 많아 그물이 찢어지는지라"(6절) 베드로가 말씀에 의지하여 그물을 던졌을 때, 그물이 찢어지도록 고기를 많이 잡았습니다. '찢어진다' 는 말은 헬라어로 '찢어지기 직전' 이라는 뜻입니다.

여러분, 지금 하나님의 축복은 찢어집니다. 내가 하나님께 받은 복을 아무리 보존하려 해도 찢어지게 되어 있습니다. 그런데 그 축복을 찢어지지 않게 하는 방법이 있습니다. "이에 다른 배에 있는 동무를 손짓하여 와서 도와달라 하니 저희가 와서 두 배에 채우매 잠기게 되었더라"(7절) "요한아! 내가 고기를 너무 많이 잡았으니 서로 나누자" 하고 나눠 줄 때 양쪽 배가 다 가득 찼습니다. 이러한 기적이 일어납니다. 베드로가 이 기적을 보고 예수의 무릎 아래 엎드려 "주여! 나는 죄인입니다. 나를 떠나소서"라고 하였습니다. 그가 여기서 회개할 수밖에 없었던 것은 실패가 기적이고, 예수님 말씀이 기적이고, 나누는 것이 기적임을 깊이 깨달았기 때문입니다. 만일 나누지 않았다면 그물이 찢어져서 고기가 다 빠져나가 버렸을 것입니다. 하나님은 무엇 때문에 베드로에게 고기를 잡히게 하셨을까요? 나누는 것을 가르쳐 주시기 위함이었습니다.

우리가 IMF를 통해서 '나눔'에 대해 정말 엄청난 교훈을 얻었습니다. 교회가 만일 나누지 않고 '헌금 나온 것 나누지 말고 우리가 움켜쥐고 있자' 하면 반드시 교회 재정에 구멍이 나거나 문제가 생깁니다. 교회가 나누지 않고 욕심부리면 하나님이 교회를 찢어 버리십니다. 우리 교회가 선교하고, 나누고, 구제하고 무료병원이며 복지관을 세워서 재정을 아낌없이 쓰는 이

유도 바로 그 때문입니다. 이것이 바로 IMF를 통한 교훈입니다.

빌립보서 4장 19절에 빌립보 교인들이 나눴을 때 바울은 "나의 하나님이 그리스도 예수 안에서 영광 가운데 그 풍성한 대로 너희 모든 쓸 것을 채우시리라"고 축복해 주었습니다.

하나님이 여러분의 건강을 채워 주실 때 불쌍한 사람을 위해서 건강을 나눠야 됩니다. 그래야 건강이 찢어지지 않는 건강이 됩니다. 하나님이 여러분에게 권세나 물질이나 축복을 주시면 그것을 빨리 나눠야 됩니다. 그래야 찢어지지 않고, 상대 쪽에도 가득 채워지고 나도 가득 채워지는 은혜를 경험합니다.

3. 보내심의 영성

마지막으로, 보내심의 영성입니다. 10절과 11절에 보면, "예수께서 시몬에게 일러 가라사대 무서워 말라 이제 후로는 네가 사람을 취하리라 하시니 저희가 배들을 육지에 대고 모든 것을 버려 두고 예수를 좇으니라"고 했습니다. 여기서 베드로가 무엇을 버렸는지 살펴봅시다. 어장과 배와 직업, 그리고 고향과 옛 친구를 버렸습니다. 그러나 그는 배를 버린 대신에 예수님을 얻었고, 어장을 버린 대신에 말씀과 기적을 체험했고, 어부라는 직업 대신에 대 사도라는 명칭을 부여받았고, 고향 대신에 하나님 나라를 얻었고, 옛 친구들 대신에 주 안에서 많은 친구들을 얻었습니다. 베드로가 버린 것은 한 바가지 물에 불과 합니다. 물 한 바가지를 펌프에다 집어넣으면 엄청난 물이 쏟아져 나옵니다. 자기가 예수님을 위해서 단호하게 버렸던 것에 비해 엄청나게 더 받았습니다. 이것이 주님을 따르는 길입니다. 베드로는 자기의 본전보다도 천만 배나 더 받은 것입니다.

우리 교회 직원인 버스 기사가 지난 목요일 새벽예배 마치고 교인들을 실어 나르는데, 새벽 6시경에 어떤 자가용 한 대가 다른 자동차를 부딪치고 뺑소니를 치는 광경을 목격했습니다. 그것을 본 집사님은 뺑소니를 쫓아가서 잡으려고 하였지만 차번호도 보지 못했고, 교인들을 집까지 바래다주어야 했고, 중간에 큰 버스를 돌려서 따라가기도 그렇고 해서 망설이고 있는데, 그 피해를 당한 자동차에서 우리 교회의 안수집사님이 나오더라는 것입니다.

'이것 봐라. 우리 교회 안수집사님이네!' 그러자 형제애가 발동해서 그 큰 버스를 180도 돌려서 고속도로까지 쫓아갔답니다. 그리고 안수집사도 그 뒤를 쫓아와서 고속도로에서 뺑소니 운전자를 잡았습니다. 잡고 보니 술까지 먹은 여자더랍니다. 화가 나서 그 여자의 멱살을 잡고 다짜고짜 "면허증 내 놔라. 어디서 뺑소니를 치느냐" 하니까 "나는 남편과 자식이 있는 몸이니 한 번만 용서해 주세요" 하고 빌더랍니다. 집사님은 그 안수집사님에게 인계를 하고 돌아왔다는 것입니다.

제가 그 이야기를 다 듣고 나서 "그것으로 끝냈느냐?"고 했더니, 집사님은 자랑스럽게 "내가 뺑소니를 잡은 사람이에요" 하는 것입니다. 저는 집사님에게 하나님이 무엇 때문에 뺑소니차를 추격하도록 보내겠느냐? 그 여자에게 "차를 치어놓고 뺑소니 친 것은 큰 잘못이지만 한 가지 용서해 줄 수 있는 길이 있는데, 우리 교회 나와서 등록을 하세요. 그러면 내가 눈감아 주고 용서해 줄 테니까. 그 대신에 시말서 쓰세요"라고 했더라면 그 상황에서 교회에 나오지 않을 사람이 누가 있겠느냐라고 말해 주었습니다. 이것이 '보냄을 받았다'는 의미입니다. 집사님이 잘못 생각을 한 것입니다. 정의는 살아 있어서 그 여자의 멱살을 잡고 혼쭐냈지만 그 영혼을 건지지 못한 것이 안타깝기 그지 없습니다. 이것이 하나님의 보냄을 받았다는 의미입니다.

무엇 때문에 우리를 비우실까요? 하나님과 말씀과 예수님과 하나님의 축복으로 채워서 세상에 보내시기 위함인 줄 믿습니다. 하나님은 어떤 때는 무서우리만큼 단호하십니다. '다 끊어라!' '가족들 다 버리라!' 이겁니다. 그러나 알고 보면 그것은 아무것도 아닙니다. 버려 봤자, 예수님 따라다니는 것이고, 예수님과 함께 있는 것이 전부입니다. 여러분더러 직장 버리고 오라는 말이 아닙니다. 주님과 같이 있자는 것뿐입니다.

아브라함에게 자식을 바쳐라, 사르밧 과부에게 밀가루를 바쳐라, 단호했지만 하나님의 단호함 그 뒤에는 축복이 들어 있습니다. 그것은 결코 억울한 것이 아닙니다. 그 뒤에는 다 축복이 따라오게 되어 있습니다.

사순절이 시작되는 오늘, 모든 주의 자녀들이 이 귀한 선거를 앞두고 "주여! 나는 비웠습니다. 예수와 말씀과 축복으로 채워 주시옵소서! 그리고 나를 버리게 해 주시옵소서!" 하고 기도해야겠습니다.

장구나 북 또는 피아노를 보십시오! 다 속을 비웁니다. 그리고 나서 음률과 노래로 채웁니다. 그 악기들이 여기 놓여질 때 우리의 예배를 돕고 하나님께 영광 돌리는 도구가 됩니다. 하나님의 보내심을 받을 줄로 믿기에, 비운 곳에 채워 주실 줄로 믿기에, 그 채우심의 영성이 우리에게 가득 차기를 주님 이름으로 축원합니다.

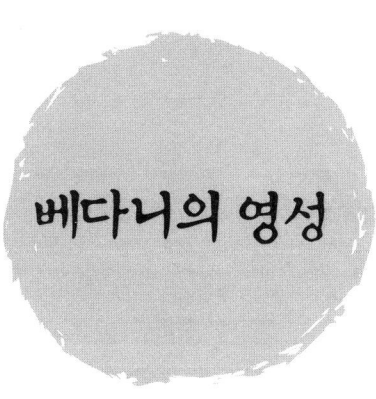

베다니의 영성

"예수께서 베다니 문둥이 시몬의 집에서 식사하실 때에 한 여자가 매우 값진 향유 곧 순전한 나드 한 옥합을 가지고 와서 그 옥합을 깨뜨리고 예수의 머리에 부으니 어떤 사람들이 분내어 서로 말하되 무슨 의사로 이 향유를 허비하였는가 이 향유를 삼백 데나리온 이상에 팔아 가난한 자들에게 줄 수 있었겠도다 하며 그 여자를 책망하는지라 … 저가 힘을 다하여 내 몸에 향유를 부어 내 장사를 미리 준비하였느니라…"(막 14:1~9)

이 본문은 예수님이 십자가에 달려 돌아가시기 이틀 전, 저녁에 베다니에서 있었던 사건을 기록한 것입니다. 베다니는 신앙의 유서가 아주 깊은 곳입니다. 한센씨병에 걸린 시몬이 예수님께 고침 받았던 고향이고, 죽은 지 나흘 된 나사로를 예수님이 살려내신 곳이기도 합니다. 한센씨병에 걸린 시몬과 마르다, 마리아, 나사로 삼남매가 서로 연합해서 예수님과 제자들을 대접하고자 잔치를 베풀었습니다. 저녁식사가 한참 무르익어 갈 즈음, 마리아가 갑자기 자신의 옥합을 가지고 와서 그 옥합을 깨뜨려 예수님의 머리에 부었습니다. 다른 복음서를 보면, 발에도 부으면서 눈물을 흘리며 머리카락으로 예수님의 발을 씻는 그런 감동적인 장면도 묘사되고 있습니다. 그 장면을 보고 놀란 두 사람이 있습니다. 한 사람은 가룟 유다입니다. "무슨 의사로 이 향유를 허비하였는가, 이 향유를 팔아 삼백 데나리온 이상에 팔아 가난한 자들에게 줄 수 있었겠도다 하며 그 여자를 책망하는지라"(4~5절) 다시 말하면, 이 향유가 얼마나 값진 것인데 예수님의 머리에 부어서 허비하느냐는 것입니다. 그는 마리아를 칭찬하기는커녕 오히려 강하게 책망했습니다. 가난한 사람을 구제하면 얼마나 많이 할 수 있는데, 그 큰돈을 향기로 다 날려 버리느냐는 것입니다. 그리고 또 한 사람은 바로 예수님이셨습니다. "가만 두어라 너희가 어찌하여 저를 괴롭게 하느냐 저가 내게 좋은 일을 하였느니라 … 저가 힘을 다하여 내 몸에 향유를 부어 내 장사를 미리 준비하였느니라 … 온 천하에 어디서든지 복음이 전파되는 곳에는 이 여자의 행한 일도 말하여 저를 기념하리라"(6, 8, 9절) 마리아를 힐난했던 가룟 유다와는 달리, 예수님은 그녀의 행한 일을 매우 기뻐하시며 칭찬하셨습니다.

이 베다니의 영성, 예수님께 옥합을 깨뜨려 향유를 부은 처녀 마리아의 영성은 아주 중요합니다. 저나 여러분이나 이 사순절 기간 동안에 베다니의 영성에 이르기를 간절히 바랍니다.

1. 깨뜨림의 영성

첫 번째, 베다니에서 마리아가 예수님께 보여 준 이 영성은 다름 아닌 깨뜨림의 영성입니다. 옥합을 깨뜨렸다는 것입니다. 돈으로 치면 약 삼백 데나리온, 오늘날 중산층 보통 사람의 1년 연봉입니다. 처녀들이 시집가기 전에 저축의 수단으로, 결혼 자금이나 생활 자금으로 쓰기 위해서 옥합에다 향유를 보관하는데, 가룟 유다와 제자들이 깜짝 놀라는 것도 이상한 일이 아닙니다. 삼백 데나리온, 즉 1년 연봉이나 되는 그 어마어마한 액수를 예수님의 머리에 부어서 향기로 날려 버렸으니 놀랄 만도 합니다. 돈으로 만들면 삼백 데나리온이나 될 텐데, 왜 이것으로 가난한 사람을 구제하지 않고 쓸데없는데다가 한순간에 날려 버리느냐는 것입니다. 그런데 이 깨뜨림, 이것이 기독교입니다. 마리아가 예수님께 옥합을 깨뜨려야 되는 이유는 두 가지가 있습니다.

첫째는, 죽은 지 나흘이나 지나 이미 무덤에서 썩어 냄새나는 죽은 오라버니 나사로를 예수님이 살려 주셨습니다. 마리아가 예수님께 입은 은혜에 비하면 옥합은 아무것도 아닙니다. 마리아가 예수님 앞에서 옥합을 깨뜨린 것은 반 강제로 강요에 못 이겨 한 행동이거나 자기를 과시하기 위해 취한 행동이 아닙니다. 부모 없이 살아가는 불쌍한 삼남매를 보시고, 죽은 오라버니로 인해 애통하는 자매들의 눈물을 보시고 말할 수 없이 큰 은총을 베풀어 주신데 대한 사랑의 표시였습니다. 너무나도 감사와 감격이 넘쳐서 자연스럽게 나온 행동입니다.

둘째는, 예수님이 이틀 뒤면 죽는다는 사실을 알고 장사를 미리 준비한 것입니다. 왜 제자들은 아무도 몰랐는데 처녀인 마리아가 이것을 알 수 있었습니까? 성경에서 보면 마리아는 언제나 예수님의 발밑에 앉아 있었습니다. 마르다가 음식을 장만하느라 분주할 때도 예수님의 발밑에서 예수님의 말씀을 들었고, 오라버니가 죽었을 때도 예수님의 발밑에서 말씀을 들었고, 오늘 식사 대접을 할 때도 예수님의 발밑에서 주님의 말씀을 듣고 있었습니다. 그렇기 때문에 그는 때를 알 수 있었습니다. 사랑하면 그분이 무엇을 원하는가를 다 알 수 있습니다. 마리아는 예수님에 대한 엄청난 사랑을 가지고 있었기에 때를 알았던 것입니다.

기독교의 영성은 깨뜨림으로부터 시작합니다. 성모 마리아에게 천사가 찾아와서 "마리아야, 무서워 말라. 네가 하나님께 은총을 입었다. 하나님이 너와 함께 계시도다. 네가 성령을 통해서 아이를 낳게 될 텐데 그분이 하나님의 아들이시다"라고 일러 줍니다. 마리아의 몸을 통해서 예수님이 오실 때에 처녀 마리아의 자궁을 깨뜨리십니다. 왜 자궁을 깨뜨리면서 기독교가 시작되었을까요? 우리의 신앙의 정조, 영혼의 정조를 하나님께 깨뜨려야 한다는 것을 가르쳐 주시기 위함입니다. 약혼자와의 결혼이 깨어질 것도 두려워하지 않고 성모 마리아는 예수님께 그 자신을 깨뜨렸습니다. 그리고 이 처녀 마리아도 자기의 귀중한 옥합을 깨뜨려서 자기가 사랑하는 예수님께 드린 것입니다.

한 서너 달 전에, 우리 교회에 사십 세 정도 되신, 남편 없이 어린아이들 둘을 데리고 어렵게 사는 집사님에게 병이 찾아왔습니다. 그런데 그 병은 이 세상의 어떤 의사도 고칠 수가 없는 병입니다. 하나님 외에는 고칠 수가 없는 병입니다. 그 집사님이 결사적으로 기도하기 시작했습니다. 그런데 하나님이 보름 만에 깨끗이 고쳐 주셨습니다. 그런데 한 서너 달 후에 그 집사님의 큰딸이 전교에서 1등을 해서 장학금 오십만 원을 받아 왔습니다. 그때 이 집사님은 그 장학금을 보고 무슨 생각을 했겠습니까?

엄마가 불치병을 앓고 있는 동안에 아이들이 잠도 못 잤고, 밥도 제대로 못 먹고 학교를 갔고, 어느 때는 친척집으로 왔다 갔다 하면서 아빠도 없이 그 아이들이 그 동안에 얼마나 불안했겠습니까? 그런데 엄마의 불치병으로 인한 아픔과 시련 속에서도 아이들이 열심히 공부를 해서 1등을 한 것입니다.

집사님은 딸의 손을 잡고 "이 장학금을 하나님께 드리자" 하니 딸이 "엄마, 그렇게 하세요" 하더랍니다. "나는 몸이 아파 너희들을 제대로 보살피지 못했는데 너희들이 비뚤어지지 않고 열심히 공부해서 하나님이 장학금을 주셨다"고 했더니, 딸이 엄마를 더 기쁘게 하려고 "엄마, 나중에 또 다시 1등해서 그것도 하나님께 드리자"라고 하더랍니다. 남편도 없이 자식들 데리고 병들어서 병원도 갈 수 없는 어려운 처지에 있는 그들에게 이 돈 오십만 원은 생명이나 마찬가지입니다. 누가 그들에게 그것을 깨뜨리라고 했나요? 누가 하나님께 바치라고 했나요? 하나님이 가지고 오라고 했나요? 그러나 그런 어려움 속에서도 하나님이 우리 자식을 지켜 주시고, 그 어려운 시련 속에서 아이들을 곱게 길러 주신 하나님의 은혜를 이미 받았기 때문에 자발적으로 깨뜨리지 않을 수가 없었습니다. 이것이 바로 기독교입니다. 우리 자신을 깨뜨리는 것이 기독교입니다. 그것은 억지가 아닙니다. 강제가 아닙니다. 그러지 않고는 견딜 수 없는 가슴 속 깊은 곳에 그 무엇이 있습니다. 그것이 오늘 깨뜨리게 한다는 것입니다.

지난 월요일에 제가 대전의 어느 침례교회에 부흥회 인도차 다녀왔습니다. 가보니, 대략 마흔여섯쯤 되신 목사님이 교회를 개척해서 십 년쯤 사역해 오고 있었습니다. 그분에게 제가 소망이 무엇이냐고 물으니, 교회를 짓는 것이라고 대답합니다. 그래서 현재 돈을 얼마나 준비했느냐고 했더니 돈은 없데요, 어떤 규모로 교회를 지으려고 하느냐고 했더니, 이백 평정도 땅을 사서 건물을 1, 2, 3층으로 지으면 좋겠다는 것입니다. 그래서 땅값이 얼마나 들어가느냐고 했더니, 땅값은 약 3억 들어가고 건축비는 약 6억 정도가 들어간다고 대답을 합니다. 그러면 목사님의 계획이 무엇이냐고 했더니 자기가 땅을 사겠다는 것입니다. 아니, 목사가 무슨 돈이 있어서 3억이나 되는 땅을 사느냐고 했더니, 자기는 부자라는 겁니다. 아버지가 물려준 유산을 땅으로 가지고 있는데, 그 중에서 얼마를 깨뜨리면 3억을 만들 수 있다는 것입니다. 그러면 당신이 정말 3억 원을 드려서 땅을 살 수 있느냐고 했더니, 그렇게 하겠다는 것입니다. 그러면 됐다 싶어 강단에 올라갔는데 성령님께서 빌립보서 2장 17절 말씀을 주셨습니다. 사실은 다른 말씀을 준비해 갔는데, "만일 너희 믿음의 제물과 봉사 위에 내가 관제로 드릴지라도 나는 기뻐하고 너희 무리와 함께 기뻐하리니"라는 말씀을 갑자기 떠올려

주셨습니다.

　이것은 빌립보 교인들이 헌신적으로 자기 몸을 깨뜨려 제물로 헌신하였을 때 바울이 거기다가 자기 몸을 포도주로 부어서 제물 위에 자기 자신을 드리겠다는 말씀입니다. 그런데 이 교회는 이와 반대로 되었습니다. 주의 종이 자기 유산을 깨뜨려서 제물을 만든 것입니다. 이백 평 짓는 것은 교인들이 포도주를 붓는 일만 남은 것입니다. 부자인 목사님을 만난 것도 축복이지만, 그 목사님이 자기의 유산을 다 깨뜨려서 이백 평 땅을 사기로 결심을 했다는 사실 자체가 더 큰 축복이 아니냐고 도전하면서, 백 명이 모였으니 한 사람이 두 평씩만 맡으면 이백 평 교회를 지을 수 있다고 했더니, 예배가 끝나자마자 모두가 두 평이니까 별것 아니라고 해서 그 날 저녁에 그 문제는 끝이 났습니다. 저는 사모님이 걱정이 되어서 사모님을 일어서라고 해서 목사님이 자기 유산 바치는 것에 대해 의논했느냐고 물었습니다. 그랬더니 자기와 의논하지는 않았다고 합니다. 그래서 나중에 부부 싸움 안 하겠냐고 했더니, 싸움하지 않겠다고 합니다. 원래 아브라함도 자식 깨뜨려서 모리아산에 바칠 때, 아내하고 의논하지 않았습니다. 이것이 확실한 하나님의 뜻이요 하나님의 역사라고 믿고 순종하면 교회 지을 수 있다고 격려해 주었습니다.

　나중에 안 일이지만, 92세 된 어머니가 같이 예배를 드렸는데, 그 어머니의 평생 소원이 아들 목사가 교회를 지어서 하나님께 바치는 것이랍니다. 그것을 평생 기도하면서 92세 되도록 돌아가시지 않고 내가 성전 짓는 것을 보고 하늘나라 가겠다고 소원하시는 어머니가 계셨다는 것입니다.

한 목사의 깨뜨림이 하나님의 교회를 세울 수 있는 기반이 되었습니다. 누가 강제로 시킨 것이 아닙니다. 그 목사님이 하나님께 받은 은혜와 조상으로부터 받은 유산, 그리고 성도들의 깨뜨림의 영성이 역사를 이루는 원동력이 된 것입니다.

사순절이 되었습니다. 마리아가 깨뜨린 옥합이 전부가 아니라는 것을 알아야 합니다. 이것이 우리에게 주는 복음입니다. 예수님은 십자가 위에서 자기 자신 전부를 깨뜨려 버리셨습니다. 성찬이 그것입니다. 빵이 부서져서 우리에게 성찬이 된 것처럼 주님은 한 알의 밀알이 되어 십자가 위에서 뼈까지 다 부서지셨습니다. 전부를 다 주신 것입니다. 그런데 마리아가 바친 것은 일부분인 옥합뿐이었습니다. 오늘 주일을 깨뜨려 바치는 것이 주일의 영성입니다. 안식일을 주님께 온전히 바치는 것이 주일의 영성입니다. 하나님이 내게 주신 은혜가 너무 감사해서 깨뜨리는 것이 십일조의 영성입니다. 새벽을 깨뜨려서 드리는 것이 새벽기도의 영성입니다. 자신의 삶 전체를 깨뜨려 바친 사람이 누구입니까? 순교자입니다. 순교자는 자기 생명을 다 깨뜨려 바친 것입니다. 이 사순절의 영성은 내가 소중하다고 생각하는 것 일부분을 깨뜨려서 주님께 드림으로써 주님과 영성으로 만나는 것입니다. 그 영성이 우리 교회의 영성이 되고, 한국 교회의 영성이 되기를 바랍니다.

2. 허비의 영성

두 번째, 베다니의 영성은 허비의 영성입니다. 가룟 유다가 놀라 이것을 삼백 데나리온에 팔아서 가난한 사람들에게 줄 수 있었을 텐데 왜 예수님의 머리에다 부어서 허비하느냐는 것입니다. 그렇습니다. 가룟 유다의 말이 맞습니다. 인생은 허비하는 것입니다. 그러나 이 허비에는 두 가지 측면이 있습니다. 세속적인 허비가 있고, 거룩한 허비가 있습니다. 예수님이 만일 십자가 위에서 자기 몸을 다 부서뜨려서 그 피를 우리에게 쏟아 붓지 않으셨다면 절대로 우리에게 구원이 없었을 것입니다.

저는 낙도에서 자랐기 때문에 낙도의 실상을 너무나 잘 압니다. 두세 가정밖에 살지 않는 그런 낙도에 아이들이 두세 명 자랍니다. 그런데 그 낙도 분교에 공부를 많이 한 부부가 와서, 평생을 바쳐서 교실 하나에서 1학년부터 6학년까지 다 모아놓고 가르칩니다. 그 젊고 유능한 젊은 선생님 부부가 섬 마을에 와서 소외되고 낙후된 어린이들을 위해 자신들의 인생과 청춘을 허비합니다. 만일 그들이 자신들의 인생을 허비하지 않았더라면 섬 마을에 사는 사람들은 희망 없는 삶을 살았을 것입니다.

만일 무의촌에 7, 8년씩이나 의학공부한 의사들이 자기 자신을 허비하고 청춘을 다 바쳐 무의촌 진료소에서 사랑을 실천하지 않았더라면 저 시골 사람들은 병으로 다 죽어 갔을 것입니다. 생각해 보십시오! 슈바이처가 만일 저 아프리카 남단, 글도 모르고 전염병으로 죽어 가는 사람들에게 자기의 전 생애를 허비하지 않았더라면, 기독교의 미래는 어두웠을 것입니다. 그러나 음악, 문학, 의학, 신학을 두루 섭렵한 당대의 석학이 선교사(목사)로서 아프리카의 빈민들을 찾아가지 않았더라면, 그는 보통의 평범한 인생으로 전락했을 것입니다. 만일 테레사 수녀가 결혼도 하지 않은 혼자의 몸으로 캘커타, 세계 최고의 빈민 지역에 가서 한센씨병 환자들과 걸인들, 병자들을 품에 안고 그들을 섬기며 기도하고 사랑하며, 그들을 위해 모든 것을 바치는 허비가 없었더라면 카톨릭의 미래는 어두워졌을 것입니다. 그러나 테레사 수녀의 그 거룩한 자기 희생과 사랑의 허비가 세상을 밝게 하지 않았습니까?

촛불은 반드시 그 생명이 다하기 마련입니다. 우리가 새벽에 기도하지 않고 잠을 많이 잔다거나 아무 일도 하지 않고 가만히 있는다고 인생이 그대로 머물러 있습니까? 그렇지 않습니다. 촛불은 도둑을 위해서는 밤을 밝혀 주는 불빛이 되지만, 연구하는 사람들에게는 연구를 돕는 불빛이 됩니다. 문학을 하는 사람들은 보통 다른 사람들이 다 잠자는 시간에 시를 쓰고 소설을 쓰고 희곡을 쓰고 시나리오를 씁니다. 그들의 그 고뇌의 시간과 밤의 허비가 없었더라면 이 땅에 아름다운 시나 문학작품은 나올 수 없었을 것입니다. 작곡가들이 방황을 합니다. 어느 때는 와이셔츠 자락에다 곡을 써서 와이셔츠를 허비하고 시간을 허비해서 평생에 한 곡을 작곡하는 사람도 있습니다.

또 과학자들을 보십시오! 연구가들을 보십시오! 한 가지를 연구하기 위해서 자기 일생 전체를 허비합니다. 연구소에서 결혼도 모르고 연애할 줄도 모르는 채 인간의 건강과 더 나은 미래를 위해서 자기 인생 전체를 허비합니다. 그 사람들을 보고 우리가 어리석다고 할 수 있겠습니까? 그 허비해 버리는 사랑과 열정 때문에 오늘 이 세상이 더 밝아지지 않았습니까?

가롯 유다는 아무것도 보지 못했습니다. 마리아의 아름다운 주님에 대한 사랑과 예수님의 십자가의 죽음조차도 그는 전혀 보지 못했습니다. 그렇다고 그가 가난한 사람을 본 것이 아닙니다. 그의 눈에 보인 것은 돈밖에 없었습니다. 그렇기 때문에 삼백 데나리온이라는 값나가는 향유가 예수님의 머리에서 사라질 때, '돈이 사라졌다'고 생각한 것입니다. 문제는 여기에 있습니다. 그는 오로지 돈만 생각했습니다.

모세가 광야에서 40년 동안 처가살이를 하면서 시간을 허비했습니다. 정말 모세는 허비를 한 것입니까? 아닙니다. 위대한 지도자 모세로 거듭나기 위해 자신의 삶을 광야에 쏟아 부었습니다. 바울이 아라비아 광야에서 3년 동안 허비했습니다. 그것으로 끝이 난 것입니까? 자기 인생을 허비할 때, 위대한 영성이 나옵니다. 그것이 바로 허비의 영성입니다.

저는 섬에서 약 8년 동안 투병 생활을 하면서 그 귀중한 시간들을 다 허비했습니다. 그런데 저는 오직 하나님을 위해서 기도하고 하나님 말씀과 더불어 살았던 8년 동안의 투병 생활(허비)의 영성이 없었더라면, 오늘 절대로 여기에 설 수 없었을 것입니다. 그것은 절대 허비가 아니었습니다. 주님에 대한 사랑을 키운 더없이 귀중한 시간이었습니다.

어떤 한 외교관이 일기를 썼습니다. "오늘 나는 가장 재미없는 하루를 보냈다. 왜냐하면 나는 오늘 아들하고 놀아 주면서 시간을 허비했기 때문이다"라고 썼습니다. 외교회의를 주재하고 외교문서에 서명하고 외교문제를 논의해야 하는데, 그런 일들을 제쳐두고 아이하고 놀아 주었습니다. 그러나 그 아들 일기장에는 뭐라고 써 있었는지 아십니까? "오늘 나는 프랑스에 와서 내 생애 가장 기쁜 시간을 아버지와 함께 보냈다"라고 썼습니다. 아버지는 아무 쓸모없는 시간으로 허비했다고 생각했지만, 그 아들은 가장 귀한 시간을 보냈다고 생각한 것입니다. 그런데도 그 아버지가 그 시간을 허비한 것입니까? 이 외교관에게 진짜 중요한 시간은 어떤 시간이었습니까?

40, 50대가 되면 대부분의 어머니들이 우울증에 걸린다고 합니다. 그 우울증은 '허무' 병입니다. 자녀들은 장성해서 제각각 자기 인생을 살아가기 시작하고 남편은 사회적으로 안정되어 바쁜 활동을 하는데, 자신은 폐경기에 접어들어 여자로서의 정체성도 사라지고 몸도 예전 같지 않아 골다공증 같은 갱년기 장애가 나타납니다. 그럴 때 생각이 드는 것은 '난 참 인생을 허비하고 살았구나. 남은 거라곤 갱년기 병밖에 없지 않은가' 하는 허무한 생각이 든다는 것입니다.

여러분, 그 어머니의 인생이 허비한 인생이라고 생각하십니까? 결코 아닙니다. 어머니가 부엌에서 자식들을 위해서 음식을 하고 빨래를 한 그런 시간들이 오늘의 그의 남편과 자녀들을 세운 줄 믿습니다. 그것이 왜 허비입니까?

이 허비라는 뜻은 계산하지 않고 주님께 드렸다는 것을 말합니다. 세상에 술 좋아하고 향락을 좋아하는 사람들이 계산하고 돈을 허비합니까? "물 쓰듯이 쓴다"라는 말이 있지 않습니까? 그것이 거룩한 허비였느냐, 세속적인 허비였느냐가 중요한 것입니다. 세상 사람들은 쓸데없는 멸망의 자리에다 인생을 허비하고 다 써 버립니다. 그러나 마리아가 주님께 바친 이 헌신과 이 사랑은 계산할 수 없습니다. 주님이 내게 주신 사랑을 계산할 수가 없는데 내가 어떻게 계산할 수 있습니까? 과학자들이 자신이 몇 시간 잠을 자는지 계산하고 연구를 합니까? 위대한 문학가와 음악가들이 얼마를 헌신해야겠다고 계산하고 합니까? 자기 자신을 아낌없이 다 바칩니다. 절대 계산하지 않습니다.

3. 축복의 영성

세 번째, 이 베다니의 영성은 축복의 영성입니다. 예수님은 "복음이 전파되는 곳에는 이 여자의 행한 일도 말하여 저를 기념하리라"고 하셨습니다. 여기에는 두 가지 의미가 있습니다. 너희들이 기념하고 또 내가 기념해 주겠다는 뜻입니다. "기념하리라", "너희가 기념해야 한다", 그리고 "내가 기념해 주겠다"는 세 가지의 축복을 말합니다. 첫 번째 축복은 우리에게 있습니다. 우리에게 누가 있습니까? 예수님이 있습니다. 어떤 예수님입니까? 내 옥합을 깨뜨릴 수 있고 내 영혼의 정조를 바칠 수 있는 주님이 우리에게 있다는 것입니다. 우리에게는 내 생애 전체를 바칠 수 있는 주님이 있다는 것입니다. 주님이 계시기 때문에 이 여자는 행복한 것입니다. 그것이 축복입니다.

시편 16편 2절에 보면, "주는 나의 주시오니 주 밖에는 나의 복이 없다"라고 했습니다. 여러분은 무엇을 축복이라고 생각하십니까? 나를 위해서 아들의 몸을 십자가에서 깨뜨리시기까지 사랑한 하나님보다 더 큰 복이 어디 있겠습니까? 마리아에게 예수님은 최고의 축복이었습니다.

하박국 선지자도 "비록 무화과나무가 무성치 못하며 포도나무에 열매가 없으며 감람나무에 소출이 없으며 밭에 식물이 없으며 우리에 양이 없으며 외양간에 소가 없을지라도 나는 여호와를 인하여 즐거워하며 나의 구원의 하나님을 인하여 기뻐하리로다"(합 3:17~18)라고 고백하였습니다.

도대체 우리의 축복이 무엇일까요? 마리아에게는 예수님이 있었습니다. 자기 자신을 깨뜨려도 아깝지 않을, 목숨을 드려도 아깝지 않을 예수님이 있었습니다. 우리에게도 그분이 있다는 것입니다. 다윗이 도망다니고 위기에 처하면서도 고백했던 것은 무엇입니까? "여호와는 나의 목자시니 내게 부족함이 없으리로다 그가 나를 푸른 초장에 누이시며 쉴 만한 물 가으로 인도하시는도다 내 영혼을 소생시키시고 자기 이름을 위하여 의의 길로 인도하시는도다 내가 사망의 음침한 골짜기로 다닐지라도 해를 두려워하지 않을 것은 주께서 나와 함께 하심이라 주의 지팡이와 막대기가 나를 안위하시나이다 주께서 내 원수의 목전에서 내게 상을 베푸시고 기름으로 내 머리에 바르셨으니 내 잔이 넘치나이다 나의 평생에 선하심과 인자하심이 정녕 나를 따르리니 내가 여호와의 집에 영원히 거하리로다"(시 23편)

다윗이 생사의 기로에 있으면서도 행복할 수 있었고, 감사할 수 있었던 것은 '나에게 하나님이 있다'는 사실을 알았기 때문입니다. 우리에게는 주님이 있습니다. 그리고 그것을 깨뜨릴 수 있는 것이 두 번째 축복입니다. 주님만 있다고 생각하면 무엇합니까? 내가 실제적으로 주님과 사랑하고 고백하고 깨뜨리는 것, 그럼에도 불구하고 내가 불행해지지 않는 그것이 필요합니다. 오늘 마리아가 옥합을 깨뜨리고 걱정하거나 불행해 했습니까? 눈물이 났습니다. 너무나 감사해서 눈물을 흘렸습니다. 내가 옥합을 깨뜨려서 드릴 수 있는 주님이 여기에 계시고, 또 그것을 받으시니 얼마나 큰 행복입니까?

제가 신학교를 가겠다고 공무원 자리라는 옥합을 깨뜨렸을 때, 동네 사람들과 친척들이 다 걱정을 했습니다. 축하해 주는 사람이 하나도 없었습니다. 그러나 제 아내와 저는 기뻤습니다. 왜냐구요? 이 세상에 태어나서 한없는 주님의 사랑을 입었는데 그 작은 것이나마 깨뜨려서 주님을 위해서 주의 종이 되어야겠다는 생각을 갖게 된 것 자체가 축복이라고 생각했기 때문입니다.

지금 우리 교회는 많은 축복을 받았습니다. 그러나 지금 이렇게 축복 받아서 사랑하는 교우들과 사랑하는 동역자들을 만나게 된 것만이 축복이 아닙니다. 저는 그때, 주님께 자신을 주의 종으로 드렸을 때 이미 축복을 받았습니다. 가난해도 축복이었고, 병들어도 축복이었고, 모든 것이 축복이었습니다. 그렇기 때문에 저는 새로운 어떤 축복을 기대하지 않습니다. 지금 이 자체가, 마리아가 옥합을 깨뜨려서 바치는 이것이 축복입니다. 이렇게 살아갈 수 있는 것이 축복이지, 그것 말고 또 어떤 축복이 있겠습니까?

그리고 세 번째는 내일의 축복입니다. 가룟 유다를 보십시오! 내일의 멸망이 눈앞에 보입니다. 그에게는 주님에 대한 사랑도, 감사한 마음도, 아무것도 그에게는 없었습니다. 가룟 유다는 내일 멸망을 합니다. 목매달아 죽습니다. 예수님을 은 삼십에 팔아 넘깁니다. 가룟 유다에게는 내일의 두려움이 보입니다. 그러나 마리아의 내일을 보십시오! 오늘은 아무것도 없습니다. 그러나 마리아는 복음이 전파되는 곳마다 "너를 내가 기념하여 주리라" 한 말씀에 따라 그녀의 아름다운 섬김과 헌신이 전해지고 있습니다. 우리는 사람을 볼 때에 현재의 모습만 보면 안 됩니다. 그 사람이 내일이 있는가 없는가를 보아야 합니다. 자녀들과 우리 교인들을 보면서 저는 그것을 느낍니다. '그래, 오늘은 비록 어렵고 힘들지만 내일은 분명히 축복이 올 것이다.'

청년들이 5부 예배 때 와서 하나님을 찬양하고 손을 들 때, 그들의 미래는 하나님의 축복이 분명 임할 것임을 확신하게 됩니다. 이 바쁘고 분주한 세상에 모든 것을 깨뜨려 버리고 하나님 앞에 주일날 몰려와서 눈물 흘리며 예배하는 모습을 볼 때, 저는 우리 교회의 미래가 확실하게 축복인 것을 압니다. 우리의 내일은 축복이며, 우리 자녀들이 다 축복이 될 줄 믿습니다.

1999년 4월 20일에 있었던 일입니다. 미국을 온통 뒤집어 놓은 사건이 일어났었습니다. 콜로라도 주 콜롬바인 고등학교에 엘릭과 딜런이라는 마피아에 속한 아이들이 총 두 자루를 들고 와서 마치 사냥을 하듯 아이들을 보는 대로 쏴서 열다섯 명이나 죽인 사건이 있었습니다. 그때 살해당한 아이 중에 캐쉬버런이라고 하는 열일곱 살 먹은 예수 잘 믿는 학생이 있었습니다. 그 어머니가 근래, '쉬 세드 예스'(She Said Yes)라는 책을 냈습니다. 딸을 잃은 어머니가 책을 낸 것입니다. '쉬 세드 예스'라는 말을 번역하면, '그 여자는 예라고 대답했다'라는 말로 번역할 수 있지만, 직역을 하면 '내 딸은 예스라고 대답했다, 내 딸은 아멘이라고 대답했다' 라고도 할 수 있습니다. 캐쉬 버런이라고 하는 자기 딸이 도서관에서 책을 읽고 있었는데, 두 명의 목격자에 의하면, 한 목격자는 캐쉬가 기도하고 있었다고 증언을 했고, 다른 친구는 책을 보고 있었다고 증언을 했습니다. 엘릭과 딜런이 마약을 하고 정상이 아닌 상태에서 총으로 학생들을 보이는 대로 죽이는 것이었습니다. 그런데 캐쉬버런 이라고 하는 여학생 이마에다 엘릭이라고 하는 문제학생이 총 을 들이대면서 "두 유 빌리빈 갓?"(Do you believe in God?)라 고 묻습니다. "너 하나님 믿느냐?" 그때 캐쉬가 "노"(No) 하면 살 수 있었습니다. 이 문제아이들을 조사해 보니 기타를 치며 노래를 하는데 성경을 찢으면서 노래를 하는 아이들이었다고 합니다. 성경을 찢으면서 하나님을 반대한 사단의 그룹이었습 니다. 그런데 그들이 "너 예수 믿느냐?" "너 하나님 믿느냐?" 물을 때, 캐쉬버런이 "예스"(yes)라고 대답한 것입니다. 그러자 그 아이들이 총을 쏴서 그 자리에서 캐쉬를 죽였던 것입니다. 이 캐쉬버런의 어머니가 딸을 대신해서 수기를 썼는데, 더 가슴 아프고 처절한 것은 그 딸 캐쉬도 마리화나 피우고 나쁜 아이들 과 어울린 적이 있었다는 것입니다. 사춘기 때 교회를 멀리하고 세상에 빠져서 다른 아이들과 같이 마약을 하고 못된 짓하고 했 던 아이였는데, 엄마 아빠가 교회에서 눈물로 기도해 그 캐쉬를 건져냈다는 것입니다. 그 후에 그 부모가 캐쉬를 청소년 수련회 에 친구들과 같이 보냈습니다. 청소년 집회에 가서 찬양을 하다 가 캐쉬가 변화를 받았습니다. 그때 깨뜨리는 시간이 있었는데, 다른 아이들이 앞에 나와서 눈물 흘리면서 회개하고 담배갑을 내어놓고 "나는 담배를 깨뜨리겠다", "마리화나를 깨뜨리겠다" 할 때에, 캐쉬버런은 "주님, 저는 제 몸을 깨뜨리겠어요" 하고 자기 몸을 깨뜨렸습니다. "주님, 저는 이제까지 너무 더럽게 살았는데, 이 몸을 깨뜨리겠습니다" 하고 그 청소년 집회에서 변화를 받아 그 뒤부터 2년 동안 얼마나 예수를 잘 믿었는지… 이 아이가 죽기 3일 전에 "엄마, 나는 죽는 것이 두렵지 않아, 나 죽으면 천국에 가니까 두렵지 않아"라고 말했답니다. 이 말을 하고 나서 3일 뒤에 이 아이가 총에 맞아 죽었습니다. 그래서 이 책의 제목이 '쉬 세드 예스'입니다. '내 딸은 죽음 앞에서 예스라고 대답했다' 뉴욕 타임즈는 이 캐쉬를 가리켜 이 시대의 순교자라고 했습니다.

이 책을 발행한 이후로 미국의 많은 청소년들이 이 책을 읽고 주님께로 돌아왔습니다. 캐쉬라는 소녀의 죽음이 지금 미국에 엄청난 변화를 일으키고 있습니다. 하나님은 마리아를 깨뜨려서 어두운 세상에 복음이 전파되게 하시며, 남편도 없이 고칠 수 없는 죽을병에 걸려서 몸부림치던 모녀의 장학금을 깨뜨려서 교회의 40주년 헌금으로 드려서 하나님의 역사를 이루게 하시며, 그리고 캐쉬라는 열일곱 살 먹은 소녀의 입을 통해서 나온 "나는 하나님 믿습니다" 하고 죽음을 선택했던 이 아이를 통해서 미국을 엄청나게 큰 변화를 일으키셨습니다.

오늘, 여러분에게 위대한 것을 깨뜨리라는 것이 아닙니다. 내 나쁜 습관, 더러운 것, 그것들을 깨뜨려서 주님께 드리는 베다니의 영성이 한국 교회와 우리 민족과 우리 교회를 살리는 영성이 되기를 주님의 이름으로 축원합니다.

발씻김의 영성

"저녁 잡수시던 자리에서 일어나 겉옷을 벗고 수건을 가져다가 허리에 두르시고 이에 대야에 물을 담아 제자들의 발을 씻기시고 그 두르신 수건으로 씻기기를 시작하여 시몬 베드로에게 이르시니 가로되 주여 주께서 내 발을 씻기시나이까 … 예수께서 대답하시되 내가 너를 씻기지 아니하면 네가 나와 상관이 없느니라 시몬 베드로가 가로되 주여 내 발 뿐아니라 손과 머리도 씻겨 주옵소서 예수께서 가라사대 이미 목욕한 자는 발 밖에 씻을 필요가 없느니라 온 몸이 깨끗하니라 너희가 깨끗하나 다는 아니니라…"(요 13:4~17)

 예수님이 십자가에 못박히시기 전날 저녁식사 도중에, 예수님이 잡수시던 자리에서 일어나시더니 겉옷을 벗고 수건을 가져다가 허리에 두르셨습니다. 그리고 나서 대야에 물을 담아 제자들의 발을 깨끗이 씻기시기 시작했습니다. 발만 씻기신 것이 아니라 발에 묻은 물기까지 수건으로 깨끗이 닦아 주셨습니다.
 카톨릭에서는 이 예식을 '세족식'이라 해서 성 목요일 저녁이면 교황이 많은 사람의 발을 씻는 의식을 지금도 행합니다. 거의 세례식과 방불하게 세족식을 하나의 중요한 예식으로 간

주합니다. 그러나 우리 개신교는 단순하게 예수님이 발을 씻기셨다는 것 자체를 중요하게 여기는 것이 아니라 무엇 때문에 우리의 발을 씻어 주셨으며, 무슨 말씀을 하셨는가에 더 큰 의미를 두고 있습니다.

그러면서 이 세족식을 통해서 말씀의 영성, 씻김의 영성을 되새깁니다. 여러분, 다락방에서 발을 씻기신 예수님의 이 세족의 영성을 가져서 승리하는 복이 있기를 바랍니다.

1. 섬김의 영성

첫 번째, 섬김의 영성입니다. "저희 발을 다 씻기신 후에 옷을 입으시고 다시 앉아 저희에게 이르시되 내가 너희에게 행한 것을 너희가 아느냐 너희가 나를 선생이라 또는 주라 하니 너희말이 옳도다 내가 그러하다"(12~13절)라고 하신 이 말씀이 중요합니다. 이 말은 곧 "선생 되고 주님인 내가 이렇게 너희 발을 씻겼으니 너희가 서로 발을 씻기는 것이 옳으니라"라는 뜻입니다. '발을 씻긴다'는 것은 '섬김'을 말합니다.

그런데 베드로는 이것을 이해하지 못했습니다. 예수님이 차례로 제자들의 발을 씻기다가 자신의 차례가 되었을 때 그는 "주여 주께서 내 발을 씻기시나이까 내 발을 절대로 씻기지 못하시리이다"(6, 8절)라고 말했습니다. 베드로는 왜 주님께 자기 발을 씻기지 못하게 했습니까? 베드로는 주님이 발을 씻기시는 참뜻을 이해하지 못했기 때문에 "안 된다"고 하면서 거절했던 것입니다. 발을 씻기는 것은 종중에서도 제일 보잘 것 없는 종이 하는 일이었습니다. 우리가 잘 아는 대로, 유대 땅은 먼지가 많은 사막이기 때문에 샌들을 신고 다닙니다. 샌들을 신고 다니다가 집에 들어오면 먼지가 너무 많이 묻어있기 때문에 그 상태로는 방안에 들어올 수가 없습니다. 그래서 밖에다 결례하는(씻는) 물 항아리를 놓고 제일 천한 종이 거기서 발을 씻기고 수건으로 물기를 닦아주면 방안으로 들어옵니다. 이런 이유 때문에 베드로는 천한 몸종이나 하는 그런 일을 어떻게 예수님이 하실 수 있느냐며 거절했던 것입니다. "예수님, 당신이 발이나 씻기려고 여기에 오셨습니까? 예수님이 지금 예루살렘에 올라오신 것이 제자들의 발이나 씻기려고 올라오셨느냐구요?" "그렇다. 내가 발 씻기러 왔다." "예수 믿으면 사람의 발이나 씻기는 것이 믿는 자의 할 일입니까?" "그렇다. 발 씻겨 주는 종노릇하려고 너희가 예수를 믿는 것이다."

예수님은 우리의 발만 씻기시는 것이 아닙니다. 우리가 울고 있을 때 우리 눈에서 눈물을 씻기시고, 우리가 죄로 말미암아 더러워졌을 때 그 죄를 씻어 주시고, 병들어서 피고름 나고 터질 때에 그 피고름 나고 더러운 것을 주님이 다 씻어 주십니다. 또한 채찍에 맞으심으로 우리의 병을 씻어 주시고, 십자가에 피 흘려 돌아가심으로써 우리의 모든 더러운 죄와 과거를 다 씻어 주십니다. 이와 같이 예수님의 섬김은 '씻김' 입니다. 씻기기 위해서 이 땅에 오셨습니다. 미신에서도 '씻김굿' 이란 것이 있습니다. 이 미신을 믿는 무당들도 씻겨 줘야 한다는 것을 알고 '씻김굿' 을 합니다. 무당들도 따라서 모양을 내고 있는 것입니다.

그러나 주님은 모양내는 것이 아닙니다. 흉내나 내는 것이 아니라 진정으로 우리의 모든 죄와 눈물과 아픔과 더러움을 다 씻겨 주시는 것입니다. 발을 씻겨 주시는 행위 자체가 중요한 것이 아니라 씻기는 '섬김'이 중요한 것입니다. 바로 그 섬기시는 주님의 모습이 중요한 것입니다.

이 사순절이 지나고 나서도 영원토록 우리가 기억해야 할 것은 '종'으로 오신 주님의 모습입니다. "너희 안에 이 마음을 품으라 곧 그리스도 예수의 마음이니 그는 근본 하나님의 본체시나 하나님과 동등 됨을 취할 것으로 여기지 아니하시고 오히려 자기를 비어 종의 형체를 가져 사람들과 같이 되었고 사람의 모양으로 나타나셨으매 자기를 낮추시고 죽기까지 복종하셨으니 곧 십자가에 죽으심이라"(빌 2:5~8) 주님이 종이 되어서 우리를 위해서 십자가에 죽으심으로 우리 몸을 씻어 주셨습니다. 종이 되려고 주님이 오신 것입니다.

예수님이 베드로에게 "내가 너를 씻기지 아니하면 네가 나와 상관이 없느니라"(8절)고 하니까 시몬 베드로가 "주여 내 발뿐 아니라 손과 머리도 씻겨 주옵소서"(9절)라고 말합니다. 그러자 예수님이 "이미 목욕한 자는 발 밖에 씻을 필요가 없느니라 온 몸이 깨끗하니라"(10절)라고 말씀하십니다. '이미 목욕했다'는 것은 무슨 뜻입니까? 그것은 예수님의 십자가 보혈로 우리 죄를 다 씻어 주신 것을 뜻합니다. 그런데 아직 예수님이 십자가에서 피 흘려 돌아가시지도 않았는데, 내일이 되어야 십자가 지실 텐데 어떻게 '이미 목욕한' 것이 됩니까? 예수 보혈의 피는 어제와 오늘 내일의 문제가 아닙니다. 저 구약으로 4천 년

거슬러 올라가고, 신약의 2천 년을 합한 6천 년뿐 아니라 앞으로 주님이 오실 세기까지, 그 모든 세기 - 과거나 현재나 미래 - 를 다 통틀어서 현재성을 갖습니다. 다시 말하면, 시간과 공간은 아무 의미가 없다는 것입니다. 2천년 전에 주님이 흘리신 보혈의 피가 구약과 신약, 과거와 현재에도 동일하게 살아 역사한다는 것입니다. 그뿐 아니라 지금도 여기에 있는 우리를 목욕시키시고, 발과 온 몸을 씻기십니다. 우리는 작은 고백이라는 회개를 통해서 '씻는' 일을 하기만 하면 된다는 것입니다. 그것은 단순히 발을 씻는 데 그치는 것이 아니라 '섬김'이라는 것입니다.

율법은 무엇 하려고 예수 믿느냐? 복을 받기 위해서 예수 믿습니다. 이것을 잊어서는 안 됩니다. 나가도 복을 받고, 들어와도 복을 받고, 꼬리가 되지 않고 머리가 되게 하십니다. 그러면 복음은 무엇 하려고 예수 믿느냐? 하나님의 율법을 지켜서 받은 축복을 가지고 종노릇하기 위해서 예수 믿는 것입니다. 다른 사람의 발을 씻어 주고, 추하고 더러운 것에서 우리 자신을 건지기 위해서 예수 믿는다는 것입니다. 이 해답을 주님이 주십니다. 이것이 섬김이라는 것입니다.

마태복음 20장 26~28절에 보면, "너희 중에 누구든지 크고자 하는 자는 너희를 섬기는 자가 되고 너희 중에 누구든지 으뜸이 되고자 하는 자는 너희 종이 되어야 하리라 인자가 온 것은 섬김을 받으려 함이 아니라 도리어 섬기려 하고 자기 목숨을 많은 사람의 대속물로 주려 함이니라"고 말씀하셨습니다.

교회에서 제일 큰 자가 누구입니까? 섬기는 자입니다. 주님은 무엇 하려고 오셨습니까? 주님은 우리의 발 씻기러 오셨습니다. 주님은 우리의 눈물을 씻기려고 오셨습니다. 주님은 우리의 더러움과 죄를 씻기려고 오셨습니다. 만일 우리 가운데 누구든지 높아지기를 좋아하는 사람, 항상 대접받기를 좋아하는 사람, 또 남을 지배하기를 좋아하는 사람이 있다면, 그 사람이 목사건 장로건 권사건 집사건 상관없이, 그런 사람 천만 명보다도 저 부엌에서 어린아이들과 청소년들이 식사하고 남겨 놓은 그릇을 씻는 사람이 더 위대하고 더 높은 사람입니다. 그 사람이 높아지기 좋아하고 대접받기 좋아하는 천만 명보다 더 주님이 원하시는 사람입니다.

고린도전서 16장 15~16절에 보면, 고린도교회를 향해서 하나님이 칭찬하는 말씀이 있습니다. 그들은 스데바나 집 사람들입니다. "형제들아 스데바나의 집은 곧 아가야의 첫 열매요 또 성도 섬기기로 작정한 줄을 아는지라 내가 너희를 권하노니 이 같은 자들과 또 함께 일하며 수고하는 모든 자에게 복종하라" 고린도교회에서 가장 높임을 받아야 하는 사람이 스데바나 집 사람인데, 그 사람은 첫 열매일 뿐 아니라 성도 섬기기로 작정한 사람이라는 것입니다.

전라남도 광주에 양양안경원이라는 곳이 있는데, 그곳 주인이 물왕리에 있는 어린양의 집, 정박아들을 데려다가 엄마 노릇하는 오미오 원장의 가장 든든한 후원자입니다. 그 안경점의 주인은 안경을 판매한 수입금의 일부를 계속 후원하고 있습니다. 이번에 안산에 사할린 동포가 왔는데, 사할린 동포 중에서 우리 교회에 등록한 교인이 약 150여 명이 됩니다. 그런데 그 주인이 돋보기를 300개가량 만들어서 광주에서 이 안산까지 직접 가지고 왔습니다. 돈이 없는 할머니 할아버지들에게 안경이 필요하다면 끝까지 대 주겠다는 것입니다. 제가 한 번 방문을 해 만나 보니 젊은 부부인데, 주님을 위해서 살기로 작정한 사람들이었습니다. 하나님께 봉사하기로 마음먹은 분들이었습니다. 그런데 그 집이 절대 손해보거나 경제적으로 어려움을 당하지 않는다는 것입니다.

성가대에 앉아 있는 분 중에 회사 사장이 한 분 계십니다. 서울에서 중소기업을 경영하는데, 명함을 받아보니 사장이라는 말이 없고 대신 '하나님의 청지기, 아무개' 라고 써 있었습니다. 자기는 하나님의 종이고, 사장은 예수님이 하셔야 된다는 것입니다. 우리 교회가 봉사하는 것 중에 소년소녀 가장들과 홀로 사시는 할아버지 할머니들에게 매주 반찬을 만들어서 배달해 주는 사역이 있습니다. 그 집사님은 자신의 차로 매주 목요일마다 김치를 만들어 가난한 사람들에게 배달해 주는 일을 합니다. 그분은 목요일이면 하루 종일 고아들과 홀로 사는 어려운 가정들을 방문한 후 회사에 출근을 오후 다섯 시에 한다고 합니다. 그 집사님의 차를 타면 항상 김치 냄새가 배어 있습니다. 사장의 차가 아니라 봉사자의 차입니다.

미국의 어떤 교회에서는 자동차 새것을 살 때에는 헌 차는 팔지 말고 교회에 내놓자는 캠페인을 시작했습니다. 새것 산다는 것 자체가 축복이니 헌 차는 팔지 말고 교회에다 내놓으라는 것입니다. 그러면 교인 중에서 정말 차를 필요로 하는 사람에게 무료로 나누어 줄 수 있다는 것입니다. 그랬더니 얼마 안 되어서 차가 육백 대가 들어왔는데, 그 차에 이런 내용의 글들이 써 있었습니다. "주유소에 가서 무료로 주유를 할 수 있는 티켓 다섯 장", "무료 세차할 수 있는 티켓 다섯 장", 그리고 "백화점에 가서 물건 살 수 있는 상품권 두 장"…. 나는 축복을 더 받아서 헌 차 타다가 새 차를 타는데, 그래도 이 차가 쓸 만하기 때문에 이 차를 형제에게 주지만 중고차를 주어서 미안하니까 주유 티켓과 세차 티켓, 그리고 백화점 상품권 등을 주면서 형제자매에게 이것을 줄 수 있는 것이 우리에게 큰 축복이라는 것입니다. 이것이 바로 '섬김' 입니다.

보십시오! 예수님의 섬김이라고 하는 것은 가룟 유다의 발을 씻겨 주신 것입니다. 이미 예수님을 팔려고 작정한 그 가룟 유다의 발을 씻기시면서 이 말씀을 주신 것입니다.

섬김이라고 하는 것은 자기에게 유익이 되고, 자기를 도와주고, 자기 마음에 드는 사람을 씻기는 것이 아닙니다. 아무것도 바라지 않고, 설령 나에게 부담이 되는 사람이라 할지라도 그 사람의 발을 씻기는 것이 진정한 섬김입니다. 나에게 다시 갚아 줄 능력이 있는 사람을 대접하는 것은 섬김이 아닙니다. 그렇기 때문에 초대를 할 때도 나에게 갚을 수 없는 사람이나, 돈도 없고 아무것도 없어서 도와주고 나면 다시 갚지 못할 그런 사람을 초대해서 대접하는 것이 진짜 섬김입니다.

우리들은 어느 때에 기분이 좋습니까? 자기를 도와 줄 사람을 만나고 이익이 될 사람을 만나면 신이 나고 기분이 좋습니다. 그러나 예수님이 가르쳐 주신 섬김은 절대 신나지 않는 일을 신나게 하고, 기분 좋지 않은 일을 기분 좋게 하는 것입니다.

나에게 유익한 사람을 만나서 기뻐하는 것이 아니라 내가 도와줘야 할 사람을 만났을 때 '아! 내가 당신을 도와 줄 수 있어서 행복합니다' 하는 이 영성이 우리 교회에 살아나야 이 도시가 변화되고, 우리가 가는 곳마다 기적이 일어날 줄로 믿습니다.

2. 모범의 영성

두 번째, 모범의 영성입니다. "내가 너희에게 행한 것같이 너희도 행하게 하려 하여 본을 보였느니라"(15절) 여기에서 본을 보였다는 말은 '모범을 보였다'는 뜻입니다. 다시 말하면, 내가 모범을 보였으니 너희도 모범을 보여야 한다는 말입니다. 여기에서 말하는 모범은 군대에서 숙달된 조교가 군인들을 모아 놓고 '이렇게 하라'고 가르치는 그런 모범이 아닙니다. 또는 패션모델이 아름다운 옷을 입고 옷매무새를 자랑할 때의 그 모델이 아닙니다. 이것은 본성적인 것입니다. 엄마가 자식에게 숙달된 조교가 본을 보이듯 "이렇게 본을 보이니, 본받아라" 하고 강요하는 것을 보셨습니까? 엄마가 어린 아기에게 기저귀를 갈아주고, 몸을 씻겨 주고, 눈물을 닦아주고, 더러운 것을 다 씻어 주는 것은 본성입니다. 사랑에서 나오는 것입니다. 사랑에서 나오지 않는 섬김은 다 위선입니다.

제가 간혹 집에서 저녁식사를 하다가 가끔 '세상에 이런 일이'라는 TV 프로그램을 볼 때가 있습니다. 그 프로그램에 나온 이야기인데, 시골에 예수 잘 믿는 할아버지 할머니가 계십니다. 그런데 할아버지가 먼저 세상을 떠났습니다. 그분들이 진돗개

잡종 두 마리를 외양간 같은 곳에다 놓고 길렀습니다. 그런데 참 신기한 것은 할아버지가 돌아가신 다음부터 그 두 마리의 개가 시골 교회의 차임벨이 "믿는 사람들은 군병 같으니" 하고 찬송이 울려 퍼지면 밥을 먹다가도 소 우리의 턱 같은 곳에다 발을 올리고는 "음음 엉엉엉" 하고 노래가 끝날 때까지 찬송을 따라 부릅니다. 이 소문을 들은 그 프로그램의 제작 팀의 기자가 유행가 가사가 들어 있는 테이프를 들고 찾아가서 요즘 한창 유행하는 노래를 틀어 주니까 찬송가가 나올 때는 "멍멍멍" 따라 하던 개들이 '이상하다, 저건 아닌데, 우리 할아버지가 저건 부르지 않았는데' 하는 모션을 취합니다. 그러다가 다시 '믿는 사람들은 군병 같으니'라는 찬송을 틀으니까 또 "멍멍멍" 하고, 다시 유행가를 틀어 놓으니까 '아닌데, 아니야' 하고 고개를 갸우뚱하는 것입니다.

제가 그 프로를 보다가, 가수들에게는 참 죄송하고 유행가 좋아하시는 분들에게는 죄송하지만, 한낱 개도 유행가와 성가곡을 구별하는 것을 보고 놀랐습니다. 그 할아버지가 생전에 얼마나 교회에서 찬송가 울려 퍼지면 밥을 주면서도 찬송하고 또 찬송하고 했으면 개가 따라할 정도가 됐겠느냐는 것입니다. 개는 정신이 없고 영혼이 없기 때문에 심리학에서 말하는 조건 반사로 그런 행동을 취했을 것입니다. 그런데 중요한 것은 그 할아버지가 어떤 모범을 보였느냐는 것입니다.

개 이야기를 한 가지 더 예로 들면, 목사님이 어느 집사님 댁에 가서 심방을 하는데 개가 밖에서 계속 짖어댑니다. 왜냐하면 그 집사님 댁에서 찬송을 한 번도 안 부르다가 갑자기 목사님이 와서 찬송을 부르니까 개가 놀라 마구 짖어 대는 것입니다. 그런데 어떤 집에 가면, 도적놈의 뒷다리를 물어뜯을 정도로 사나운 진돗개가 목사님이 문을 열고 들어가면 그 주인이 "노랑아, 목사님 오셨다" 그러면 "으 으 흠" 하고 개도 목사를 다 알아본다는 것입니다. 그 주인이 어떤 영적인 생활을 하는가에 따라서 개들의 행동도 달라집니다. '서당 개 삼 년 개 풍월'이라는 속담처럼 '서당 개 삼 년이면 풍월을 읊는다' 라는 말입니다.

성 프랜시스가 이리와 늑대에게 설교를 했지 않습니까? 다른 사람이 지나가면 잡아먹고 뜯어먹던 늑대들이 프랜시스의 영성이 얼마나 깊었으면 그를 사람으로 대하지 않았습니다. 그가 이리와 늑대를 사랑하여 형제자매처럼 여기며 먹을 것을 주고 돌봐 주었습니다. 그래서 이리와 늑대들이 프랜시스가 지나가면 사람으로 보지 않고 하나님처럼 봤습니다. 또 프랜시스가 설교를 하면 늑대가 들었습니다. 이것은 꾸며낸 이야기가 아닙니다.

한국 교회에 모범이 되는 교회와 목사님이 많이 계십니다. 순복음교회의 조용기 목사님은 영성이 있습니다. '금식'과 '성령'을 통해서 병을 치료하고 하나님의 축복을 이끌어 냈습니다. 한국 교회를 성령으로 섬기는 모범이십니다. 또 명성교회의 김삼환 목사님은 '우리들은 교회의 머슴이다' 라고 해서 '머슴' 신앙을 심어 주셨습니다. 머슴은 주인을 기쁘게 하고 주인의 자식들을 잘 돌봐 주면 됩니다. 그래서 하나님을 기쁘시게 하고 하나님의 자녀인 교회와 성도들을 죽도록 섬기자는 것입니다. 주안장로교회의 나겸일 목사님은 '총력 전도'의 모범을 보이셨습니다. 1년에 두세 차례 수십만 명을 교회로 다 초청해서 잔치를 합니다. 그렇게 해서 이 영혼과 이 도시를 섬기자는 것입니다.

사랑의교회나 온누리교회는 '제자 훈련'을 시킵니다. 제자 훈련을 시켜서 교인들을 예수님의 제자로 만듭니다. 전주에 가면 일명 깡통 교회라고 소문난 '안디옥교회'가 있습니다. 그 교회의 이동휘 목사님은 교회 예산의 60%를 선교를 위해 씁니다. 그래서 자칭 "우리 교회는 '깡통 교회'다"라고 합니다. 왜냐하면 헌금 60%를 선교하니까 교회는 깡통이 됩니다. 그런데 그 깡통을 통해서 비록 내 교회의 재정은 비어도 선교 한국의 모델이 되고 있습니다. 또 안산의 동산교회 김인중 목사님은 고등학교를 세웠습니다. 그 학교를 통해서 수천 명의 학생들을 전도하는 섬김을 통해서 교회가 성장을 합니다.

우리 안산제일교회는 '십자가 목회'입니다. 그리고 팀목회입니다. 우리 중 누구 한 사람만 일하는 것이 아니라 다같이 하나가 되어 섬기자는 것입니다. 그래서 무료 양로원이며, 무료 병원, 무료 복지관을 운영하는 것입니다. 무료 병원 운영하면 계속 돈이 들어가야 됩니다. 복지관에도 계속 돈을 투자해야 됩니다. 그런데도 그런 일을 하는 이유는 섬기자는 것입니다. 발을 씻어 주자는 것입니다. 이것이 우리가 한국 교회 앞에 내어놓는 십자가 목회 모델입니다. 저는 한경직 목사님에게서 '착한 목자'의 모범을 배웠습니다. 한 목사님은 일생 동안 한 번도 교인들 앞에서 다른 사람에 대해서 입으로 누구는 이렇고, 누구는 저렇고 하는 이야기를 안 하셨습니다. 누가 한 목사님을 반대하는 의견을 내놓아도 목사님은 "틀렸다"라거나 "그런 것도 의견이냐"라고 하지 않으셨습니다. "그 생각도 일리는 있는데" 하고 말씀하셨습니다. 정말 보기 드문 목자이셨습니다.

저는 장로교 선교사이신 언더우드 선교사에게 구약을 배웠습니다. 그런데 전도학에 대해서 공부를 하다가 논쟁이 벌어지는 바람에 수업 분위기가 망가지고 학생하고 선생하고 의견이 대립되었습니다. 언더우드 선교사님은 굉장히 성질이 급하신 분이었는데, 무릎을 딱 꿇더니 "이 수업 분위기를 망친 것은 스승인 내 잘못이다" 하고 빌었습니다. 그때 저는 그분에게서 교회의 평화를 위해서 목사는 무릎을 꿇을 수 있어야 된다는 것을 배웠습니다.

우리 고향 성결교회에 장로님이 계셨는데, 그분은 스무 마지기 논농사를 지을 때 두 마지기는 꼭 십일조로 저수지 밑의 논을 바칩니다. 써레질, 쟁기질, 농약 치는 것, 김매는 것, 탈곡을 해도 꼭 교회에 바친 논의 벼부터 먼저 합니다. 그리고 추수해서 그대로 경운기에 싣고 교회로 가져오는 것을 제가 보았습니다. 그것이 제 마음 속에 모범이 되었습니다. '아, 하나님을 저렇게 섬겨야 한다.'

또 우리 고향 장로님 한 분은 65세에 암이 걸렸는데, 자녀들이 수술비를 가지고 오자, 그 돈을 목사님에게 가지고 가서 "교회 천장이 깨끗하지 못해서 늘 마음에 걸렸는데 이것을 가지고 수리를 하세요. 그리고 나머지는 구제를 하세요. '내 평생 소원 이것뿐 주의 일 하다가 이 세상 이별하는 날 주 앞에 가리라' 는 찬송을 평생 동안 불렀는데 이제 수술을 해서 1년 더 살면 무엇 하겠습니까? 수술비 가지고 주의 일 하고 하나님께 기쁨으로 가야지요." 그리고 장로님은 그 암의 고통을 끝까지 몸에 짊어지고 예수 십자가 정신으로 참고 기도하시다가 조용히 하나님 나라에 가셨습니다. 그분이 임종하실 때 하늘에서 무지개를 장로님 집에 걸어 놓으셨습니다. 동네 사람들이 다 그랬습니다. "저분은 진짜 천국에 갔다."

우리 믿는 사람은 실패나 좌절이나 임종이 왔을 때에도 영적인 품위를 잃어버리면 안 됩니다. 어떤 것이 우리 앞에 닥치더라도 하나님께 소망을 두고, 하늘을 바라보고 위대한 죽음을 맞이해야 한다는 모범을 저는 그때 배웠습니다.

욥과 같은 사람은 고난의 모범을 보였습니다. 자식들 다 죽었고, 재산 다 잃어버렸고, 아내가 가출을 했고, 몸에는 한센씨병에 상충하는 상피병에 걸려서 부스럼이 나고, 피고름이 나서 구더기가 몸에서 떨어질 만큼 형편없이 망가졌고, 친구들도 다 떠나 버렸습니다. 그런데 그 자리에서 "보라 인내하는 자를 우리가 복되다 하나니 너희가 욥의 인내를 들었고 주께서 주신 결말을 보았거니와 주는 가장 자비하시고 긍휼히 여기는 자시니라"(약 5:11)라는 말을 야고보 사도를 통해서 듣습니다. 하나님이 고난을 참고 인내하는 자를 쓰십니다. 고난의 모델로 하나님이 쓰십니다. 그 모범을 욥이 보인 것입니다. 고난의 자리에서도 품위와 신앙을 잃어버리지 않고, 하나님에 대한 원망이나 좌절이 없는 모습으로 꿋꿋이 살아가는 사람에게 주께서 주시는 자비와 긍휼이 있다는 말입니다. 하나님이 욥에게 자비를 주셨다면, 우리에게 주는 자비는 또 얼마나 크겠습니까?

3. 축복의 영성

　마지막으로, 축복의 영성입니다. "내가 진실로 진실로 너희에게 이르노니 종이 상전보다 크지 못하고 보냄을 받은 자가 보낸 자보다 크지 못하니 너희가 이것을 알고 행하면 복이 있으리라"(16~17절) 예수님은 베드로에게 자빠지고 넘어지고 자꾸 넘어져도 결국은 일어서는 모범을 보여 주셨습니다. 바울에게는 '가시'를 짊어지는 모범을 주셨습니다. 바울은 주의 일 하다가 쓰러진 적이 한두 번이 아닙니다. 많은 가시를 지닌 주의 종들에게 그것이 얼마나 큰 위로가 됩니까? '주의 종이 가는 길이 그렇다'는 모범을 바울은 보여 주었습니다. 가시는 고통을 주기도 하지만 어느 때는 막아 주기도 합니다. 가시 울타리를 쳐 보십시오. 옷이 찢겨지고 치마가 찢겨집니다. 그러나 그 가시 울타리가 나쁜 짐승들이 들어오지 못하도록 막아 주기도 합니다. 바울은 이 약점 때문에 겸손해졌습니다. 그 가시가 사단이 들어올 때마다 막아 주었습니다. 그렇기 때문에 이것이 축복이라는 것입니다.

　보십시오! 세 가지 기적이 일어납니다. 첫째 기적은 벳세다 광야에서 보리떡 다섯 개와 물고기 두 마리로 주님을 섬겼더니 5천 명이 먹고도 열두 광주리가 남는 기적이 일어났습니다. 사르밧 과부가 엘리야에게 마지막 남은 밀가루와 기름을 바칩니다. 그때 두 가지 기적이 일어났습니다. 하나는 밀가루 통과 기름 통에서 기름이 떨어지지 않는 기적과 죽은 아들이 엘리야를 통해서 살아나는 기적이 일어났습니다. 아브라함이 이삭을 데리고 모리아산에 하나님을 섬기러 갑니다. 그런데 '여호와 이레'로 하나님이 다시 주시는 기적을 체험했습니다. 섬김은 메아리처럼 되돌아옵니다. 하나님이 그것을 받으시고 다시 되돌려 주십니다. 역사에 가장 위대한 인물을 꼽을 때 슈바이처나 테레사 수녀를 꼽습니다. 왜 그렇습니까? 그들은 위대한 일을 하려고 한 것이 아닙니다. 단지 예수님처럼 더럽고 추한 곳에 가서 예수 정신으로 섬겼을 뿐입니다. 그런데 그렇게 섬기는 자를 하나님이 이 세상에서 가장 위대한 자로 높이십니다. 그것이 자기에게 메아리처럼 다 되돌아옵니다. 예수님도 빌립보서 2장 9~10절의 말씀처럼, 자기 몸을 비어 종의 형체로 십자가에 복종해서 죽으시니까, 하나님이 그를 지극히 높여 모든 이름 위에 뛰어난 이름을 주사 하늘에 있는 자들과 땅에 있는 자들과 땅 아래 있는 자들로 모든 무릎을 예수의 이름에 꿇게 하시고 모든 입으로 예수 그리스도를 주라 시인하여 하나님 아버지께 영광을 돌리게 하셨다는 것입니다.

　제가 되돌려 받는 축복을 두 번 경험한 적이 있습니다. 여기 젊은이들이 많이 오셨는데, 제 생애에는 원칙이 하나 있습니다. 그것은 내 앞에 놓인 어려운 과제를 먼저 해내기 전에는 절대로 쉬거나 놀지 않는다는 것입니다. 그래서 저는 학창시절 때에도 숙제를 먼저 다 하지 않고는 절대 영화관에 가지 않았습니다. 예수 믿기 전 스무 살 때까지, 저는 영화나 연극을 굉장히 좋아해서 토요일 오후가 되면 숙제부터 끝내 놓고, 토요일 저녁에는 반드시 영화관에 갑니다. 그런데 일요일 저녁은 다음날 학교에 갈 준비를 해야 하니까 긴장이 되어 재미가 없습니다. 그러므로 저에게 제일 좋은 날은 토요일이었습니다. 토요일 저녁은 그렇게 좋을 수가 없었습니다. 늦잠 자도 좋고 늦게 돌아다녀도 좋고, 그래서 토요일 오후까지 숙제를 다 마쳐 놓고 저녁에 친구 데리고 극장엘 갑니다. 그런데 친구는 극장에 가서도 숙제 걱정을 합니다. 저는 이미 숙제를 다 끝냈기 때문에 마음 편하게 영화 감상을 합니다.

그렇게 준비하는 습관이 제게 어떤 삶을 가져다 주었는가 하면, 어려운 일을 먼저 하고 축복은 뒤로 하게 만들었습니다. 이렇게 저는 항상 어려운 일을 먼저 합니다. 그런데 친구들을 보면 좋은 일을 먼저 해 버립니다. 그리고 나서 주일부터 월요일 새벽까지 끙끙댑니다. 그러니 성적도 좋지 않게 나오고, 선생님께 야단맞기도 합니다. 저는 지금 목회를 할 때에도 그 정신으로 합니다. 우리 교회가 참 많이 성장했지만, 요즘도 주일날 교인들이 교회에 적게 나오면 제 입맛이 쓰고, 밥맛도 없습니다. 그런데 교인들이 많이 와서 예배당이 가득 차면 기분이 좋아서 밥을 두 그릇 먹고도 더 먹고 싶습니다.

인생은 다 이와 마찬가지입니다. 자식들이 바르고 곱게 살아가면 부모는 뼈빠지게 일을 해도 눈물나도록 기쁘고 감사합니다. 그런데 부모가 죽도록 일을 하는데 자식이 공부 안 하고 엉뚱한 곳에 마음쓰고 놀러 다니면 일할 재미도 없고, 교회 와서 예배를 드려도 말씀에 은혜가 되지를 않습니다. 근심 걱정이 가득 차서 '어째서 내 새끼가 저러느냐!' 하고 한숨만 나옵니다.

이와 같이 남을 섬기고 하나님을 섬기는 것도 마음으로 작정하고 결심하면, 그 축복이 다 내게로 되돌아올 줄로 믿습니다.

되돌아올 뿐 아니라 '평판'의 축복까지 덤으로 받게 됩니다. '평판'은 '피알'(PR : public relationship)과는 다릅니다. 원래 '피알'이라고 하는 것은 자기를 남에게 광고하는 것입니다. 거기에는 과대 선전이 따르기 마련입니다. 그러나 평판은 그것이 아닙니다. 잠언 22장 1절에서, "많은 재물보다 명예를 택할 것이요 은이나 금보다 은총을 더욱 택할 것이니라"고 말씀하셨습니다. 명예와 은총을 같은 위치에 놓으셨습니다. 돈은 아무것도 아닙니다. 재물보다 명예가 훨씬 중요합니다. 이 세상의 물질보다도 하나님의 은총이 훨씬 더 중요합니다. 하나님께 사랑받는 것, 이것이 '평판'이라는 것입니다.

데살로니가전서 1장 8절에 보면, 데살로니가교회에 대한 소문이 마게도냐와 아가야 이외의 전 지역에 퍼져 나갔다는 말씀이 나옵니다. "주의 말씀이 너희에게로부터 마게도냐와 아가야에만 들릴 뿐 아니라 하나님을 향하는 너희 믿음의 소문이 각처에 퍼진고로 우리는 아무 말도 할 것이 없노라"

한국 교회가 잘 되고, 우리 교회가 잘 되는 비결이 한 가지가 있습니다. 우리 교회가 예수 좋다고 소문내면, 예수님이 십자가에서 죽으신 십자가의 평판(소문)이 우리가 사는 지역뿐만 아니라 세계 전역에 퍼져서 그 위대한 소문이 세상을 변화시키게 될 줄 믿습니다. 예수 소문내고, 우리 교회 좋다고 소문내고, 거기다 하나 더해 우리 담임 목사도 좋다고 소문내면 불신자들이 예수님 믿으려고 교회에 나옵니다. 그러나 "예수 형편없어. 아, 그 교회 다 망했대. 그 목사 시대는 다 끝났대." 그러면 누가 교회엘 나오겠습니까?

우리는 돈이 없어도 괜찮고 물질이 좀 부족해도 괜찮지만, 명예를 잃어버리면 안 되고, 하나님의 은혜를 잃어버리면 안 됩니다. 오늘도 선한 사마리아 사람으로 오신 예수님은 섬길 자를 찾아 나서십니다. 그러므로 우리와 우리 교회도 섬길 자를 찾아야 되는 것입니다.

갈보리의 영성

"제 육시가 되매 온 땅에 어두움이 임하여 제 구시까지 계속하더니 제 구시에 예수께서 크게 소리지르시되 엘리 엘리 라마 사박다니 하시니 이를 번역하면 나의 하나님 나의 하나님 어찌하여 나를 버리셨나이까 하는 뜻이라 … 이들은 예수께서 갈릴리에 계실 때에 좇아 섬기던 자요 또 이 외에도 예수와 함께 예루살렘에 올라온 여자가 많이 있었더라"(막 15:33~41)

예수님께서 목요일 저녁에 다락방에서 유월절 만찬을 가지시면서 허리에 수건을 두르시고 제자들의 발을 씻기신 후 성찬을 제정하십니다. 예수님께서 떡을 떼어 제자들에게 주시며 "이것이 내 몸"이라 하시고, 또 잔을 가지고 포도주를 주시며 "이것은 많은 사람을 위하여 흘리는바 나의 피 곧 언약의 피"라고 말씀하십니다. 그렇게 성찬을 마치신 후에 저녁때 제자들을 데리고 감람산에 들어가서 겟세마네 동산에서 기도를 시작하십니다. 새벽 한 시경이 되었을 때, 천부장이 사람들을 인솔해 가지고 검과 몽치를 들고 와서 예수님을 체포합니다. 가룟 유다가 은 30에 예수님을 팔아 넘긴 결과였습니다. 무리가 곧바로 예수님을 대제사장 안나스에게로 끌고 갑니다. 안나스는 다시 예수님을 대제사장 가야바에게 보내고, 가야바는 예수님을 다시 새벽에 총독 빌라도에게 보냅니다. 예수님을 십자가에 못 박아 죽이기 위해 재판을 받도록 하려는 것이었습니다.

　대제사장 무리는 하나님을 모독한 사람이라는 죄를 뒤집어 씌워서 십자가에 못 박아 죽이고자 빌라도에게 고소했습니다. 그러나 빌라도는 "나는 이 예수에게서 십자가에 못 박아 죽일 만한 아무 죄를 발견하지 못했다. 그러니 너희들의 임금인 헤롯에게 데려가 다시 재판을 하라"고 합니다. 그러나 헤롯도 "나는 사법권이 없는 왕이니 빌라도 총독 당신이 이 예수를 처리하시오" 하고 날이 밝을 때 다시 예수님을 빌라도에게로 보냅니다. 유대에는 명절이 되면 백성의 선택에 의해 죄수 한 사람을 놓아 주는 관례가 있었습니다. 예수님을 풀어주려고 생각한 빌라도가 예수님과 강도 바라바를 내세워 둘 중에서 한 사람을 선택하여 풀어줄 경우 누굴 풀어주겠느냐고 백성들에게 선택하게 하는데, 대제사장과 무리들이 예수를 선택하지 않고 민란을 꾸며 살인한 바라바를 놓아 달라고 청합니다. 빌라도가 할 수 없이 무리를 달래기 위해 바라바는 놓아주고 대신 예수님을 채찍질하여 십자가에 못 박히게 넘겨줍니다.

　이렇게 해서 체벌이 시작됩니다. 군병들은 신속하게 예수님의 옷옷을 벗기고 끝에 납덩어리가 붙은 6m 길이의 채찍으로 사정없이 예수님의 몸을 내리칩니다. 예수님은 십자가에 못 박히기 전에 이미 죽음의 고통에 가까운 채찍의 고통을 겪게 됩니다. 시편 129편 3절에서는 이를 두고 "밭 가는 자가 내 등에 갈아 그 고랑을 길게 지었도다"라고 했습니다. 주님의 등은 채찍을 맞음으로 인해 쟁기질로 생땅을 갈아엎는 것 같은 모양이 되며 처절한 고통을 받게 됩니다.

또 로마병사들은 예수님을 자칭 유대인의 왕이라 했으니 왕관을 쓰라고 조롱하면서 가시 면류관을 엮어 예수님의 머리에 억지로 눌러 씌웁니다. 예수님의 머리에서 흘러내리는 피는 눈을 적시며 피눈물이 되어 온몸을 적셔 흘러내립니다. 로마병사들은 이렇게 감당하기 어려운 체형을 가한 후에 예수님께 통나무 십자가를 지워서 골고다 언덕길을 오르게 합니다. 기진맥진한 예수님은 골고다 길을 가시며 여러 번 쓰러지십니다. 더 이상 십자가를 지고 갈 수 없는 지경에 이르자 로마병사들은 구레네 시몬을 데려다 대신 십자가를 지게 합니다.

골고다 언덕에 이르러 로마병사들이 예수님의 손과 발에 대못을 박아 십자가에 매어 답니다. 그때의 시각이 오전 9시입니다. 그 때부터 오후 3시까지 여섯 시간 동안 예수님이 운명을 못하시고 (보통 사람은 십자가에 못 박히면 운명하는데 3일 걸립니다) 극한의 고통을 겪으시면서 일곱 마디 말씀, 즉 가상칠언을 하시고 오후 3시가 되어서 비로소 운명하십니다. 성경에는 예수님이 큰 소리를 지르시며 운명하실 때, 성소의 휘장이 위에서 아래로 찢어졌다고 했습니다. 주님이 죽으신 이곳이 바로 갈보리입니다. 그러면 이 갈보리는 우리에게 어떤 곳입니까? 이 십자가는 우리에게 무엇을 줍니까? 성령께서 오늘 우리에게 진정한 십자가의 의미를 깨닫는 은혜를 주실 줄 믿습니다.

1. 고난의 영성

첫 번째로, 이 십자가는 고난의 십자가입니다. 예수님의 생애 전체는 고난의 연속입니다. 하나님께서 하늘에서 인간을 구원하라고 예수님을 이 땅에다 던져 버린 것은 마치 돌아올 퇴로도 없이 특수 임무를 수행하도록 특수공작원을 황량한 적지에 떨어뜨린 것과 다를 바가 없는 것입니다. 그뿐이 아닙니다. 예수님이 태어나신 말구유 또한 고난입니다. 30년간의 목수시절도 고난의 시간이었고, 3년의 공생애 기간 동안 구원의 역사를 이루기 위해 예루살렘을 향해, 갈릴리에서부터 갈보리까지 올라온 그 여정도 고난이었습니다. 예수님의 삶 전체가 고난 그 자체였습니다. 예수님의 삶이 처음부터 끝까지 고난이기 때문에 고난은 영성이 됩니다.

마태복음 16장 24절에 보면, "아무든지 나를 따라 오려거든 자기를 부인하고 자기 십자가를 지고 나를 좇을 것이니라"고 하셨습니다. '예수를 믿으면 무엇이든 다 잘 된다. 예수를 믿으면 병도 없고, 부자 되고, 형통하고, 고난과 좌절, 실패, 시련, 아픔이 없고 모든 것이 잘 된다.' 만일 믿음의 내용을 이렇게 가지고 있는 기독교인이 있다면, 그의 믿음은 여호와증인이 표방하는 지상 왕국과 다를 바가 없습니다. '이 땅에 모든 것을 건설해야지 죽고 나서 하늘나라 가면 뭐 하느냐? 이 땅에 하나님 나라가 건설된다.' 그것이 바로 이단이 주장하는 것이고 신비주의이며 극단적인 인본주의입니다. 그것은 기독교가 아닙니다.

예수님의 말씀 중에 "수고하고 무거운 짐진 자들아 다 내게로 오라 내가 너희를 쉬게 하리라"는 말씀만 강조하고, "너희는 내게 와서 내 멍에를 메고 내게 배우라 내 멍에는 쉽고 가벼우니라"는 말씀은 빼 버린 것입니다. 짐을 진 자, 좌절과 실패, 그리고 아픔을 가진 자들도 예수님께 와서 또 짐을 져야 합니다. 그 짐이 바로 '멍에' 입니다. 멍에는 소가 짊어지고 가는, 쟁기를 끄는 기구입니다. 이 멍에는 예수님이 우리에게 주신 십자가입니다. 세상과 우리와의 고난의 차이가 무엇입니까? 세상 사람은 고난과 좌절은 다 저주라고 생각을 합니다. 그러나 예수님은 이 고난과 무거운 짐들은 저주가 아니고 기독교의 영성이라는 것입니다. 만일 누가 선천적으로 불구로 태어나 뇌성마비가 되었다든지, 후천적으로 불구가 되어 장애를 입었다든지 하면, 세상은 그것을 저주라고 말합니다. 또 무슨 일이 뜻대로 안 되면 쉽게 저주 받았다고 생각합니다. 그러나 그리스도의 고난은 그것이 아닙니다. 거기에 하나님의 뜻이 있고, 거기에 놀라운 하나님의 섭리가 있고, 영성이 있습니다.

그렇기 때문에 베드로전서 4장 12~15절을 보면, "사랑하는 자들아 너희를 시련하려고 오는 불시험을 이상한 일 당하는 것 같이 이상히 여기지 말고 오직 너희가 그리스도의 고난에 참예하는 것으로 즐거워하라 이는 그의 영광을 나타내실 때에 너희로 즐거워하고 기뻐하게 하려 함이라 너희가 그리스도의 이름으로 욕을 받으면 복 있는 자로다 영광의 영 곧 하나님의 영이 너희 위에 계심이라"고 말씀하셨습니다. 여러 가지 고난을 당할 때 그것에 넘어지지 않고 승화시키는 것이 고난의 영성입니다. 그 불구와 실패와 좌절을 예수님의 슬픔과 아픔으로 승화시켜 갑니다.

우리 교회 지을 때, 제가 건축현장에 나왔다가 그만 못이 박혀 있는 각목을 미쳐 발견하지 못하고 밟는 바람에 못이 제 발을 관통했습니다. 발바닥에 2cm 정도 못이 관통을 했는데 그 고통이 참 컸습니다. 그 조그만 못 하나가 발바닥에 박혔는데도 그렇게 아프고 피가 나는데, 예수님은 우리 죄 때문에 두 손, 두 발이 다 못 박히셨으니 얼마나 고통스러웠겠습니까? 어떤 미국의 회사가 성경대로 (예수님이 십자가에 못 박혔던 그대로의 크기와 무게를 달아) 만든 못을 어떤 분이 저에게 선물로 주셨습니다. 그 작은 못에 발을 찔렸을 때도 못 견디게 아팠거늘, 주님이 이 커다란 세 개의 못에 찔려 십자가에 매달리셨을 때 얼마나 아프셨겠나 생각하니, 비록 예수님의 실제 고통에는 억 만 분의 일도 못 미치지만 그 작은 아픔 속에서 조금이나마 주님의 아픔을 체험할 수 있었고, 고난의 아픔이 곧 십자가의 승화라는 것을 깨달을 수 있었습니다.

또 제가 어렸을 때 소 꼴을 베다가 실수로 손가락을 베어 피가 낭자해진 적이 있었습니다. 그 때는 상식이 없을 때라서 베인 곳에 흙가루를 발라 지혈하고, 손수건으로 묶어 놓았습니다. 다음날 일어나서 세수하려고 하니까 헝겊으로 묶은 것이 거추장스럽게 느껴져서 다 나았으려니 하고 헝겊을 잡아당겨 벗기다가 그만 살점이 떨어졌습니다. 지금도 제 손가락에는 그 때의 흉터가 보기 싫게 남아 있습니다. 저는 그 작은 경험을 통해 예수님이 채찍에 맞아 피와 살점이 다 응고되어 달라붙은 상태에서 입었던 옷 벗기우고 홍포를 입히울 때 그 살점이 떨어져 나가는 아픔이 얼마나 컸을지 어렴풋이나마 체험할 수 있었습니다.

저는 또 고등학교 때 잠시 유도를 한 적이 있었습니다. 친구 중 하나가 키가 2m 가까이 되는 거구가 있었습니다. 그런데 낙법을 익힌다고 그 친구의 몸 위에서 몸을 날리며 매트로 떨어지다 그만 두 무릎이 바닥에 부딪혀 한 시간 동안이나 기절한 적이 있었습니다. 체육 선생님이 인공호흡을 시켜가며 가까스로 저를 살려냈습니다. 그때 무릎이 얼마나 시리고 아팠던지 온 몸에 식은땀이 흘렀습니다. 한 시간 동안 쓰러져 있는 고통 속에서 예수님이 통나무로 된 십자가를 지고 갈보리 언덕을 올라가실 때, 그 십자가 무게를 못 이겨 쓰러지시면서 관절이 땅에 부딪혀 부서지는 그 아픔의 억 만 분의 일이나마 고통을 체험하였습니다.

또 제가 집 없이 살아 갈 때가 있었습니다. 병든 아버지를 모시고 어디를 갈까, 눈보라 치는 밤중에 어디 가서 우리 아버지의 임종을 준비할까 할 때가 있었습니다. 그런 아픔은 "공중에 나는 새도 집이 있고 여우도 굴이 있는데 인자는 머리 둘 곳이 없다"고 하신 주님의 외로움과 고독을 그때 저는 거기서 승화시킬 수 있었습니다. 선생님에게 매도 맞아 보고, 많은 학생들 앞에서 욕도 먹어 보고, 나쁜 아이라는 말도 들어보았는데, 그때 저는 창피를 당하고 부끄러움을 당하면서 나를 위해 멸시천대를 받으신 주님의 고통을 십자가로 승화시킬 수 있었습니다.

골로새서 1장 24절의 말씀, 즉 "내가 이제 너희를 위하여 받는 괴로움을 기뻐하고 그리스도의 남은 고난을 그의 몸된 교회를 위하여 내 육체에 채우노라" 하신 말씀과 야고보서 1장 2절의 말씀, "내 형제들아 너희가 여러 가지 시험을 만나거든 온전히 기쁘게 여기라", 그리고 고린도후서 12장 10절에서, "그러므로 내가 그리스도를 위하여 약한 것들과 능욕과 궁핍과 핍박과 곤란을 기뻐하노니 이는 내가 약할 그 때에 곧 강함이니라"고 하신 말씀들을 통해 우리는 고난이 우리에게 얼마나 유익한지 배우게 됩니다.

어느 때는 이 고난이 사람을 겸손하게 합니다. 바울이 육체의 질병으로 인해 말씀을 전하다가도 쓰러져 사람들에게 비웃음거리가 되곤 했습니다. 그럴 때에 바울은 그 비웃음 속에서 주님의 십자가를 생각하면서 스스로를 겸비하였습니다. 내게 만일 육체의 가시가 없었더라면 교만할 텐데 겸손케 하시기 위해 그와 같은 도구를 사용하셨다고 오히려 감사했습니다.

욥은 또 욥기 23장 10절에서, "나의 가는 길을 오직 그가 아시나니 그가 나를 단련하신 후에는 내가 정금같이 나오리라"고 했습니다. 또 시편 119편 71절에서, "고난 당한 것이 내게 유익이라 이로 인하여 내가 주의 율례를 배우게 되었나이다"라고 고백했습니다. 이는 곧 내게 임한 모든 고난이나 절망과 좌절은 저주가 아니라 내가 평생 몸에 짊어지고 가야 할 내 생명이요 영성이다는 것입니다. 이것이 세상의 가치관과 다른 것입니다. 그러한 가치관을 소유하게 되면 고난을 사랑하게 되고, 고난을 소중하게 생각하게 되며, 고난을 감사하며 평생 동안 살아가게 되는 것입니다.

제가 신학교 다닐 때, 수요일 저녁예배를 드리러 가는 교회가 있었습니다. 그런데 그 교회의 목사님의 설교가 상당히 깊이 있고 감동적이었습니다. 어디서 그런 감동적인 메시지가 흘러나오는지 궁금했었는데, 나중에 알고 보니 그 목사님의 삶에 고난의 비밀이 숨겨져 있었습니다. 그 목사님에게는 스물두 살 된 딸이 있었는데, 이 딸이 정박아였습니다. 이 딸을 목사님 사택의 골방에다 두었기 때문에 교인들 중에 몇몇 사람만 알고 다른 교인들은 전혀 그런 사실을 모르고 있었습니다. 24시간 거의 드러누워 있고 화장실엘 가려면 사모님이 부축해서 데리고 갈 정도로 장애가 심한 자식이었습니다. 그런데 어느 날, 저하고 같이 신앙생활을 하던 선배 집사님이 저에게 상담을 해 왔습니다. "고 전도사, 목사님을 볼 때마다 안타까워. 목사님에게 저 딸만 없으면 목회를 잘 하실 텐데 저 딸 때문에 항상 그늘이 있으니 내가 저 딸하고 결혼하면 목사님이 마음 놓고 목회하실 것이 아닌가?" 하는 것입니다. 그때 저는 순수했고, 또 저 자신도 그것을 귀하게 여겼기 때문에 "집사님, 그렇게 하십시오. 그것도 다 하늘의 상급입니다" 하고 대답을 했습니다. 그래서 몸도 가누지 못하는 목사님의 딸과 결혼을 했습니다. 그때 우리는 눈물로 축복해 주었고 축하를 해 주었습니다.

그런데 시어머니가 며느리를 구박하고, 장애를 가진 딸을 시집 보낸 목사님과 사모님을 욕했습니다. 그런 자식을 낳았으면 자기나 데리고 살지 왜 제구실도 못하는 딸을 시집 보내 가지고 다른 사람까지 고생을 시키느냐고 원망 불평을 했습니다. 그러자 그 이야기를 듣다 못한 목사님이 결국은 그 딸을 가서 데리고 왔습니다. 결혼한 지 얼마 되지도 않아서 도망치듯 쫓겨온 것입니다. 그 목사님의 메시지가 그토록 처절하고 절실할 수밖에 없었던 이유가, 바로 그분의 삶의 고통에서 비롯된 것이었습니다. 이 뼈를 깎는 아픔과 고통이 그로 하여금 위대한 메시지를 전할 수 있는 하나님의 사람으로 만들었던 것입니다.

만일 예수님에게서 고난을 빼 보십시오! 그러면 예수님은 우리와 별 차이가 없습니다. 단지 4대 성인 중의 한 사람에 불과하게 될 것입니다. 예수님에게서 말구유의 고난과 갈릴리의 고난과 갈보리 십자가의 고난을 빼 버리고 나면 예수는 없습니다. 기독교는 없습니다.

만일 요셉에게서 고난을 빼 버리면 요셉은 아무것도 아닙니다. 또 욥에게서 고난을 빼 버리면 아무것도 아닙니다. 부족한 저에게서 55년 살아온 동안의 삶에서 고난을 빼 버리면 쓰레기일 뿐입니다. 아무것도 남는 것이 없습니다. 도대체 내 인생은 아무것도 자랑할 만한 것이 없습니다.

여러분 각자의 삶에서 여러분이 태어나서 지금까지 눈물 흘렸던 것, 아팠던 것, 괴로웠던 것, 실패와 좌절을 빼 보십시오. 아무것도 남는 것이 없습니다. 우리는 고난을 십자가로 승화시키는 삶을 살아야 합니다. 그것을 소중히 여기시는 사람들이 다 되시기를 바랍니다.

2. 사랑의 영성

두 번째로, 십자가의 영성은 사랑입니다. 이 십자가는 사랑의 십자가입니다. 예수님이 우리 죄를 대신해서 참혹한 십자가를 지신 것은 우리를 사랑하셨기 때문입니다. 주님이 십자가에 매달려 제일 먼저 하신 말씀이 "저들을 용서하십시오. 저들은 모르고 합니다"였고, 두 번째 말씀이 "네가 나와 함께 낙원에 있으리라"고 강도에게 말씀하신 것이고, 세 번째 말씀이 "요한아, 네 어머니다" 하고, 두고 가는 육신의 어머니 마리아를 요한과 모자지간으로 엮어 주십니다. 그리고 네 번째 말씀이 "엘리 엘리 라마 사박다니"입니다. 즉, "나의 하나님, 나의 하나님, 어찌하여 나를 버리셨나이까?"이고, "내가 목마르다" "내가 다 이루었다" "아버지 내 영혼을 받으십시오" 하는 일곱 마디 말씀을 하시는데, 이 몇 마디 말을 여섯 시간에 걸쳐 하십니다. 아홉 시에 십자가에 매달려 오후 3시에 돌아가시기까지 그와 같은 유언을 남기십니다. "아버지, 저들을 용서하옵소서. 저들은 모르고 합니다" 할 때의 이 용서는 33년의 결정입니다.

갈보리에 올라오셔서 이 말씀 한 마디 하시기 위해서 주님은 33년을 우리 대신 십자가를 지고 저들을 용서하여 주십니다. 이것은 결코 한순간의 말이 아니고 33년의 삶 동안에 주님이 이 땅에 와서 버림당하고 고난당한 이유이며, 참뜻입니다. 다시 말해 저들을 용서하기 위한 것이었다는 것입니다. "아버지, 저들을 용서하여 주십시오" 십자가에 매달려 호흡조차 곤란한 때에 있는 힘을 다해 내뱉으신 "저들을 용서하여 주십시오" 하는 말씀은 항상 저를 눈물나게 하고 한없이 감동시킵니다. 저는 이 갈보리 예수님을 생각할 때마다 행여나 나를 향한 주님의 사랑과 감동을 잃어버리면 어떻게 하나 걱정하곤 합니다. 저는 23년 동안 강단에서 한결같이 이 찬송을 불렀는데, 이 찬송을 부를 때마다 평생토록 감동을 잃지 않고 살아가게 해달라고 구하게 됩니다.

갈보리산 위에 십자가 섰으니 주가 고난을 당한 표라
험한 십자가를 내가 사랑함은 주가 보혈을 흘림일세
최후 승리를 얻기까지 주의 십자가 사랑하리
빛난 면류관 받기까지 험한 십자가 붙들겠네
멸시함을 받은 주의 십자가에 나의 마음이 끌리도다
귀한 어린 양이 영광 다 버리고 험한 십자가 지셨도다
험한 십자가에 주가 흘린 피를 믿는 맘으로 바라보니
나를 용서하고 내 죄 사하시려 주가 흘리신 보혈일세
주가 예비하신 나의 본향집에 나를 부르실 그날까지
험한 십자가를 항상 달게 지고 내가 죽도록 충성하리

이 십자가의 사랑을 내가 받지 못하였으면 나는 저주받는 것이고, 이 십자가의 사랑을 받았다면 나는 축복 받은 사람입니다.

유명한 동화 가운데 '미녀와 야수'라는 것이 있습니다. 어떤 사람에게 아주 예쁜 딸이 있었는데, 그 딸의 소원이 세상에서 제일 아름다운 장미 한 송이를 가지는 것입니다. 그런데 그 장미는 무서운 야수가 살고 있는 성에만 있습니다. 그 아버지가 딸을 너무나 사랑했기 때문에 그 딸을 위해 담을 넘어서 장미 한 송이를 꺾다가 야수한테 들켰습니다. 그러자 그 야수가 아버지를 죽이겠다고 합니다. 그리고 딸도 죽이겠다는 것입니다. 그 딸이 아버지를 살리는 길이 무엇인가 물었더니, 야수가 자기와 결혼해 달라고 합니다. 딸은 하는 수 없이 야수와 결혼을 해서 아버지의 생명을 건집니다. 야수의 몸은 사람이고 얼굴은 짐승입니다. 그래서 홀로 사람의 출입이 금지된 성에서 살아갑니다. 그런 야수와 결혼한 딸이, 생각하면 생각할수록 야수가 미워서 견딜 수가 없습니다. 그런데 어느 날 '내가 만일 야수와 결혼하지 않았으면 우리 아버지가 죽었는데, 우리 아버지 생명을 살리느라 야수와 결혼한 것인데 내가 왜 야수를 미워하는 마음을 가졌을까?' 생각하고는 맘을 고쳐먹고 그 야수를 사랑합니다. 자기가 사랑하지 않은 것을 사과하고 진정으로 사랑하기 시작할 때 야수의 얼굴이 바뀌기 시작합니다. 짐승의 얼굴이 점점 사람의 얼굴로 변합니다. 사람의 얼굴로 완전히 바뀌었을 때, 이 야수가 미녀에게 고백을 합니다. "나는 이 나라 왕자로 마녀의 마술에 걸려 야수가 되었는데, 당신의 진정한 사랑으로 말미암아 내가 모든 저주에서 풀려났다. 나는 왕자로서 당신을 아내로 맞아들이겠다"는 것으로 이 스토리는 끝이 납니다. 이것은 영화로 제작되고 희극으로도 무대에 올려져 세계의 많은 곳에서 '사랑의 기적'으로 알려진 동화입니다.

그렇습니다. 아무리 미운 것도 사랑하면 변화됩니다. 사실은 우리가 하나님 앞에서 야수였습니다. 우리가 짐승처럼 살았고,

우리가 더러웠고, 음란했고, 추했고, 우리가 도적질했고, 비양심적이었고, 짐승만도 못한 삶을 살았었습니다. 그런데 예수님이 십자가에서 피 흘려서 우리를 진정으로 사랑하셨을 때 예수와 같은 하나님의 사람으로 변화된 것입니다. 십자가 사랑은 우리를 구원하는 기적입니다. 한 미녀의 진정한 사랑이 야수를 건져 사람으로 만들었듯이, 하나님의 사랑으로 구원받지 못할 죄인인 우리가 건진 바 되어 의인이 되었습니다.

여러분, 저는 근래에 대조적으로 제 마음에 다가오는 두 가지 기사를 보았습니다. 한 기사는, 교육부가 북한강 지역에 장애아들을 위한 학교를 지으려고 5년 전부터 폐교된 초등학교에 시설을 새롭게 하고 기숙사도 만들려고 계획했는데 주민들 반대로 5년이나 진척을 보지 못했습니다. 금년에도 다른 폐교된 초등학교에 이전해 장애아 시설을 지으려고 했지만 그 지역 주민들이 또 반대해서 결국은 짓지 못했습니다. 그들이 반대하는 이유는 그곳에 러브호텔과 식당, 별장이 있는 지역인데, 만일 지체장애아들을 위한 학교를 짓게 되면 땅값이 떨어지고 장사도 안 된다고 하면서 만일 그린벨트를 풀어 주면 그것을 세우는 것을 허락하겠다는 조건을 내세우고 있기에 교육부가 그 일을 추진하지 못한다는 가슴 아픈 사연입니다.

또 다른 기사는, 부산에 휠체어 타는 학생 한 명이 석사 학위를 세 개를 받았다는 소식입니다. 부산대학에서 영문학 석사, 동아대학에서 법학 석사, 부산대학에서 약학사, 이렇게 세 개를 받았습니다. 3살 때 소아마비에 걸려 휠체어를 타고 다녀야만 하는 불쌍한 아이입니다. 그런데 이 학생이 석사 학위를 세 개나 받았습니다. 그 학생의 꿈은 약사가 되어 약국을 차리는 것이 꿈입니다. 그 학생에게 어떻게 학위를 세 개씩이나 취득할 수 있었느냐고 물었더니, "내가 학위를 세 개나 받을 수 있었던 것은 학교 갈 때마다 내 휠체어를 강의실까지 밀어다 준 친구들 덕분입니다. 이 모든 영광을 친구들에게 돌립니다"라고 대답합니다.

우리는 살면서 겉은 화려하고 굉장한 것 같지만 사실은 지옥 같은 삶을 살 수도 있습니다. 사랑이 없는 곳은 지옥입니다. 그러나 장애인을 사랑하고, 그들의 아픔을 함께 짊어지고 살아가는 그곳은 사람이 사는 하나님의 나라가 됩니다. 나 자신의 고난과 나 자신의 약점과 나 자신의 아픔과 내 가족들의 고통과 사회의 모든 아픔까지 다 십자가 사랑으로 감당하면서 살아갈 때, 그때 비로소 구원이 이루어지고 생명의 역사가 일어납니다. 이 역사가 여러분에게 이루어지기를 원합니다.

3. 기다림의 영성

마지막으로, 십자가의 영성은 기다림입니다. 다시 말하면, 기다림의 영성입니다. 십자가의 모든 고난에는 기다림이 있습니다. 이사야 53장 7~10절을 보면, "그가 곤욕을 당하여 괴로울 때에도 그 입을 열지 아니하였음이여 마치 도수장으로 끌려가는 어린 양과 털 깎는 자 앞에 잠잠한 양같이 그 입을 열지 아니하였도다 그가 곤욕과 심문을 당하고 끌려갔으나 그 세대 중에 누가 생각하기를 그가 산 자의 땅에서 끊어짐은 마땅히 형벌 받을 내 백성의 허물을 인함이라 하였으리요 그는 강포를 행치 아니하였고 그 입에 궤사가 없었으나 그 무덤이 악인과 함께 되었으며 그 묘실이 부자와 함께 되었도다 여호와께서 그로 상함을 받게 하시기를 원하사 질고를 당케 하셨은즉 그 영혼을 속건제물로 드리기에 이르면 그가 그 씨를 보게 되며 그 날은 길 것이요 또 그의 손으로 여호와의 뜻을 성취하리로다"라고 하셨습니다. 그분은 우리의 속죄 제물로, 우리가 하나님께 지은 죄를 대신해서 자기 몸을 제물로 드리셨습니다. 십자가의 고난의 사랑은 반드시 씨를 봅니다.

또한 히브리서 12장 2절을 보면, "믿음의 주요 또 온전케 하시는 이인 예수를 바라보자 저는 그 앞에 있는 즐거움을 위하여 십자가를 참으사 부끄러움을 개의치 아니하시더니 하나님 보좌 우편에 앉으셨느니라"고 하셨습니다. 혹시 실패나 좌절, 아픔, 억울함, 고통을 가지고 오신 분이 계십니까? 주님을 바라보십시오. 그러면 다 없어질 것입니다. '믿음의 주요 온전케 하시는 이인 예수'를 바라봅시다.

우리 교회가 하나님의 은총으로 매주일 기쁜 날을 맞이하지만, 그 뒤에는 우리 교우들의 피눈물나는 고통과 전투가 있었습니다. 전투를 치루고 이겼기 때문에 기쁨을 맛볼 수 있는 것입니다. 세상의 그 어떤 것도 우리에게 진정한 기쁨을 주지 못 합니다. 세상의 모든 것은 우리에게 만족을 주지 못 하지만 예수님은 우리에게 참된 만족을 주십니다.

저는 예수 믿고 한 번도 후회한 적이 없습니다. 제가 목사 되고 한 번도 후회하지 않았습니다. 예수 믿고 병도 들어 봤고, 예수 믿고 좌절도 맛보고, 예수 믿고 울어도 보고, 슬픔도 당해 봤습니다. 그러나 한 번도 후회한 적이 없습니다. 우리 모두는 주님을 위해 준비된 사람이 되어야 할 줄로 믿습니다. 우리가 주님의 고난을 사랑하므로 몸에 짊어지고 갈보리를 바라보며 나아갈 때, 이것이 우리를 십자가의 영성으로 승화시켜 주리라 믿습니다.

크리스마스 영성이야기

셋.

마리아의 영성

요셉의 영성

구유의 영성

마리아의 영성

"처녀가 그 말을 듣고 놀라 이런 인사가 어찌함인고 생각하매 천사가 일러 가로되 마리아여 무서워 말라 네가 하나님께 은혜를 얻었느니라 보라 네가 수태하여 아들을 낳으리니 그 이름을 예수라 하라 … 대저 하나님의 모든 말씀은 능치 못하심이 없느니라 마리아가 가로되 주의 계집 종이오니 말씀대로 내게 이루어지이다 하매 천사가 떠나가니라"(눅 1:26~38)

갑자기 무슨 일이 생기는 것 같지만 꼭 그렇지만은 않습니다. 여러 번 두드리고 두드리는 사인이 오다가 마침내 일이 터집니다. 둑이 터질 때도 갑자기 터지는 것이 아니고 언젠가 틈이 생겨서 조금씩 물이 새나오다가 마침내 터지고, 또 중병이 생길 때도 갑자기 생기는 것이 아니고 조금씩 그 전조가 나타납니다. 그러다가 나중에 보면 큰병으로 발전해 있는 것입니다. 또 멸망할 때에도 갑자기 멸망하는 것이 아니라 멸망의 징조가 보이다가 나중에 멸망하게 됩니다. 성공도 갑자기 하는 것이 아닙니다. 차근차근 노력의 열매를 쌓아가다가 어느 날 성공의 자리에 오르게 됩니다.

　예수님이 오실 때도 갑자기 오신 것은 아닙니다. 돌발 사건으로 갑자기 오신 것이 아니라는 말입니다. 구약에서 사천 년 동안 계속 두드리고 두드리고, 계속 오신다고 말씀하시다가 드디어 오신 것이 바로 성탄(크리스마스)입니다. 나사렛의 정혼한 처녀 마리아에게 천사 가브리엘이 나타나 "은혜를 받은 자여 평안할지어다 주께서 너와 함께 하시도다"(28절) 하시자, 마리아가 너무 놀라서 "이런 인사가 어찜인고" 생각하는데 가브리엘 천사가 말하기를, "마리아여 무서워 말라 네가 하나님께 은혜를 얻었느니라 보라 네가 수태하여 아들을 낳으리니 그 이름을 예수라 하라"(31절)고 합니다. 처음에는 그저 놀랄 뿐이었는데 이제는 덜컥 두려움이 옵니다. 두려움에 싸여 마리아가 "나는 사내를 알지 못하니 어찌 이 일이 있으리이까" 대답하니 천사가 대답하기를, "성령이 네게 임하시고 지극히 높으신 이의 능력이 너를 덮으시리니 이러므로 나실바 거룩한 자는 하나님의 아들이라 일컬으리라"고 말합니다. 그래도 의아해하는 마리아에게 천사는 "대저 하나님의 모든 말씀은 능치 못하심이 없느니라"(37절)고 합니다. 하나님의 말씀이면 그대로 된다는 것입니다. 그때 "나는 계집종이오니 주의 말씀대로 이루어지이다" 하고 마리아가 순종의 대답을 합니다. 이것이 하나님이 이 좁은 세상 우주에 인간으로 오시는 사건입니다.

　예수님과 예수님을 믿는 우리와의 관계가 하나님은 저쪽 우주 멀리 떨어져 계시고, 우리는 여기 지구에 있는 것이 아닙니다. 예수가 마리아의 몸에 들어와서 피와 살이 되고 모든 세포가 연합해서 한 육신의 몸을 입은 것이 크리스마스의 신비입니다. 나 따로 놀고 하나님 따로 노는 것이 아닙니다. 하나님이 지금 내 안에서, 지금 내 몸으로 함께 계시다는 것입니다. 이렇게 실제적인 체험으로 된 것이 마리아의 영성인데, 오늘 이 성탄에 마리아가 체험했던 영성으로 우리가 하나님을 만나는 시간이 되시기를 바랍니다. 그러면 마리아의 영성은 어디서부터 온 영성입니까?

1. 포기의 영성

첫 번째는, 포기로부터 온 것입니다. 여기서 포기라고 하는 것은 자포자기를 말하는 것이 아닙니다. 마리아는 예수께 자기 자신을 전적으로 포기합니다. 예수님이 내 안에서 커지도록 하고, 나는 작아지는 것이 바로 포기입니다. 지금 마리아에게 가장 심각한 문제는 내일에 대한 두려움입니다. 우선 약혼자 요셉이 자기에게 어떻게 나올지가 걱정입니다. 아무리 설명한들 요셉이 이해할 수 있겠습니까? "성령이 덮쳐서 메시아가 내 몸에 왔다"고 하면 과연 인정해 주겠습니까? 마리아가 뭔데 메시아가 마리아의 몸을 통해서 옵니까? 평범한 시골 처녀에 불과합니다. 위대한 무언가를 가진 여자가 아니었습니다. 그렇다고 마리아에게 그런 일이 일어나리라는 어떤 예언이나 사인이 미리 있었던 것도 아닙니다. 또한 동네 사람들이 어떻게 보겠습니까? "결혼하기 전에 쟤가 임신했대" 하고 수군거리지 않겠습니까? 특별히 친부모와 시댁의 식구들이 어떻게 보겠습니까? 또 율법으로는 어떻게 되겠습니까? 보나마나 임신해서 돌아다니면 틀림없이 돌 던지는 사람들이 있을 것입니다. 이것이 미래에 맞닥뜨리게 될 확실한 불안입니다. 올 수도 있고, 안 올 수도 있는 미래의 불안이 아니라 반드시 오게 되어 있는 불안입니다. 그런데 이 불안과 두려움에서 자기 자신을 포기합니다. '그래, 올 테면 와라. 아무리 큰 어려움이 온다 해도 나는 메시아 예수를 내 몸에 모시겠다' 는 것이 마리아의 영성이었습니다.

마리아는 염려를 포기했습니다. 약혼자에게 두들겨 맞을지도 모르고, 결혼을 할 수 있을지도 알 수 없고, 부모한테 쫓겨날지도 모르는 모든 두려움을 다 포기하고 예수를 가지기로 결심했습니다. 그런데 놀라운 것은 실제적으로 염려했던 일들이 하나도 일어나지 않았다는 것입니다. 왜냐하면 하나님께서 이 일어날지도 모를 일들을 미연에 방지하기 위해서 약혼자 요셉을 찾아가 현몽을 하셨습니다. "네 아내 마리아 데려오기를 무서워 말라. 잉태된 분은 하나님을 통해서 잉태되신 메시아 예수 그리스도시다. 그 이름을 예수라 하고 마리아와 동침하지 말라." 이 마리아의 포기의 영성이 그 모든 두려움을 이길 수 있었던 비밀 중의 하나입니다. 예수님이 다 문제를 해결합니다. 모든 문제의 해결이 예수님께 있다는 것입니다.

마태복음 14장에서 풍랑을 만난 제자들이 밤새도록 풍랑으로 인하여 두려움 속에 있을 때에, 예수님이 물 위로 걸어서 오셨습니다. 제자들이 유령이라고 소리 지르니 예수님이 "내니 안심하라"고 했습니다. 베드로가 "만일 주님이시라면 저를 물 위로 걸어오게 하십시오" 합니다. 예수님께서 베드로에게 오라고 손짓하자 베드로가 물 속으로 뛰어들었습니다. 조금 전까지만 해도 벌벌 떨던 베드로가 풍랑 가운데서도 예수님이 계신다니까 뛰어들었습니다. 이건 선택의 문제입니다. "나는 모든 것 다 포기한다. 그리고 예수님을 선택한다"는 것입니다. 왜냐하면 모든 문제의 해답은 예수님에게 있음을 알았기 때문입니다. 이 문제의 해결은 풍랑에 있는 것이 아니고 예수님에게 있다는 것을 베드로는 알았습니다. 그렇다면 마리아의 모든 두려움과 걱정의 문제를 해결해 주실 분은 누구입니까? 예수님이라는 것입니다. 제자들의 불안의 문제를 해결해 주실 분은 누구입니까? 예수님이라는 것입니다. 그래서 모든 것을 다 포기하고 예수님에게 자기 자신을 던진 이것이 바로 포기의 영성인 것입니다.

장로님 한 분이 계셨습니다. 학교에서 공직에 계시던 장로님인데, 장로 안수를 받는 날 어떤 장로님으로부터 이런 제안을 받았습니다. 장로직이 굉장히 중요한 직책인데 그 동안 학교 다니셨으니 이제 학교를 사직하고 교회의 장로로서 일생을 교회를 섬기면 좋겠습니다. 장로님은 평생에 처음 받아 보는 장로직이고하니 말할 수 없이 감격스러웠습니다. 목사님들도 세상 직장을 다 버리고 주의 종의 길로 가는데 나도 그렇게 사는 것도 좋겠다 싶어서 기도 중에 장로님이 학교를 사직하고, 교회에서 20여년 동안 봉직하면서 심방이며 장례식이며 여러 가지 어렵고 궂은 일들을 하다 보니 어느덧 그 교회가 나름대로 그 지역에서 성장한 교회가 되었습니다. 그리고 그 장로님은 이제 은퇴를 하셨습니다. 물론, 가정 경제가 넉넉하지 못해서 어렵게 살았고, 지금도 어렵게 사십니다. 그런데 정책당회에서 기념교회 개척 문제를 상의하는데 당회 전체가 만장일치로 그 장로님 아들에게 기념교회로 개척을 해주자는 결정을 했습니다.

여러분! 한 장로가 몸된 교회를 위해서 자기 직장을 포기했습니다. 22년의 세월 동안 경제적으로 어렵고 힘들고 고통스러운 것이 계속 되었지만, 그러나 굶은 적도 없고 헐벗은 적도 없었습니다. 그리고 이제 노년이 되어 은퇴했는데 아들을 위해서 교회가 기념교회 예배당을 개척해 주니 장로님은 이제 눈감아도 괜찮습니다. 한 장로가 자기 생애의 소중한 전부를 포기해서 20여년의 세월이 지나는 동안 아무도 그것을 기억해 준 사람이 없었지만, 하나님이 기억하셔서 어느 날 그 생애에 가장 아름다운 축복을 그 자식에게 주시더라는 것입니다. 이것이 포기가 주는 하나님의 역사입니다.

믿는 우리들은 그리스도를 위해서 자기가 붙잡고 있는 모든 것을 포기해야 될 줄로 믿습니다. 예수님은 하늘의 모든 것을 포기했습니다. 하나님과 동등 됨을 취할 것으로 여기지 아니하시고 자기를 비워서 종의 형체를 가지셨고, 종의 모양을 갖고 이 땅에 오셔서 십자가에서 죽으셨습니다. 핏덩어리로 이 땅에 던져져서 우리의 불안하고 염려되고 걱정되는 미래를 해결해 주셨습니다. 하늘의 모든 것을 다 포기하고 인간으로 오신 예수를 만나는 만남이 우리로 하여금 내일을 기대할 수 있는 이유이자 축복의 지름길이 된다는 것입니다.

사도 바울은 빌립보서 3장 7~8절에서, "그러나 무엇이든지 내게 유익하던 것을 내가 그리스도를 위하여 다 해로 여길 뿐더러 또한 모든 것을 해로 여김은 내 주 그리스도 예수를 아는 지식이 가장 고상함을 인함이라"고 했습니다. 우리는 자기에게 무익한 것도 해로 여기지 못하고 그대로 다 갖고 있습니다. 그러나 바울은 내게 유익했던 것, "이것만큼은 정말 못 버려, 하나님, 절대 못 버리겠어요" 하는 것까지도 그리스도를 위해 다 버려 버리고 그리스도를 선택했다는 것입니다.

성전 건축을 앞둔 어느 교회의 부흥회에서 있었던 일입니다. 수능시험을 본 고3 여학생이 있는데, 외동딸입니다. 수능시험 보느라고 수고했다고 삼촌이 십만 원을 주었습니다. 그 딸은 '옷을 하나 살까? 아니야, 구두 한 켤레 사서 신을까? 아니야, 그러면 나도 이제 대학생이 될 텐데 핸드백을 살까? 피자 사먹을까?' 하며 여러 가지 궁리를 하다가 엄마한테 와서 하는 말이, "엄마! 나 양심상 괴로워서 도저히 이 돈 못 쓰겠어요" 하더랍니다. "삼촌이 준 건데 뭐가 괴롭니?" 하고 엄마가 되묻자 "우리 교회 성전 건축한다고 목사님이 저렇게 부흥회도 하고 그러시는데 이것 성전 건축 헌금으로 드릴 거야. 그리고 엄마! 우리 집도 있고 자동차도 있고 우리 아버지 회사도 잘 되고 하니까 분당에 사놓은 땅 있잖아, 그것도 건축 헌금으로 바쳐요" 하는 것입니다. 그래서 그 엄마가 딸을 껴안고 울었습니다. "그것으로 족하다. 네가 쓸 수 있는 그 믿음만으로도 나는 족하다. 그래 너의 믿음으로 이것을 드리자." 그렇게 해서 그 교회가 성전을 다 건축했습니다. 고3 학생의 미래는 예수님의 미래입니다. 이 아이의 확실한 미래는 예수입니다. 마리아가 예수님을 위해 모든 것을 포기했고, 예수님과 더불어 모든 것을 얻었습니다. 마리아는 주님을 위해 다 포기했을 때 하나님은 계속 더해주셨습니다. "네가 포기한 것만큼 더해주고, 그리스도를 위해 포기한 것만큼 더해주마" 하시면서 계속 보태주십니다. 이 영성을 갖고 새롭게 출발하는 저와 여러분이 되시기를 바랍니다.

2. 종의 영성

두 번째는, 종의 영성입니다. 38절 말씀에, "마리아가 가로되 주의 계집종이오니 말씀대로 내게 이루어지이다" 했습니다. 자기 자신을 다 포기할 수 있는 비밀이 어디에 있었느냐 하면, 자기는 그리스도의 계집종이라는 말입니다. 마리아는 자기가 그 역사의 주인공이 되어서 엄청난 구속의 역사를 이루려고 하지 않았습니다. '나는 성모다. 나는 역사의 가장 위대한 여자의 대표자로서 선택받은 성모. 나는 수천, 수만의 여자 중에서 하나님께 선택을 받았다'는 생각을 하지 않았습니다. 기독교의 어떤 종파에서는 성모를 자꾸 높입니다. 성모를 역사의 주인공으로, 어머니로 자꾸 높입니다. 죄도 없고 어쩌고 하면서 자꾸만 신성시합니다. 그러나 성모 마리아 자신은 자기를 절대 성모라고 높이지 않았습니다. 단지 계집종으로서 그 역사를 시작했다는 것입니다. "주여! 나는 계집종이오니 당신의 뜻대로 이루어지이다." "제가 어떻게 예수의 어머니가 됩니까? 아! 성모라는 말은 말도 안 돼요. 저를 종처럼 쓰세요" 했다는 것입니다. 종은 누구입니까? "무익한 종이라, 마땅히 해야 될 일을 했을 뿐입니다"(눅 17:10)라고 하는 것이 종입니다.

마가복음 10장 43~45절에서, "너희 중에 누구든지 크고자 하는 자는 너희를 섬기는 자가 되고 너희 중에 누구든지 으뜸이 되고자 하는 자는 모든 사람의 종이 되어야 하리라 인자의 온 것은 섬김을 받으려 함이 아니라 도리어 섬기려 하고 자기 목숨을 많은 사람의 대속물로 주려 함이니라"고 했습니다. 혹 어떤 사람들은 "제일교회는 비전이 없는 게 아니냐? 맨날 양로원 짓고, 노인들 밥해 주고, 늙은 사람들 병원 데려다 주고 하는데, 그것이 무슨 비전이냐? 적어도 비전이라 하면 새 시대를 내다보는 것이 비전이 아니냐?" 그럴 때 저는 "교회의 진정한 비전은 섬기는 것이다"라고 대답합니다. 예수님이 하나님의 영광을 다 버리고 이 땅에 오셔서 제자들의 발을 씻길 때 세상에 할 일이 없어서 발이나 씻기고 계셨겠느냐는 것입니다. 그런데 그것이 비전이요 그것이 우리 교회의 비전이라는 것입니다. 선교사가 가서 큰 역사를 이루어야지 한 사람을 위해서 순교하는 것이 비전이냐? 그러나 그것이 우리의 비전입니다.

크리스마스의 비전은 무엇입니까? 교회의 새 천년의 비전은 무엇입니까? '인자는 섬김을 받으러 온 것이 아니고 섬기러 왔다.' 예수님이 십자가에서 죽으신 것이 비전입니다. 섬김이 우리 각자와 우리 교회와 예수님의 비전인 줄로 믿습니다.

서울 고속터미널 앞에 있는 신반포교회가 있습니다. 우리 교단은 아니지만 성전 건축을 위한 메시지를 전해 달라고 해서 지난주에 갔었습니다. 장년이 1,200명 정도 출석하는 교회인데, 천 평 정도 되는 예배당을 짓겠다는 것입니다. 공사비가 약 40,

50억이 들어 간다고 합니다. 300평 땅에다 지상 3층 건물로 지으려고 하는데 작은 평수에 주차장까지 넣으려고 하려니까 공사비가 예상 외로 많이 든다는 것입니다.

그런데 부흥회라고 하는 것이 가서 말씀만 전하고 오면 참 좋은데, 헌금하라고 하려면 참 어렵습니다. 나부터 부담이 됩니다. 40억을 만든다는 것이 어디 쉽습니까? 내년 1월 달에 교회를 헐고 기초공사를 시작해야 하는데 "주님! 어떻게 하면 되나요?" 하고 기도하는데 "내 멍에는 가볍고 쉽다"는 말씀이 생각이 났습니다. 40, 50억이 천 명에게는 굉장히 큽니다. 그래서 제가 한 가지를 제안했습니다. 50년 된 교회 역사 가운데 이제 큰 예배당을 하나 짓는데, 한 평의 종이 될 사람이 없겠느냐? 그리스도의 몸 된 교회를 짓는데 내 평생에 한 평을 주님께 드려서 한 평의 종이 될 수 없느냐는 것이지요. 종은 누구입니까? 주인이 시키는 대로 따르는 자입니다. 종은 누구입니까? "내 것이 아니라" 하는 자입니다. 종은 누구입니까? 기쁨으로 따르는 자입니다. "이 예배당을 짓는 데 한 평의 종이 천 명만 나오면 짓습니다" 하고 집회를 끝냈습니다. 그런데 교인들 얼굴이 모두 기쁨으로 충만했습니다. 그까짓 한 평인데 못할 게 뭐 있냐고 생각들 한 것입니다. 모두들 맘이 너무 편하다는 것입니다. "목사님, 이번에 오셔서 성전건축 문제들을 해방시켜 주셨어요" 하는 말을 들으면서 하늘 영광 다 버리고 이 땅에 오셔서 자신의 모든 것을 아낌없이 주신 주님께 무얼 드린들 아까우랴는 생각이 들었습니다. 그렇습니다. 아버지 것이 내 것이고, 내 것이 아버지 것입니다.

여러분! 예수님의 일은 내 생애의 최고의 목적입니다. 제가 확신하기는 우리 교회의 만여 명 되는 식구가 마리아의 영성인 "나는 성모가 아닙니다. 나는 주님의 계집종입니다. 나는 이 교회 역사의 주인공이 아닙니다. 이 교회 역사의 주인공은 주님뿐이고 나는 주님을 모시는 계집종입니다" 하는 고백과 크리스마스 영성을 갖고 산다면, 우리 교회는 오늘 아침에 세상을 뒤집을 수 있는 능력의 자원을 가진 교회가 될 것으로 확신합니다. 너는 누구냐? 나는 한 평의 종입니다.

3. 말씀의 영성

마지막으로, 말씀의 영성입니다. 마리아가 놀람과 두려움으로 어찌하여 이런 일이 있을 수 있느냐고 하였을 때 천사가 세례 요한의 어머니 비유를 들면서, 수태하지 못하던 엘리사벳도 늙어서 아들을 배어 여섯 달이나 되었다고 합니다. 그러면서 "대저 하나님의 모든 말씀은 능치 못하심이 없느니라"고 말합니다.

윤리적으로, 과학적으로, 상식적으로, 이것은 말도 안 되는 일입니다. 남자도 모르면서 어떻게 아이를 가질 수 있습니까? 그런데 윤리나 과학이나 어떤 상식으로도 도저히 이해 안 되는 그 일에 대해 하나님은 "대저 하나님의 모든 말씀은 능치 못하심이 없느니라"고 응답하셨습니다.

오늘 우리에게 가장 중요한 문제는 무엇입니까? 이슈가 무엇입니까? 불안 아닙니까? 세상의 뉴스를 들어 보십시오. 희망이 보입니까? 세상의 뉴스나 세상의 소식과 세상의 만나는 모든 사람들은, 우리에게 계속 불안을 가중시켜 줍니다. 그 불안에 짓눌려서 아무것도 하지 못하는 교회가 많습니다. 어떤 교회엘 가 보면, 건축하려고 계획 세웠다가 뒤로 밀어 두는 교회도 있습니다. '아이구! IMF가 또 온다는데 무슨 건축이냐?' 그러나 어떤 교회에 가 보면 그런 상황 속에서도 교회를 짓는 교회가 있습니다. 그러한 가운데서도 일하는 교회가 있습니다. 헌신하는 교회가 있습니다. 하나님께 바치는 교회가 있습니다. 세상의 모든 소리는 계속해서 절망과 좌절과 실패와 불안한 소식들뿐입니다. 그러나 희망의 소식은 오직 하나님 한 분으로부터 온다는 것입니다. 하나님 말씀만이 우리에게 희망이 될 줄로 믿습니다. 하나님은 무슨 말씀을 우리에게 주십니까? "너희가 환난을 당하나 담대하라 내가 세상을 이기었노라" 그렇게 말씀하십니다. 다시 말해 "분명히 풍랑이 오고 태풍이 오고 실패가 오고 좌절이 올 것이다. 그러나 그것이 온다 할지라도 내가 그 가운데 너와 함께 있어서 그 모든 문제를 해결해 주겠다"는 것입니다.

어미닭이 병아리를 열 마리를 깠습니다. 어미닭이 병아리 열 마리를 데리고 뜰을 돌아다니면서 조금이라도 어미로부터 벗어나면 재빨리 데려옵니다. 거의 반원을 이루면서 병아리 떼를 지킵니다. 그러다 솔개가 나타나면 잽싸게 병아리들을 자기 품에 안고 닭벼슬을 세우고 솔개와 싸워서 새끼들을 지킵니다. 그런데 솔개가 더 잽싸게 어미닭을 물리치고 새끼들 두세 마리 정도를 잡아채 가는, 그런 장면을 우리들은 어려서 많이 봤습니다.

거기에 두 가지 교훈이 있습니다. 거위라든지 개라든지 닭이라든지, 이런 보잘 것 없는 짐승도 자기 새끼들을 잘 보호합니다. 그러나 개가 새끼들을 아무리 잘 보호해도 개보다 힘이 센 늑대가 오게 되면 새끼들을 다 빼앗기게 됩니다.

분명한 사실이 하나 있습니다. 혹시 우리 중에 절망적인 병을 갖고 오신 분이 계십니까? 그러나 오늘 절망적인 병을 갖고 여기 왔다 할지라도 절대 낙심하지 않을 이유가 있습니다. 그 병이 하나님을 이기지는 못합니다. 혹은 어떤 절망적인 실패와 어떤 위기의식 속에서 여기 오신 분이 계십니까? 그러나 여러분을 쫓고 있는 그 불안과 두려움이 내 속에 함께 계시는 하나님을 절대로 이길 수는 없습니다. 어떤 경제적 위기라 할지라도, 삶의 어떤 죄라 할지라도 그것들이 하나님의 사랑을 이기지 못합니다. 욥기 5장 17~19절에 보면, "볼지어다 하나님께 징계받는 자에게는 복이 있나니 그런즉 너는 전능자의 경책을 업신여기지 말지니라 하나님은 아프게 하시다가 싸매시며 상하게 하시다가 그 손으로 고치시나니 여섯 가지 환난에서 너를 구원하시며 일곱 가지 환난이라도 그 재앙이 네게 미치지 않게 하시며"라고 하셨습니다. 혹시 우리 중에 '아! 이젠 끝났어. 이젠 절망이야. 이건 불가능한 일이야. 과학적으로나 합리적으로 봐서 불가능한 일이야' 하고 혹시 자포자기한 분이 계시다면 그분은 지금 엄청난 실수를 하고 있는 것입니다. 자기 인생을 자기 자신에다 걸고 지금 자기 인생을 다 부수고 있는 것입니다. 지금 이 순간에 어떤 절망과 좌절이 왔다 할지라도 그 절망과 좌절을 능히 해결하실 수 있는 하나님께 시선을 고정시키게 될 때 주의 말씀, 주의 생명, 주의 능력, 주님 자신이 우리의 모든 문제를 해결해 주실 줄로 믿습니다.

여러분, 부자가 하늘나라 들어가기가 얼마나 어려운지 낙타가 바늘귀로 들어가는 것보다 더 어렵다고 했습니다. 그러나 베드로가 누가 그럼 천국에 들어갈 수 있느냐고 묻습니다. "사람으로는 할 수 없으되 하나님은 하실 수 있느니라."

보십시오! 마리아의 세포는 바늘귀보다 더 작습니다. 우리의 세포는 바늘귀보다 더 작습니다. 그러나 낙타보다 더 크신 하나님이 바늘귀보다 더 작은 우리 속으로 오셔서 함께 계시면서 절망하지 말라고 일어서라고… 네가 여기서 절망하고 좌절하는 것이 네 일생에 가장 큰 실패이며 가장 큰 실수라고 가르쳐 주시면서 마리아의 영성을 오늘 우리 속에 던져 주고 계십니다.

요셉의 영성

"예수 그리스도의 나심은 이러하니라 그 모친 마리아가 요셉과 정혼하고 동거하기 전에 성령으로 잉태된 것이 나타났더니 그 남편 요셉은 의로운 사람이라 저를 드러내지 아니하고 가만히 끊고자 하여 이 일을 생각할 때에 주의 사자가 현몽하여 가로되 다윗의 자손 요셉아 네 아내 마리아 데려오기를 무서워 말라 저에게 잉태된 자는 성령으로 된 것이라 … 요셉이 잠을 깨어 일어나서 주의 사자의 분부대로 행하여 그 아내를 데려 왔으나 아들을 낳기까지 동침치 아니하더니 낳으매 이름을 예수라 하니라"(마 1:18~25)

나사렛에 사는 한 청년 목수가 있었습니다. 그는 비록 목수였지만, 유다 지파의 마지막 왕족의 후예입니다. 아브라함의 41대 손으로 가장 위대한 임금의 혈통을 받은 지파의 아들인데, 같은 지파에 속한 처녀 마리아와 약혼을 했습니다. 그런데 마리아로부터 어느 날 놀랍게도 임신했다는 소식을 듣습니다.

요셉에게는 청천병력 같은 소식이었지만 요셉은 '의로운 사람'이라 '가만히 파혼해야겠다. 만일 동네 사람들이 이 사실을 알면 약혼녀가 돌에 맞아 죽겠다' 싶어서 가만히 끊고자 하였습니다. 이 '의' 라고 하는 것은 불의를 그대로 둘 수도 없는 것이지만 사랑하지 않을 수도 없는 것입니다. "가만히 끊고자 한" 것은 의롭기 때문에 끊는 것이기도 하지만, 그 여자를 사랑하기 때문에 그 여자에게 나쁜 영향이 미치지 않도록 하기 위해서 그렇게 하는 것입니다.

그 날 밤에 그 일을 생각하며 고민하고 괴로워하고 있는데, 천사가 와서 "다윗의 자손 요셉아 네 아내 마리아 데려오기를 무서워 말라 저에게 잉태된 자는 성령으로 된 것이라 아들을 낳으리니 이름을 예수라 하라 이는 그가 자기 백성을 저희 죄에서 구원할 자이심이라 하니라"(20~21절)고 전해 줍니다. 이런 과정을 통해서 요셉은 서둘러 마리아와 결혼을 합니다. 그리고 1년이 지난 다음에 아들을 낳는데, 그분이 성육신하신 예수님이십니다.

요셉의 크리스마스 영성은 우리에게 굉장히 중요한 의미를 가져다주는 영성입니다. 그러면 요셉이 가졌던 크리스마스 영성은 어떤 영성입니까?

1. 천사의 영성

첫 번째, 천사의 영성입니다. 무조건 네 아내 마리아를 데려와서 빨리 결혼을 하라는 것입니다. 마리아를 도와주라는 것입니다. 만일 요셉이 마리아를 도와주지 않으면 마리아는 굉장히 곤란한 지경에 빠지게 됩니다.

예수님이 이 땅에 오신 것은 인간의 말이나 지식으로 이해되거나 설명되거나 해명될 수 있는 사건이 아닙니다. 이것은 영적인 신비한 사건이기 때문에 사람들에게 설명한다고 해서 설명되는 것도 아니고, 이해시킨다고 해서 이해되는 것도 아닙니다. 그렇기 때문에 결국 마리아는 굉장히 곤란을 겪을 게 뻔합니다. 배는 점점 불러오고, 약혼자는 요셉이고, 요셉은 나는 그런 일 없다고 잡아떼면 결국 마리아는 돌에 맞아서 죽게 되어 있습니다. 그렇기 때문에 도와주라는 것입니다. "요셉아, 네 아내 마리아 데려오기를 무서워하지 말라, 네가 천사가 되어 도와주어라." 이 천사의 영성은 곧 도와주는 영성입니다. 성탄은 천사가 모든 일을 주관합니다. 처녀 마리아에게 나타나 "은혜를 받은 자여 평안할지어다 주께서 너와 함께하시도다", "마리아여 무서워 말라 네가 하나님께 은혜를 얻었느니라" 하는 메시지를 전한 것도 천사였고, 요셉에게 "네 아내 마리아 데려오기를 무서워 말라"고 전한 것도 천사였고, 동방박사들에게 "헤롯에게로 돌아가지 말고 다른 길로 돌아가라"고 꿈에 지시한 것도 천사였고, 요셉에게 현몽하여 "헤롯이 아기를 찾아 죽이려 하니 일어나 아기와 그의 모친을 데리고 애굽으로 피하라"고 지시한 것도 천사였습니다. 아기 예수가 태어났을 때 찬양으로 영광 돌렸던 그 천군 천사들도 다 하늘의 천사였습니다. 모두가 예수님과 마리아를 도왔습니다.

창세기 2장 18절에 보면 부부를 "돕는 배필"이라고 했습니다. 돕는 배필로 주었다는 것은 두 사람만 잘 살라는 것이 아니라 둘이서 서로 도와서 하나님의 뜻을 이루라는 것입니다. 여기서 주체는 마리아가 아닙니다. 요셉도 주체가 아닙니다. 또 천사도 마찬가지로 주체가 아닙니다. 다 예수님을 돕고 하나님을 돕는 것입니다. 그 도움은 결국 하나님을 돕는 일이라는 것입니다.

제가 이 '도우미'의 영성을 일찍 깨달았습니다. 네가 너를 위해서, 네 목적을 달성하기 위해서 예수 믿는다면 부자 돼야 하고, 목사 중의 목사 돼야 하고, 교회가 크게 성장해서 제일 위에 앉아서 존경과 사랑을 다 받아야 한다. 그러면 교회를 통해서도, 신앙을 통해서도 자기 목표에 도달할 수가 있습니다. 그러나 그것은 하나님의 뜻이 아닙니다.

그러면 하나님을 위해서 예수 믿는다는 것은 무슨 뜻입니까? 사찰이면 어떻고, 화장실 청소하면 어떻습니까? 하나님을 위해서 하는 일에 무슨 높은 것이 있고 낮은 것이 있겠습니까? 임신한 마리아는 위대하고 그 마리아를 도와서 결혼하여 깜쪽같이 하나님의 뜻을 이룬 요셉의 도움은 시시한 것입니까? 마리아만 위대한 것입니까?

카톨릭이 한 가지 잘못한 것은 마리아만 굉장한 성녀로 만들어 버리고, 요셉은 아무것도 아닌 것처럼 만들어 버렸습니다. 마리아가 주인공입니까? 마리아도 예수 돕는 일을 했고, 요셉도 예수 돕는 일을 했습니다. 요셉이 아니었으면 마리아는 얼마나 어려운 곤경에 빠지게 되었겠습니까?

로마서 16장 1~2절에 보면, "내가 겐그레아 교회의 일꾼으로 있는 우리 자매 뵈뵈를 너희에게 천거하노니 너희가 주 안에서 성도들의 합당한 예절로 그를 영접하고 무엇이든지 그에게 소용되는 바를 도와 줄지니 이는 그가 여러 사람과 나의 보호자가 되었음이니라"고 했습니다.

　로마 교회에 주의 종들이 얼마나 많고, 귀한 일꾼이 얼마나 많은데 뵈뵈 자매를 뵈뵈 집사로 번역했겠습니까? 여집사 뵈뵈를 합당한 예절로 영접하고 도와주라고 했습니다. '로마 교회가 다 여집사 뵈뵈를 도와야 한다'는 말씀입니다. 왜 그랬습니까? 여집사 뵈뵈가 주의 종들을 돕고 여러 사람을 도와주는 일을 했으므로, 즉 하나님의 일을 했다는 것입니다.

　고린도전서 16장 15~16절을 보면, "형제들아 스데바나의 집은 곧 아가야의 첫 열매요 또 성도 섬기기로 작정한 줄을 너희가 아는지라 내가 너희를 권하노니 이같은 자들과 또 함께 일하며 수고하는 모든 자에게 복종하라"고 했습니다.

　어째서 스데바나 사람들을 알아주고, 그들에게 복종해야 되는 이유는 그들은 주님을 위해 살기로 작정한 사람들이기 때문이라는 것입니다. 그래서 서로 도우라는 것입니다. 마리아를 돕는 것은 하나님을 돕는 것이 됩니다. 마리아도 하나님을 돕고 있고, 천사도 돕고 있고, 요셉도 돕고 있습니다. 이것이 크리스마스에 우리에게 주시는 도움의 영성입니다.

　우리가 내년에도 개척 교회를 계속 도와야 됩니다. 교회가 성장하든 안 하든, 우리는 개척 교회 목사님들을 계속 도와야 합니다. 왜냐하면 그들이 주님을 위해서 교회를 개척하고 있기 때문입니다. 선교사가 사역에 성공했거나 못 했거나, 사람이 많이 모이거나 적게 모이거나 관계없이 우리는 선교사를 계속 지원하고 파송해야 합니다. 왜냐하면 그 선교사가 하나님을 위해서 외국에 나가서 복음을 전하고 있기 때문입니다. 그렇기 때문에 우리는 개척 교회와 선교사들을 계속 도와야 합니다. 가난한 교인과 병든 사람과 늙은 사람들을 우리는 계속 도와야 합니다. 왜냐하면 그들이 하나님을 위해서 일하고 있기 때문입니다.

언젠가 텔레비전에서 르뽀로 한 여인을 소개했는데, 그 여인은 자기 남편이 중풍으로 병원에 입원해 있어서 대소변을 받아내야 합니다. 그런데 그 병원에 대소변을 가릴 수 없고 보호자도 없는 중환자가 다섯 사람이 함께 입원해 있었습니다. 이 부인은 자기 남편 대소변 기저귀를 갈아내기 전에 일찍 일어나서 먼저 보호자가 없는 다섯 환자들의 대소변을 다 갈아내는 것입니다. 그리고 마지막에 남편 기저귀를 갈아내는데, 많은 사람들이 그 여자를 보고 "우리 병원에 천사가 하나 왔다"는 것입니다. 왜냐하면 자기 남편 기저귀를 가는 것도 어려운데 자기와는 아무 상관없는 남의 기저귀를 기꺼이 갈아주는 것을 볼 때 천사가 틀림없다는 것입니다. 그 여자가 하는 말이 "보호자도 없고, 돈이 없어 간병인도 쓰지 못하니 얼마나 어려울까?" 하는 생각이 들어서 그 일을 기쁨으로 한다는 것입니다. 바로 그런 일을 하는 것이 천사의 일이고, 바로 그것이 우리 교회가 해야 할 일이라는 것입니다.

천사라고 하는 것은 이름을 내지 않고 숨어서 어떤 일이든 진행합니다. 그래서 주님이 오른손이 하는 것을 왼손이 모르게 하라고 하지 않았습니까? 도와주는 일은 꼭 이름을 내고 하는 것이 아닙니다. 그렇다고 꼭 성탄절에만 해야 하는 일도 아닙니다. 언제 어디서나 돕는 것입니다.

혹시 이런 일 당해 본 적이 한 번도 없으십니까? 쌀이 떨어져서 굶고 있는데, 누군가 아무도 모르게 집에다 쌀자루 놓고 간 적이 있습니까? 또 남의 집에 비밀로 해서 쌀 좀 배달해 달라고 보낸 적이 있으십니까? 이게 천사가 하는 일입니다. 굳이 하늘에서 천사를 보낼 필요가 없습니다. 이 땅의 모든 그리스도인들은 하나님의 사자라는 것입니다.

이번 크리스마스의 영성은 그냥 무의미하게 지나가는 것이 아니라 천사들이 그렇게 했던 것처럼, 마리아와 요셉이 서로 도움으로 또 하나님을 도움으로 하나님의 뜻을 이루었던 것처럼 도움의 영성, 천사의 영성의 절기가 될 수 있기를 바랍니다. 이것이 우리가 가져야 할 영성입니다.

2. 기다림의 영성

두 번째는, 기다림의 영성입니다. 천사가 메시지를 계속 전합니다. "이 모든 일의 된 것은 주께서 선지자로 하신 말씀을 이루려 하심이니 가라사대 보라 처녀가 잉태하여 아들을 낳을 것이요 그 이름은 임마누엘이라 하리라 하셨으니 이를 번역한즉 하나님이 우리와 함께 계시다 함이라"(22-23절) 본문 17절 말씀에 보면, 예수가 나기까지 아브라함부터 다윗까지 열네 대, 다윗부터 바벨론으로 이거할 때까지 열네 대, 바벨론으로 이거한 후부터 그리스도까지 열네 대, 모두 합쳐서 마흔두 대, 즉 사십이 대라는 것입니다.

미가서 선지자가 베들레헴을 예언하고, 이사야 선지자가 처녀 동정녀 출생을 예언하고, 계속해서 선지자들이 '메시아가

올 것이다', '메시아가 올 것이다', '처녀의 몸으로 메시아가 올 것이다' 하고 예언했습니다. 그런데 구약의 유구한 세월을 거쳐 마침내 예수가 이 땅에 오신 것입니다. 하나님의 약속은 우리가 기다리지 않아도 이루어집니다. 우리는 아무 필요 없는 헛된 것을 무작정 기다리는 것이 아닙니다. 우리는 약속과 하나님의 말씀을 믿고 기다리는 것입니다.

하나님이 아들을 주시겠다고 했을 때 아브라함도 믿지 못했고, 사라도 믿지 못했습니다. 그래서 중간에 첩 하갈을 통해서 이스마엘을 낳았습니다. 간혹 "못 기다리면 이스마엘, 기다리면 이삭"이라는 말을 합니다. 옳은 말입니다. 아브라함도 못 기다렸고 못 믿었습니다. 아브라함이 백 살이나 되어 이스마엘이 열다섯 살 정도의 다 큰 청년이 됐는데, 그때 하나님이 이삭을 주시겠다는 것입니다. 그래서 사라가 비웃었지 않습니까? 천사가 왜 비웃느냐고 하니까 사라가 비웃는 게 아니라고 말합니다. 맞습니다. 천사 말도 맞고 사라 말도 맞습니다. 천사가 볼 때는 분명히 비웃었습니다. 그래서 그 아들을 '이삭', '웃음'이라고 이름을 지어 주십니다. 그런데 사라 입장에서는 웃은 게 아니고 운 것입니다. 주시려면 젊었을 때 주시지 이제 늙어서 할머니가 되어서 이빨도 다 빠진 때에 아기를 주시겠다니, 할머니가 임신하다니, 이것이 기가 막혀서 웃은 것입니다. 믿지 않아도, 기다리지 않아도 하나님의 말씀은 이루어진다는 것을 보여 주는 사건입니다. 하나님의 말씀이 그것을 이루어 주십니다.

자녀를 키우면서 어려움을 겪고 있다거나 혹은 어떤 일을 하다가 실망에 빠졌다면 헬렌 켈러의 전기를 읽으시든지 영화를 꼭 보시기 바랍니다. 헬렌 켈러는 열병으로 눈도 보지 못하고, 말도 하지 못하고, 듣지도 못하는 장애아가 됩니다. 그런데 눈 멀고 귀멀고 말도 못하는 것으로 끝나면 좋은데, 자기 마음대로 못하니까 성격이 아주 괴팍스러워지는 것입니다. 보다 못한 부모가 가정교사로 설리반 선생님을 채용해서 이 아이를 가르칩니다. 그런데 워낙 제멋대로 자라나서 선생님의 말을 잘 따르지도 듣지도 않습니다. 설리반 선생은 매를 들어 가면서 있는 정성 다 해서 가르쳐도 효과가 없자, 한 달만 기회를 달라고 하고는 자동차에 아이를 태워 헛간으로 데리고 가서 그 아이를 부모들과 격리시킨 후 그곳에서 물이 무엇인가를 가르쳐 주고, 나무가 무엇인가를 가르쳐 줍니다. 선생님 말을 안 들으면 밥도 굶기고 체벌도 하는 것을 보고 마침내 헬렌 켈러의 부모가 설리반 선생님을 쫓아냅니다. 설리반 선생님은 "하나님, 제 힘으로는 도저히 안 되겠어요" 하고 짐을 쌉니다. 그런데 이 아이가 밖에 나가서 물을 펌프질을 하면서 물을 만지는 순간에 깨달음이 옵니다. '아! 이것이 물이구나! 선생님이 가르쳐 주신 이것이 물이었구나! 이걸 가르치기 위해 선생님이 나를 때렸구나!' "물!" "물!", 그리고 나무를 만져 보고 '아! 이것이 선생님이 가르쳐 주시던 그 나무구나!' 거기서 아이가 깨어납니다. 짐 싸는 선생님에게 아이가 달려가서 "선생님!" 하고 그 품에 안길 때, 설리반은 비로소 거기서 눈물을 흘리면서 눈멀고 말못하고 듣지 못하는 헬렌 켈러를 가르칩니다. 그는 대학을 졸업하고 대학원을 졸업한 뒤 세계에서 가장 위대한 박사가 됩니다.

일제 말기에 헬렌 켈러가 우리나라를 방문했었습니다. 개성

역에서 기차가 1분간 정차하는데, 개성 호수돈 학교의 한 선생님이 그 소식을 듣고 제자들에게 헬렌 켈러를 만나게 해 줘야겠다는 생각으로 학생들을 다 데리고 가서 1분 간 정차하는 그 순간에 연설을 해 달라고 부탁했습니다. 그러자 헬렌 켈러가 학생들에게 "하나님은 살아 계십니다. 인생을 낙심하지 말고 최선을 다하고 기다리면, 하나님이 때가 되면 도와주십니다"라는 말을 했습니다. 1분만 정차해야 되는데 이 메시지를 전하니까 개성 역장이 3분 동안 기차를 떠나지 못하도록 정차시켰습니다. 그 연설을 들은 후에 호수돈 학교 학생들이 모든 희망을 가지고 열심히 공부했다는 일화가 있습니다. 기독교는 기다림의 종교입니다. 헛된 것을 기다리는 것이 아니라 살아 계신 하나님과 하나님의 말씀을 붙잡고 기다리는 것입니다.

저는 방광암 환자의 글을 읽었는데, 그 환자는 중년이 넘은 환자입니다. 약을 쓰고 모든 방법을 다 동원해도 소용이 없었습니다. 그래서 마지막 결단을 하기를 '어차피 암으로 죽을 거니까 마지막으로 하나님을 의지하고 죽자' 해서 마태복음 9장 28~29절의 말씀, "내가 능히 이 일 할 줄을 믿느냐, 너희 믿음대로 되라" 하는 말씀을 읽다가 크게 감동을 받아, 그 말씀을 붙잡고 "나는 하나님을 믿되 환상이나 계시로 믿지 않고 실제로 살아 계신 하나님으로 내가 믿습니다. 살아 계신 하나님, 나는 암 세포가 백혈구를 다 잡아먹어서 암 세포가 퍼진다는데, 의사 말로는 내 몸 속에 백혈구만 증가되면 된다는데, 나와 지금 함께 계신 하나님, 도와주십시오" 하고 그가 조용한 골방에 들어가서 하나님 앞에서 기도를 합니다. 그가 기도하는데 그냥 중언

부언하는 기도가 아니라 하나님과 이것저것 세세한 것까지 대화하면서 기도를 합니다. "하나님! 여기 앞에 계시지요?" "그래, 내가 네 앞에 있다." "나는 하나님을 볼 수 없어도 하나님은 나를 보시지요?" "그래." "나는 볼 수 없어도 하나님은 분명히 계십니다." "그래." "그러면 백혈구를 좀 주세요. 내 몸에는 백혈구를 생산할 만한 능력이 없어요. 그래서 백혈구가 암세포에 의해서 다 잡아먹힌답니다. 그러니까 하나님이 백혈구를 제게 좀 주세요." "그래, 받아라." 그리고 실제적으로 하나님께로부터 백혈구를 받아다가 신비하게 몸에다 집어넣는 것입니다. 그러면 그 백혈구가 자기 몸 속에 들어오는 듯한 어떤 느낌을 순수한 믿음으로 받아들입니다. 그러면 자기 몸에 백혈구가 가득 찬 것을 느껴졌습니다. 환상의 하나님이 아니고, 멀리 떨어진 하나님이 아니라 바로 지금 나와 함께 대화하고 내 몸 속에 같이 계신 하나님, 나와 함께 동행하는 하나님! 그렇게 6개월을 그 기도를 하고 병원에 갔더니 암세포가 완전히 없어졌다는 것입니다.

　우리가 예수를 믿되 얼마나 추상적으로 믿고, 기도를 하되 얼마나 추상적으로 했느냐는 것입니다. 얼마나 실제로 간절히 하나님을 기다렸느냐는 것입니다. 아브라함처럼 가다가 안 되면 '이스마엘 데리고 하지', 그것이 우리들의 모습이 아니었느냐는 것입니다. 하나님을 기다린다는 것은 쓸데없는 기다림이 아닙니다. 반드시 하나님은 오신다는 것입니다. 하나님의 약속은 반드시 이루어진다는 것입니다. "네가 믿느냐, 믿음대로 될지어다." 그것이 중요합니다.

3. 비밀의 영성

　세 번째, 여기에 비밀의 영성이 있었습니다. 요셉과 마리아가 동침하지 않고 1년을 살 수 있는, 자기를 절제할 수 있는 비밀은 어디서 왔습니까? '천사를 만난 하나님의 계시', 두 사람은 그것을 가지고 있었습니다.

　어째서 리빙스톤과 같은 당대의 귀족이 저 아프리카에 가서 사자가 팔 하나를 잘라먹었는데도 거기서 낙심하지 않고 마지막 뼈를 아프리카에 묻으면서, "심장은 영국으로 가져가시오. 그러나 몸은 여기다 두고 가시오"라고 했습니다. 그래서 할 수 없이 웨스터민스터 공원에다 리빙스톤을 기념하기 위해서 영국이 그의 심장만 떼서 영국으로 가지고 갔습니다. 그리고 마침내 몸은 아프리카에 묻었습니다. 왜 리빙스톤이 아프리카에서 자기의 생애를 다 바쳤습니까? 얼마나 아프리카를 사랑하면 몸은 그곳에 두고 심장만 가져가게 했습니까? 그것은 하나님이 그에게 주신 말씀이 있었기 때문에 가능했습니다. "볼지어다 세상 끝날까지 내가 항상 너와 함께 있으리라."

　왜 슈바이처가 음악 교수직도, 목사직도, 의사직도, 또는 모든 그 명예롭고 화려했던 직책들을 다 버리고 중앙아프리카 남방에 가서 일생 동안 천막 쳐놓고 자기 생애를 다 바치는 선교사가 될 수 있었습니까? 그에게는 믿음의 비밀이 있었습니다. 슈바이처는 어렸을 때 체구가 컸습니다. 귀족이기 때문에 잘 먹고 자란 탓인지 튼튼했습니다. 언젠가 아이들과 싸움이 벌어졌는데 다리 밑에서 사는 가난한 아이와 싸우게 되었습니다. 등치가 큰 슈바이처가 가난한 집 아이를 깔아 눕혀서 배 위에 올라가 코를 때리고 온 몸에 상처를 입혔습니다. 그리고 승리의 기쁨에 사로잡혀 손을 번쩍 들고 친구들의 환영을 받았는데, 싸움에서 진 아이가 일어서더니 슈바이처에게 울면서 하는 말이 "나도 너처럼 고깃국 먹고 좋은 부모 밑에서 자라면 너를 이길 수 있다"고 하는 것입니다. 이 말 한 마디가 슈바이처를 무릎 꿇게 했습니다. 내가 잘 살고 좋은 환경에서 자라는 것이 다른 사람을 지배하고 다른 사람을 누르기 위해서 주어진 것이 아니라는 것을 그때 슈바이처가 깊이 깨닫습니다. 그 계기로 그는 고달픈 삶을 사는 사람들에게 그의 생애를 바쳐야겠다는 결심을 하게 됩니다. 그와 같은 자기 자신에 대한 어떤 비밀이 있었습니다. 그 어린 시절 유년의 추억이 일생 동안 자기 자신을 헌신할 수 있는 사람으로 만든 동기가 되었으며 비밀이 되었다는 것입니다.

"전도자가 가로되 헛되고 헛되며 헛되고 헛되니 모든 것이 헛되도다"(전 1:2) "내 아들아 또 경계를 받으라 여러 책을 짓는 것은 끝이 없고 많이 공부하는 것은 몸을 피곤케 하느니라 일의 결국을 다 들었으니 하나님을 경외하고 그 명령을 지킬지어다 이것이 사람의 본분이니라"(전 12:12) 가장 중요한 것은 두 가지라는 것입니다. 어느 지점에 도달해 보니까 책을 많이 써도 소용없고, 처첩비빈이 천 명이어도 소용없고, 황금보화와 임금 자리가 다 헛된 것이더라는 것입니다. 그러면 헛되지 않는 것은 하나님을 경외하고 주의 말씀을 잘 지키는 것이 사람의 본분이더라는 것입니다. 언제 이것을 깨달은 줄 아십니까? 병들었을 때 깨달았습니다. 병들었는데 임금 자리가 다 무슨 소용이며 부귀영화가 다 무슨 소용이냐는 것입니다. 죽게 생겼는데 그게 다 무슨 소용이 있느냐는 것입니다. 결국 하나님을 경외하고 주의 말씀을 지켜 사는 것이 내가 지킬 본분이더라는 것입니다. 책 많이 쓴 것도, 공부 많이 한 것도 병들어 죽게 된 사람에게는 아무 쓸모가 없다는 것입니다. 공부 많이 하고 나서 쓰러지면 무슨 소용이 있겠습니까?

여러분의 기도 속에서 이번 후쿠오카 남북한 기독교 지도자 회합에 잘 다녀왔습니다. 이 회의에는 북한에서 온 북한 최고 기독교 지도자 세 분과 한국교회 교단 대표자들이 일본 교회에서 같이 모여서 어떻게 하면 한반도를 복음으로 통일할 것인가의 주제를 놓고 머리를 맞댔습니다. 그런데 북한의 기독교 최고 지도자 목사님들이 말하기를, 북한에 그래도 지하교회라고 할 수 있는 교회가 잠정적으로 500여 교회가 있다고 합니다. 주일마다 예배가 드려지고 있는 교회가 봉수교회, 칠곡교회, 반석교회 등이 있고, 교인 수를 합하면 만이천삼백사십삼 명 정도로 추산된답니다. 그런데 그 기간 중에 특별히 감동적이었던 것은 수요일 저녁에 성찬을 같이 했는데, 우리측 총회장님과 북한의 대표 목사님이 성찬식을 같이 집례했습니다. 서로 같이 기도하면서 남북 기독교 지도자들이 한마음으로 예배를 드렸습니다. 참 감동적인 눈물의 예배였습니다. 그런데 그들이 진짜 예수를 믿는 것은 사실입니다. 그들의 기도하는 것이나 예배드리는 모습 속에서 거짓이 아님을 느꼈습니다. 그런데 그 목사님이 부탁하기를 예화집을 좀 보내주면 좋겠다는 것입니다. 설교를 준비하는데 지장이 많다고 합니다. 그래서 제가 예화집 가져왔다고 하면서 제 자작 시집 세 권을 드렸습니다. 이 시집 속에 있는 '목회일기'가 예화이니 참고하시라고 하면서 유일하게 제가 북한의 강 위원장님에게 직접 전달을 했습니다. 그러면서 제가 기념교회를 하나 짓자고 발의를 했습니다. 이제 7차 남북 회의가 끝나면, 이후로는 서울에서도 평양에서도 모임을 가질 수 없는 입장이니까 기념교회를 하나 지으면 가시적으로도 얼마나 한국 교회에 좋겠느냐고 했더니, 그분이 이렇게 정직하게 답변을 했습니다. "남한 교회가 자꾸 북한 교회를 재건한다는데, 죄송합니다만 북한 교회는 우리가 재건하겠으니 그 대신에 우리에게 지금 교회 짓는 것보다 더 시급한 것이 굶어죽는 사람을 살리는 일입니다"라고 하면서, 즉 비닐하우스를 지어주고 수경재배 할 수 있는 농자금을 제공하거나 비료나 소 같은 것들을 보내서 할 수 있는 사회복음으로 도와주는 것이 훨씬 효과적이니 남한 교회가 계속 도와 달라고 하면서 그 동안 우리가 보내주었던 쌀이나 구호품들에 대해서 북한 교회를 대표해서 감사한다고 진지하게 말했습니다. 그래서 우리 모두는 감동을 많이 받고, 또 후쿠오카 선언을 통해 문서로 선언하고 눈물을 흘리면서 작별했습니다.

그런데 저 개인적으로는 일본의 후쿠오카에 가서 큰 어려움을 많이 겪었습니다. 가기 전에 일생에 그런 감기는 처음입니다. 새벽기도를 3일 동안 못할 만큼 아파서 준비기도도 제대로 못했을 뿐 아니라 제가 그 수요 성찬식을 하기 전에 통일시를 낭송하게 되어 있었습니다. 그래서 통일시를 거기 가서 쓸 수밖에 없었습니다. 거기 가서 시를 써야 한다는 급한 마음에, 아직도 저녁예배 시간이 많이 남았음에도 불구하고, 우리 목사님들이 택시를 잡아놓고 화장실 들르느라 늦어진 저를 부르는 것을 보고 서둘러 밖으로 나가는데 자동문이 보이는 거예요. 그런데 자동문 옆에는 탁 트인 공간도 있는 겁니다. 자동문을 통해 가려면 시간이 지체될 것 같아서 자동문 옆의 그 탁 트인 곳으로 돌진했습니다. "와장창!" 하는 소리와 함께 유리가 깨지고 저는 밖으로 내동댕이쳐 졌고, 앰뷸런스가 오고 순식간에 난리가 났습니다. 병원에 가서 보니까 얼굴이 다 엉망이 되고 입안에 유리가 막 씹히는 것입니다. 그 순간에도 무슨 생각이 드는 것은 '이렇게 얼굴이 박살났으니 사람은 안 만나고 하나님만 만나서 설교를 열심히 준비해 기가 막힌 영적인 설교를 해야 되겠구나!' 하는 생각이 드는 것입니다. 수술해서 유리 조각들을 다 빼고, 손바닥을 꿰매고 나니 얼굴을 보고 싶더라구요. 거울을 보니까 반창고, 붕대로 여기저기 감아 놓았어요. 그래서 제가 거기서 몇 가지를 깨달았습니다. 제가 근래에 생각한 것이 '속도를 넘어서', '시간을 넘어서' 라는 것을 많이 생각했었거든요. 그런데 제가 그 호텔 현관 유리창을 뚫고 나간 것입니다. 의사 말에 의하면, 제가 유리를 들이받았을 때 그 문이 안 깨졌으면 두개골이 부서지든지, 아니면 뒤로 넘어져 뇌진탕으로 죽었을 거라는 것입니다. 그런데 시간의 속도를 넘어 가지고 얼마나 빨리 달렸던지 유리창이 깨져 버렸어요. 그런데 저는 생각보다 그렇게 많이 다치지는 않았습니다. 뒤돌아보니 유리가 다 칼날같이 뾰족하게 서 있는 것이었습니다. 나보다도 택시에서 기다리던 목사님들이 더 놀랐습니다. 그리고 또 한 가지 교훈은 실내에서 뛰면 안 된다는 것을 배웠습니다. 절대 실내에서 뛰지 마십시오. 나중에 알고 봤더니, 부딪힌 사람이 저뿐만이 아니고 여러 사람이 유리에 부딪혔다는 것입니다. 그래서 안경이 깨진 사람, 무릎이 깨진 사람, 별별 사람이 다 있었다는 것입니다. 저는 거기서 비로소 "사망의 음침한 골짜기를 다닐지라도 해받음을 두려워하지 않을 것은 주께서 나와 함께 계심이라", "네가 물 가운데로 지날 때에 물이 너를 침몰치 못할 것임이요 네가 불 가운데로 지날 때에 불꽃이 너를 사르지도 못하리라"는 말씀을 깊이 깨달았는데, 저는 이 말씀 뒤에다 하나를 더 붙여서 "유리를 통과할 때에도 유리가 너를 상하게 하지 못하리라"는 것을 내 성경에다 추가해야겠구나 생각했습니다. 그리고 '누군가 나를 위해 기도를 많이 했구나!' 생각했습니다. 북한 선교라는 것은 그렇게 쉽게 하는 것이 아님을 새삼 깨닫고, 피투성이가 된 몸으로 병원에서 나와서 그 날 밤에 제가 쓴 시를 낭송했습니다.

생명의 땅 한반도여 부활하라
- 제7차 후쿠오카 남북 지도자 회의에서

실로 아름다운 반도 삼천리
계절로 꽃피고 지는 찬란한 조국!
구백서른한 번 침략 받고
짓밟혀 쓰러져도 다시 일어선

생명의 땅이여 부활의 땅이여!
북은 북으로 남은 남으로
어쩌다 등 돌리고 담 쌓아 버린 반세기
비록 허리 잘라졌으나
백두산이 한라산이 우리 산이 아닌가
대동강이 한강이 우리 강이 아닌가
평양이 서울이 우리 땅이 아닌가
오늘 이역 땅에서 일곱 번째 만난 남북 형제들이여
여리고도 일곱 번 만나 무너졌다
가난이 문제랴
우리는 콩 한 조각도 나누며 보릿고개 넘었다
사상이 문제랴
손잡으면 뜨겁고 부둥켜안으면 심장 터질 것 같은
조선의 핏줄인 남남북녀여
예수 핏줄인 배달의 자손이여
어찌 가고 싶지 않으랴
천구백칠년의 성령의 불길 솟던 장대현
어찌 보고 싶지 않으랴
낮에는 구름기둥 밤에는 불기둥으로 서 있는 십자가 서울
만나지 않고서 사랑하지 않고서
어찌 묶인 조국의 허리띠 풀겠는가!
물질이 있는 자는 물질로
몸이 있는 자는 몸으로
아무것도 없는 자는 없는 것으로

여기 모여 통일의 기도가 되고 물방울 되자
한 방울 두 방울 모여 현해탄 넘으면
그때 우리는 통일의 강물 되고 바다가 되리니
우리 땅 한반도가 휴전선 무너지고
하나로 부활하는 날
우리는 눈감아도 좋으리
우리는 그걸 보지 않고 죽어도 좋으리
생명의 땅 한반도여 어서 일어나
통일로 부활하라

 우리는 다 함께 울었습니다. 그래 서울도 내 땅! 평양도 우리 땅! 한강도 우리 땅! 대동강도 우리 땅! 백두산도 우리 땅! 한라산도 우리 땅! 세월이 아무리 많이 지나도 그것은 언제나 우리 것 아닙니까? 북한의 목사님들이 저를 보고 위로하면서 "영원히 목사님을 잊지 않을 테니까 그렇게 아십시오" 합니다. 그래서 북한에 가서 한 번 만나자고 했습니다.
 여러분! 실내에서 뛰지 마십시오. 그러나 생각지 않은 어떤 위기가 우리 앞에 있을지라도 하나님이 우리와 함께 계셔서 거기서 다 지켜 주신다는 것을 기억하시기 바랍니다.

구유의 영성

"이때에 가이사 아구스도가 영을 내려 천하로 다 호적하라 하였으니 … 요셉도 다윗의 집 족속인 고로 갈릴리 나사렛 동네에서 유대를 향하여 베들레헴이라 하는 다윗의 동네로 그 정혼한 마리아와 함께 호적하러 올라가니 마리아가 이미 잉태되었더라 거기 있을 그 때에 해산할 날이 차서 맏아들을 낳아 강보로 싸서 구유에 뉘었으니 이는 사관에 있을 곳이 없음이러라"(눅 2:1~7)

크리스마스가 될 때마다 저는 상당히 감상적이 되어서 애잔한 슬픔 같은 것을 느꼈는데, 그것은 메시아이신 예수님이 어떻게 마굿간 말구유에서 출생하실 수 있었는가 하는 것 때문이었습니다. 그런데 예수님이 말구유에서 태어나셨다는 사실보다도 더 안타까운 것은 하나님이 인간이 되셨다는 사실입니다. 이것을 좀더 쉽게 예로 들면, 사람이 돼지가 되었다는 것과 같은 이야기가 됩니다. 사람이 돼지가 되는 것은 그 얼마나 비참한 일입니까? 그런데 하나님이 인간이 되셨습니다. 그 사실에 비하면, 예수님이 마굿간에서 태어나셨다는 것은 덜 비극적이라고 할 수 있습니다.

제가 해방 되던 그 이듬해인 1946년에 태어났는데, 제가 어렸을 적에 우리 집 구조가 본 채와 사랑채가 있었는데, 사랑채에는 서당 훈장이셨던 할아버지가 기거하시면서 서당을 하셨고, 그리고 곳간과 일꾼이 잠자는 부엌방이 있었고, 그 앞에 부엌이 있었고, 사랑채 제일 바깥쪽에 외양간이 있었고, 그 앞에 디딜방앗간이 있었습니다. 이 사랑채 안에 디딜방앗간이 있어서 거기에 절구통이 있었고, 여물 쓰는 부엌과 방이 있었고, 사랑채 안에 외양간이 있었습니다. 우리 어린애들이 밖에서 놀다 추워서 들어와 그 외양간에 가면 따뜻합니다. 또 소에다 가만히 몸을 기대면 아주 따뜻합니다.

2천년 전 유대 마을도 아마 이와 비슷했던가 봅니다. 유대 땅 예루살렘과 베들레헴에 가 보면, 사람들이 살던 동굴이 많이 있습니다. 동굴은 우선 따뜻하여 겨울을 날 수 있기 때문에 사람들이 굴을 파서 살았습니다. 동굴의 낮은 부분에는 양이나 나귀들을 놓고 지푸라기를 깔아서 보온을 해 주고, 좀 높은 곳에는 부엌 겸 잠자는 자리가 있어서 사람과 가축이 한 울타리, 한 동굴 안에서 생활을 하는 구조였습니다.

아우구스토 로마 황제가 징병제도와 인두세를 거둬들이기 위해서 인구조사를 하려고 호적령을 명해서 로마의 지배 아래 있는 모든 백성들은 자국인이든 타국인이든 본 고향에 가서 호적해야 했는데, 그때 마리아는 산기가 왔습니다. 그 당시 여관이라는 것은 오늘날과 같은 호텔이 아닙니다. 가정집처럼 지어 놓고 손님이 오면 잠은 자고 가는 형태의 여관인데, 이미 사람들로 만원이 되어서 돈을 내고 잘 수 있는 여관이 없었습니다. 그래서 결국은 마리아가 아이를 낳아서 마굿간 구유에 예수님을 눕혀 두었다는 것입니다.

이 구유의 영성은 하나님이 구속 사역을 시작하실 때 첫 번째로 행하신 것이기 때문에 매우 중요하고, 특별히 이 시대를 사는 우리에게는 중요한 영성입니다. 그러면 이 구유의 영성은 어떤 영성입니까?

1. 자족의 영성

첫 번째, 자족의 영성입니다. 자족이라고 하는 것은 스스로 만족하는 것입니다. 어떤 환경 속에서도 감사하고 창조적으로 만들어 나가는 영성이 바로 자족의 영성입니다. 주님의 출생에는 놀라운 사실이 하나 있습니다. 하나님이 왜 자기의 본체이시며 자기의 외아들인 예수님을 이 땅에 보내실 때에 출산 장소를 화려한 호텔에서 편안하게 출산하게 하시지 않고, 또한 산부인과 병원과 의사들을 준비시켜 놓고 아기를 받게 하시지 않았느냐는 것입니다. 왜 하필이면 짐승들이 사는 베들레헴의 마굿간에서 출생하게 하셨느냐는 것입니다. 비록 누추하지만 깨끗하고 지푸라기로 보온이 되며 비어 있는 마굿간을 보시고, 그 자리에 하나님이 이 세상에 오셨습니다.

오늘 이것이 우리에게 어떤 의미를 가져다줍니까? 바로 앞에 있는 것, 하나님이 세상에 오시는데도 무엇을 화려하게 만들어

가지고 오신 것이 아니라 바로 주변에 있는 것, 그것을 가지고 그 자리에서 그냥 출생하셨다는 것입니다. 이것이 성탄의 영성이고, 구유의 영성이고, 자족의 영성이라는 것입니다.

아마추어하고 프로하고 다른 것이 무엇일까요? 아마추어는 좀 힘에 부치는 어려운 일이 생기면 그냥 지나가 버리고 맙니다. 포기하고 그냥 지나갑니다. 그러나 프로는 절대로 포기하지 않습니다. 여건과 환경이 아무리 어려워도 프로는 반드시 그것을 극복해서 마침내 목표에 도달합니다. 몇 년 전에 우리나라에 처음 IMF가 와서 모두들 굉장한 고통을 겪었고 절망에 빠져 있었습니다. 그런데 모두들 실의에 차 있는 그때, 22살 먹은 처녀와 아버지가 함께 미국에 가서 LPGA라는 골프대회에 나갔습니다. 그런데 경기 중에 공이 호수에 빠졌습니다. 그러자 이 선수가 그 공을 포기하지 않고 구두를 벗고 양말을 벗는데, 그 발을 보니 양말을 신은 곳은 하얀 여자 몸인데 양말 위로는 햇볕에 그을어 새까만 것을 보면서 굉장한 감동을 느꼈습니다. 그 선수가 양말을 벗더니 공이 빠진 늪에 들어가 골프채를 가지고 물에 빠져 있는 공을 쳤는데, 그것이 원을 그리면서 올라가서 떨어지는 순간 IMF는 끝났습니다. 그 필생의 시도가 실의에 빠진 우리 민족에게 희망을 주었던 것입니다. 22살 먹은 충청도 시골 처녀가 미국 무대에 가서 1등을 했다는 것보다도, 물에 빠지고 늪에 빠지는 곤란한 상황 속에서도 거기서 절망하거나 좌절하지 않고 신발과 양말을 다 벗고 쳐내는 그 노력이 우리들에게 희망을 주었던 것입니다. 이것이 프로 정신인 것입니다.

저나 여러분은 아마추어 신자가 아닙니다. 모두가 다 프로입니다. 예수 믿다가 어떤 어려움이 와도 그것을 다 극복합니다. 물론 샷이 아닌 기도의 채를 가지고 쳐내는 것이 다를 뿐입니다. 그럴 때 물 속에 빠진 것은 문제가 되지 않습니다. 이제 우리는 더 이상 아마추어가 아닌 신앙의 프로페셔널입니다. 이것은 우리에게 중요한 메시지를 전해 줍니다.

요한 스트라우스의 '다뉴브강의 물결'을 저는 아주 좋아합니다. 그것을 쓴 요한 스트라우스의 아버지도 음악가요 아들도 훌륭한 음악가인데, 그 스트라우스 가문이 곡을 쓸 때 일단 악상이 떠오르면 와이셔츠에다 오선을 그려 가지고 작곡을 합니다. 그런 과정을 통해 나온 것이 바로 그 유명한 왈츠곡 '다뉴브강의 물결'입니다. 이것이 바로 프로입니다. 아마추어는 종이나 연필이 있어야 작곡을 합니다. 그러나 프로는 종이가 없으면 옷에다 작곡을 합니다. 솔거같이 유명한 화가는 숯덩이를 가지고 그림을 그렸습니다. "크레파스가 있어야 그림을 그리지요" 하는 사람이 있으면 그는 아마추어입니다. 진짜 프로는 크레파스가 없으면 숯덩이로 그리는 것입니다.

제가 일본에 가서 유리를 받은 속편을 이야기하겠습니다. 유리를 받아서 제 얼굴이 망가졌을 때 제 마음 속에 세 가지 생각이 떠올랐습니다. 제일 먼저 '주여, 저는 하나님이 아닙니다' 하는 겸손한 고백이었습니다. '주님 죄송합니다. 하나님이 아니니까 아직도 실내에서 뛰다가 넘어지고 자빠지고 유리나 받고 있고, 저는 아직도 부족하고 연약합니다. 용서하십시오' 하는 것이었고, 앰뷸런스를 타고 병원에 실려가는데 그 구급차에 친구 목사 두 사람이 같이 탔습니다. 처음에는 마음이 평안하더니 얼굴에 피가 흐르고 붕대를 감고 유리가 박혀 있는 것을 보는 순간에 걱정이 밀려오는 것입니다. '이제 큰일났네, 얼굴이 얼마나 다쳤을까?' 걱정이 되어서 친구 목사보고 "나 얼굴 무지하게 부서졌지? 얼굴 성형 수술 해야 되는 것 아닌가?" 하고 물었습니다. 그랬더니 친구가 아주 슬픈 표정으로 성형 수술은 1년이나 지나야 할 수 있다는 것입니다. '유리가 깊이 박혀 있으면 어떡하지?' 그런데 마음을 가다듬고 '이러면 안 돼, 하나님이 나를 유리를 통과할 때에도 지켜 주셨는데 뭐가 걱정이야?' 하고 감사하는데, 그때 마태복음 6장 33절이 떠오릅니다. "내일 일은 내일 염려할 것이요 한날 괴로움은 그 날에 족하니라" '아니, 지금 유리를 빼내는 것만도 걱정인데 성형 수술까지 걱정을 해? 그것은 나중에 하면 될 것이고, 또 만일 얼굴이 너무 험상궂으면 사람 만나지 말고 기도원에 들어가서 일주일 내내 기도하다가 주일날만 반짝 와서 설교하고 또 기도원에 들어가면 설교는 계속 좋아질 것 아닌가!' 하는 생각들이 교차했습니다. 그렇게 감사하고 갔는데, 지금 꼭 열흘이 지났는데 흉터도 없이 하나님께서 말끔히 치료해 주셨습니다. 이것이 자족하는 영성입니다. '얼굴 한쪽이 상처로 인하여 험하면 살색 반창고 붙이고 지내다가 나중에 엉덩이에서 살 떼어다가 수술하면 된다' 하는 이것이 자족의 영성입니다.

여러분, 빌립보서 4장 11~13절에, "내가 궁핍하므로 말하는 것이 아니라 어떠한 형편에든지 내가 자족하기를 배웠노니 내가 비천에 처할 줄도 알고 풍부에 처할 줄도 알아 모든 일에 배부르며 배고픔과 풍부와 궁핍에도 일체의 비결을 배웠노라 내게 능력 주시는 자 안에서 내가 모든 것을 할 수 있느니라"고 했습니다. 자족하는 마음을 가지라는 것입니다. '시드 미라클' (seed miracle)이라는 것이 있습니다. 기적의 요소들이라는 것입니다.

10년 전에 집사님 한 분이 저더러 운동을 하라고 러닝 머신을 하나 줬는데, 쓰지 않고 놔두었더니 녹이 슬었습니다. 이번에 일본에 갔다 와서 아침마다 밖에서 운동을 해야 되는데, 얼굴이 아직 안 나아서 붕대를 감은 상태이고 또 찬 공기를 쏘이면 안 되니까 러닝 머신을 수리해서 운동을 해보니 1시간씩 뛰는 것이나 똑같습니다. '시드 미러클(기적의 요소들)이 다 내게 있었구나' 생각했습니다. 여러분, 주방에서 쓰는 주걱도 잘만 사용하면 건강의 요소가 됩니다. 주걱질 그냥 하지 말고 아령처럼 몇 번 들었다 놓았다 하면서 해 보십시오. 기적의 요소들이 우리 주변에 다 있다는 것입니다. 예수님이 이 땅에 오실 때 무슨 호텔 짓고 태어난 것이 아니라 있는 그대로 마굿간에서 태어나셨습니다. 또 보리떡 다섯 개와 물고기 두 마리처럼, 지금 우리 주변에 하나님의 기적의 요소들이 엄청나게 주어진 줄로 믿습니다. 이 영성을 가지라는 것입니다.

2. 예수 중심의 영성

두 번째, 예수 중심의 영성입니다. 이 구유와 마굿간이 중요한 것이 아닙니다. 예수님이 거기서 태어나셔서 거기에 계시기 때문에 중요한 것입니다. 예루살렘이 왜 중요해졌습니까? 예수님이 거기서 태어나셨기 때문입니다. "유대 땅 베들레헴아, 너는 유대 고을 중에 가장 작지 아니하도다 거기서 다스리는 자가 나와서 유대 백성 이스라엘의 목자가 되리라"고 했습니다. 왜 유대가 세계의 중심이 되었습니까? 예수님이 거기에서 나셨기 때문입니다. 역사를 '히스토리'(history)라고 합니다. 히스토리는 '히스 스토리(his story), 즉 그의 이야기, 예수님의 이야기입니다. 거기서 A.D.와 B.C.가 갈라집니다. 역사의 중심에 바로 예수님이 계시다는 말입니다. 지금 2천 년은 언제로부터 2천 년을 말하는 것입니까? 예수님이 태어나신 때부터입니다. 그때로부터 2천 년이 되었다는 것입니다. 기독교가 카톨릭으로부터 갈라져 나온 해가 1517년인데, 그 전까지는 함께 신앙생활을 하다가 몇 가지가 다른 것이 있어서 갈라져 나온 것이 바로 우리 프로테스탄트, 개신교입니다. 개신교는 개혁을 주장했기 때문에 개혁교회라고도 합니다.

　개신교와 카톨릭이 갈라진 이유는 네 가지가 크게 달랐기 때문입니다. 루터가 볼 때에, 교회는 네 가지가 중심이 되어야 하는데, 즉 예수 중심, 성경 중심, 은혜 중심, 오직 믿음 중심이어야 하는데, 카톨릭이 거기서 벗어났더라는 것입니다. 예수님이 중심이 아니고 은근히 슬쩍 교황도 예수님과 같은 위치에 놓으려 하고, 오직 말씀 중심이어야 하는데, 성경만이 중심이 아니라 교황이 하는 말도 성경과 똑같이 취급하더라는 것입니다. 은혜나 믿음으로 구원받는 것이 아니라 헌금을 많이 하면 죄를 용서받기도 하고, 또 어떤 선행을 하면 믿지 않고 죽은 사람도 지옥에서 연옥으로 옮기울 수 있다는 교리를 내세운 것입니다. 이렇게 오직 예수, 오직 은혜, 오직 믿음, 오직 성경이 아니라 그 밖의 다른 것들도 중심이 되어 있자, 루터는 '이래서는 안 되겠다, 진짜 정통을 찾아야겠다'고 해서 나온 것이 개신교이고 바로 오늘날의 교회가 된 것입니다.

보십시오! 이단이나 잘못된 신비주의자들을 보면, 예수님이 계셔야 할 자리에 예수님 옆에 나란히 한 사람이 더 있습니다. 교주가 앉았다든지 기도원 원장이 앉았다든지, 그러면서 "여기만이 구원이 있다. 나에게 와야 은혜가 있다"고 주장을 합니다. 이것이 이단이고 신비주의이고 인본주의라는 것입니다. 이것이 우리 교회가 가장 경계해야 할 부분입니다. 새 천년 새 시대에 우리는 사람 중심, 인간 중심에서 탈피해야 합니다. 개인적으로 물질이 중심인 사람이 많습니다. 그리고 또 주일날 가정이 중심인 사람이 있습니다. 그 가게나 사업이 더 중요한 사람이 있습니다. 그래서 주일날 결혼식을 하면 예배 따위는 아무 문제가 없습니다. 예수 중심이 아닙니다. 잘 믿는 것 같아도 그것은 가정 중심이요, 물질 중심이요, 자기 중심이요, 인간 중심입니다. 세상 중심이라고 할 수 있습니다.

우리 교회가 사는 길과 우리가 사는 길이 어디 있습니까? 만일 사람 중심이 되면, 결국은 물질도 없어지고 자기도 부서지고 공동체도 망합니다. 결국은 교회가 깨지는 것입니다. 분열되는 교회를 보십시오. 인간 중심이면 부서지게 되어 있습니다.

그런데 예수 중심인 교회, 예수 중심인 가정, 예수 중심인 심령이 되었을 때에는 두 가지 축복이 옵니다. "지극히 높은 곳에서는 하나님께 영광이요 땅에서는 기뻐하심을 입은 사람들 중에 평화로다" 예수 중심일 때 하나님께 영광이 돌아가고 땅에는 평화가 옵니다. 사람이 중심이 되어 보십시오. 하나님께 돌아갈 영광을 사람이 다 가로채 버리니까 그 밑에 있는 공동체가 다 분열되고 쪼개진다는 것입니다.

여러분! 무슨 일을 하든지 우리 교회, 우리 가정, 우리 집의 중심은 예수 중심이 되어야 합니다. 우리 제일교회 당회가 그래도 이 긴 세월 동안 이렇게 평화로운 것은 당회에 대한 제 신념의 표어 하나가 있습니다. '하나님이 좋으시면 나는 언제나 좋다' 는 것입니다. 내가 이 교회 중심이 아니라 하나님이 중심이니까 하나님만 좋으면 우리는 무엇이든지 해도 좋다는 것입니다.

19일날 미국 콜로라도 주 루이스빌에서 서른한 살 먹은, 임신 8개월의 임산부가 남편하고 같이 트럭을 타고 가다가 남편이 그만 제방을 들이 받는 바람에 같이 탔던 임산부 부인이 트럭 유리를 박차고 3미터나 튕겨져 나와 세상을 떠나게 된 사건이 있었습니다. 그런데 밖으로 튕겨져 나오면서 임신 8개월이나 된 불룩한 임산부의 배가 차의 유리문 밑에 있는 엔진 쪽을 받아 배가 터져서 그 충격으로 태아가 자궁으로부터 빠져 나왔습니다. 핏덩이 8개월 된 태아가 영하 10도 날씨에 어머니 자궁 밖으로 나오게 된 것입니다. 중학교 다니는 학생이 시멘트 바닥에 떨어져 있는 아기를 보고 달려가 담요로 그 막 태어난 아기를 감쌌습니다. 곧이어 앰뷸런스가 오고 경찰이 와서 보니까 산모는 즉사했는데 아기가 아직도 탯줄이 달려 있는 것입니다. 그래서 칼로 그 탯줄을 잘랐더니 아기가 울기 시작합니다.

그렇게 해서 그 아기를 살렸습니다. 그런데 그 아기 바로 옆에 성경책이 펼쳐져 있는 거예요. 아마도 사고 당시 임산부가 성경을 보고 있었거나, 아니면 적어도 그 아기의 부모가 예수 믿었던 것이 확실합니다. 그 산모가 죽음 직전에도 하나님께 "하나님, 나는 괜찮아요, 이 아기를 살려 주세요" 하고 모성애로 가득 찬 기도를 하지 않았을까 생각됩니다. 어쨌든, 그 기도를 하나님이 들으셨던지 그 아이가 살아났습니다. 이것은 힘겨운 세상을 살아가고 있는 우리들에게 희망을 줍니다. 비록 어른은 하나님이 데려가셨지만 그 영하 10도가 넘는 빙판에서 그 어린 생명을 하나님이 살리셨습니다. 그 살아난 생명 옆에는 성경이 있었습니다.

여러분, 우리는 예수 중심으로 살아야 됩니다. 말씀 중심으로 살아야 됩니다. 우리는 어떤 일이 생길지 모릅니다. 어떠한 경우에도 우리는 예수님 중심에서 벗어나서는 안 됩니다.

3. 아가페의 영성

마지막으로, 아가페의 영성입니다. 이 아가페는 하나님이 우리를 사랑해서 외아들을 주셨다는 것입니다. 신학교에 다니는 여자 교수인데, 아주 당찬 여자 교수가 '평화'에 대한 논문을 썼습니다. 그는 아가페 부분을 해설하는 부분에서 목사님들과 한국교회에 부탁을 했습니다. '아가페'를 '사랑'으로 번역하지 않았으면 좋겠다는 것입니다. 아가페를 사랑이라고 번역하니까 '아가페'의 가치가 너무나 손상된다는 것입니다. 우리나라에는 사랑이 한 단어밖에 없습니다. 유부남을 사랑해도 사랑, 유부녀를 사랑해도 사랑, 부모가 자식을 사랑해도 사랑, 할아버지가 손자를 사랑해도 사랑, 모두가 사랑이니까 사랑의 개념이 희석되어서 하나님의 사랑도 '아, 그거' 하게 되고, 유부남, 유부녀의 비정상적인 사랑이나 다를 바가 없게 된다는 것입니다.

그런데 헬라어의 사랑은 한 가지 뜻이 아닙니다. 아가페, 에로스, 필레오. 그것은 사랑의 의미가 각기 다릅니다. 육체적인 사랑을 '에로스'라고 하고, 친구의 사랑, 형제간의 사랑을 '필레오'라고 하고, 이타적인 사랑을 '아가페'라고 합니다. 그래서 이 젊은 여자 신학자가 '아가페'는 그대로 '아가페'로 쓰자고 제의합니다. 제가 그걸 읽고 '참 좋은 발언이다' 생각했습니다. 이 아가페는 "하나님이 세상을 이처럼 사랑하사 독생자를 주셨으니 이는 저를 믿는 자마다 멸망치 않고 영생을 얻게 하려 하심이라"(요 3:16)고 할 때에 사용하는 '사랑'의 의미입니다. 마굿간에 주신 하나님의 사랑이 진정한 참사랑, 아가페입니다. 저는 이 아가페의 사랑을 "나는 백 번 태어나도 이 사랑을 받을 수도 없고 만날 수도 없네"라고 말합니다. 우리가 지금 그 사랑을 받은 줄로 믿습니다. 어디에 가서 하나님의 이 같은 사랑을 받을 수가 있겠습니까? 이 사랑은 오직 하나님께만 받는 것입니다. 그런데 이 아가페란 것은 공생공존, 즉 너도 살고 나도 사는 것은 사랑이 아닙니다. 아나니아와 삽비라 같이 부인도 살고 남편도 사는, 이렇게 서로 짜 가지고 하나님 앞에 와서 너도 살고 나도 사는 공생 공존이 아닙니다. 이것은 하나의 재앙이지 사랑이 아닙니다. 교회에서 너도 살고 나도 살고, 목사님도 살고 장로님도 살면, 이것은 사랑이 아닙니다. 이것은 야합이라는 것입니다.

그러면 아가페란 무엇입니까? 희생이고, 죽는 것입니다. 그냥 주어 버리는 것입니다. 하나님이 자기 외아들을 세상에 던져 내어주어 버리는 것입니다. 저는 "아들을 아끼지 아니하시고 내어주시는 이가 어찌 그 아들과 함께 모든 것을 은사로 주지 않겠느냐"는 로마서 8장 32절을 굉장히 소중하게 생각합니다.

하나님이 아들도 던져서 주어 버리셨습니다. 우리에게 무얼 요구하면서 주신 것이 아니라 무조건적으로 주셨습니다. 아들도 조건 없이 그냥 주신 하나님께서 어찌하여 모든 것을 조건 없이 주시지 않겠느냐는 것입니다.

우리가 영의 눈을 뜨고 보면 베들레헴은 떡집이라는 것입니다. 그리고 구유는 음식을 제공하는 식탁입니다. 그리고 예수님이 입고 있는 그 강보는 수의로 볼 수 있습니다. 또한 구유가 꼭 나무로 짠 관과 같습니다. 그래서 많은 사람들은 예수님의 구유를 단순하게 보지 않습니다. 영성을 가진 사람들은 이것을 십자가로 보고 '예수님이 태어날 때부터 미천하게 태어나셔서 십자가를 지셨네'라고 합니다. 입고 계신 옷은 단지 옷이 아닙니다. 강보가 아닙니다. 예수님이 마지막에 장사를 지낼 수의입니다. 황금은 단순한 금덩어리가 아닙니다. 피난하실 때 주님 노잣돈으로 쓰실 돈입니다. 또 왜 갓난아이에게 몰약을 가지고 옵니까? 그 몰약은 시체에 바를 때 쓰는 약입니다. 아가페는 그냥 주는 것입니다. 예수님이 십자가에서 죽으실 때 너도 살고 나도 살자고 하신 것이 아닙니다. 예수님은 죽고 우리만 살려 낸 것입니다.

여자 선교사 한 분이 아프리카에 갔는데, 열여섯 살 먹은 소년 하나가 크리스마스 때 - 아프리카 크리스마스는 더울 때입니다 - 아주 험한 골짜기에 가서 목숨을 걸다시피 해서 아주 희귀한 꽃을 꺾어 와서 크리스마스 선물로 선교사님에게 주었습니다. 그래서 그 선교사님이 그 꽃을 받고 "애야! 나에게 이 꽃을 주려고 그렇게 어렵고 험한 길을 갔다 왔느냐"고 했더니 이 흑인 학생은 "선교사님, 꽃도 선물이지만요 멀고 험한 길을 갔다가 오는 것도 선물이에요"라고 말합니다. 선물은 물건 자체만이 아니라 멀고 험한 길을 갔다가 오는 것도 선물이라는 것이지요. "선교사님이 우리에게 예수 전하기 위해서 비행기 타고 물 건너 강 건너 먼 곳까지 오셨잖아요."

저는 이 선교사의 감동적인 편지를 읽다가 '그래, 하나님이 하늘에서 이곳에 오신다는 것은 너무 먼 곳을 힘들게 오신 거야' 생각하고는 감사한 마음이 솟구쳐 올랐습니다. 내가 짐승이 된다는 것은 아주 불가능한 먼 거리입니다. 너무 멀어서 내가 짐승이 될 수가 없습니다. 그런데 하나님은 그 먼 거리를 오셨다는 것입니다. 모든 것을 다 버리고 이 땅에 오셨다는 것입니다. 주님 자신의 몸을 주신 것도 엄청난 선물이지만 그 자신이 하나님의 옷을 벗어버리고 인간의 몸을 입고 우리에게 아가페로 오셨다는 것은 더 큰 선물입니다.

석 달 전에 제가 인천에 부흥회를 갔던 교회가 성전 건축하다가 부도가 나서 짓던 교회가 은행에 넘어 갔는데 이자는 탕감해 주는 대신에 원금만 헌금 나오는 대로 갚으라고 해서 목사님 사모님이 사택을 다 정리해서 은행 빚 갚는데 보태고 다락방 5층에서 생활을 합니다. 그런데 그 다락방이 지붕과 가까이 있기 때문에 여름에는 굉장히 덥습니다. 그래서 극심하게 고생하는 그 교회 목사님과 사모님을 보고 돌아와 그 설교를 우리 교회에서 했는데, 그때 어떤 집사님 한 분이 저에게 그 교회의 건축을 헌금으로 돕겠다고 약속을 했습니다. 그런데 석 달이 지났는데도 아무런 소식이 없길래 '약속만 해놓고 안 하는가 보다' 했는데, 지난 금요일에 오백만 원을 가지고 왔습니다. 석 달 동안 이 돈을 어렵사리 만들어서 가져왔으니 보내달라고 하길래, 제가 주소와 온라인 번호를 알려 주면서 직접 가서 송금하라고 했습니다. 그랬더니 얼마 안 가서 그 교회 사모님에게서 전화가 왔습니다. 십자가 종탑 만들 돈을 주어야 하는데 못 주어서 어떡하면 좋을까 했는데 오백만 원이 송금이 되어 그것으로 십자가 종탑 제작비를 갚게 됐다고 하면서 감사하다고 합니다.

그런데 헌금을 한 그 집사님이 미국 시민권을 가지고 있습니다. 저에게 돈을 가지고 와서 상담을 하면서 자기 몸의 어떤 부분에 종기가 났는데, 이것이 나았다가 또 생기고, 나았다가 또 생겨서 자기가 아는 병원에 가서 사진을 찍었더니 사진에는 이상이 없는데, 암인지 모르니까 조직검사를 받아야 한다고 하더랍니다. 그런데 그것을 받지 못했다는 것입니다. 왜 받지 않았느냐고 물었더니, 자기는 미국 시민권자라 미국에는 보험이 있지만, 한국에는 보험이 없어서 비쌀 것 같아서 조직검사를 받지 않았다는 것입니다. 제가 그렇게 비싸지는 않을 거라고 하면서 십만 원에서 이십만 원 정도면 될 거라고 했더니, 자기에게는 그게 큰돈이어서 보험이 없이는 받지 못한다고 하는 것입니다. 그래서 제가 우리 교회 집사님이 운영하는 종합병원에 전화를 해서 "이 사람이 신앙은 좋은데 돈은 별로 없는 사람이고 보험이 없으니까 사진도 찍지 말고 살만 떼어 내서 조직검사를 하되 최소한으로 싸게 해 줄 수 있느냐"고 했더니, 돈이 문제냐고 하면서 무조건 보내시라는 것입니다. 그랬더니 이 집사님이 목사님을 만나서 이렇게 싸게 할 수 있게 되었다고 하면서 무척 고마워하는 것입니다. 집사님을 보내놓고 가만히 생각해 보니 '아이러니'라는 말이 떠올랐습니다. '남을 돕는 데 오백만 원을 주고 또 오백만 원을 더 돕기로 해서 천만 원이나 되는 돈을 남을 돕는 데 쓰는 사람이 암인지도 모르는 자신의 몸을 검사하는 데 십만 원이 아까워서 어떻게 할까 망설이는 그 집사님의 마음을…. 여러분, 이것이 아가페라는 것입니다. 자기 자신을 위해서 인색하고 아끼는 대신에 뜻 있는 곳에 주님께 드리고 남을 돕는 데는 아까운 마음이 하나도 없는 이것이 바로 아가페입니다.

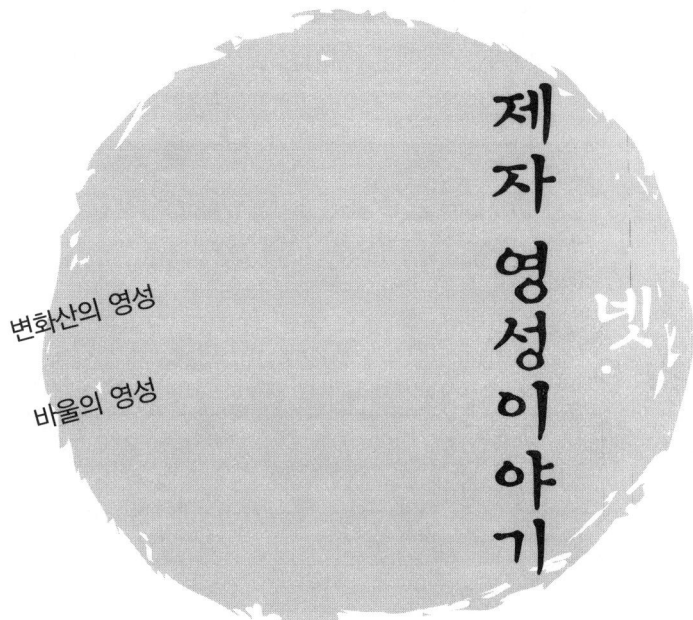

제자 영성이야기

넷·

변화산의 영성

바울의 영성

변화산의 영성

"엿새 후에 예수께서 베드로와 야고보와 그 형제 요한을 데리시고 따로 높은 산에 올라가셨더니 저희 앞에서 변형되사 그 얼굴이 해 같이 빛나며 옷이 빛과 같이 희어졌더라 때에 모세와 엘리야가 예수로 더불어 말씀하는 것이 저희에게 보이거늘 베드로가 예수께 여짜와 가로되 주여 우리가 여기 있는 것이 좋사오니 주께서 만일 원하시면 내가 여기서 초막 셋을 짓되 하나는 주를 위하여, 하나는 모세를 위하여, 하나는 엘리야를 위하여 하리이다 말할 때에 홀연히 빛난 구름이 저희를 덮으며 구름 속에서 소리가 나서 가로되 이는 내 사랑하는 아들이요 내 기뻐하는 자니 너희는 저

사람은 누구나 정상에 서고 싶어 합니다. 운동하는 사람은 세계에서 최정상임을 공인 받는 금메달을 따고 싶은 것이고, 사업을 하는 사람은 그 분야에서 최정상의 자리에 오르고 싶은 것이고, 정치하는 사람은 대통령 한 번 해 보고 싶은 것이 솔직한 바람일 것입니다. 그와 마찬가지로 우리 예수 믿는 사람들은 이 땅에서 하나님을 섬길 때에 그분이 우리에게 주시는 믿음의 큰 열매를 맺고 싶어 합니다.

예수님이 특별히 사랑하신 세 제자인 야고보와 베드로와 요한을 데리고 산에 오르셨습니다. 그런데 갑자기 예수님의 얼굴이 해같이 빛나며 옷이 빛과 같이 희어져 변형되었는데, 그때 거기에 모세와 엘리야가 나타나서 예수님과 더불어 말씀을 하십니다. 베드로가 그것을 보고 너무 황홀해서 "주여 우리가 여기 있는 것이 좋사오니 주께서 만일 원하시면 내가 여기서 초막 셋을 짓되 하나는 주를 위하여, 하나는 모세를 위하여, 하나는 엘리야를 위하여 하리이다"(4절)라고 말합니다. 그 말이 끝나자마자 엘리야와 모세가 사라져 버리고 예수님 외에는 아무도 보이지 않게 됩니다.

후세 사람들이 이 산을 가리켜 '변화산'이라고 불렀습니다. 예수님이 이 변화산에서 제자들에게 체험하게 하신 영성은 최정상의 영성입니다. 저는 남쪽 한라산의 제일 높은 곳에 올라가 보았고, 특별히 시내산도 두 번이나 올라가 보았고, 몽블랑 산도 올라가 보았습니다. 역시 정상에 올라가 보면 무엇인가 이 땅에 있는 것과 다른 것이 있습니다. '아! 내가 여기까지 올라왔구나' 하는 성취감과 최정상에 도달했다는 자부심이 생깁니다. 그 감격과 기쁨은 그 어떤 말로도 다 표현할 수 없습니다. 그러면 우리가 회복해야 할 변화산의 영성은 어떤 영성입니까?

1. 체험의 영성

첫 번째, 체험의 영성입니다. 기독교인에게 체험은 아주 중요한 것입니다. 만일 우리 기독교가 2천 년의 역사 동안에 살아계신 하나님을 체험하지 않았더라면 교회는 벌써 다 무너져 버리고 말았을 것입니다. 하나님은 마치 바람과 같아서 보이지는 않지만, 나뭇가지가 흔들리는 것을 보면서 '바람이 불고 있구나' 하고 아는 것처럼 영적 체험은 우리로 하여금 하나님의 살아 계심을 깨닫게 해줍니다. 모세는 예수님 태어나시기 전 1500년 전에 죽은 사람입니다. 또 엘리야 역시 예수님 태어나시기 전 900년 전에 불병거를 타고 하늘로 승천한 사람입니다. 예수님이 갑자기 해 같은 모습으로 변형되면서 제자들에게 보여주신 변화산의 체험은 곧 최정상의 영적 체험을 가진 것을 의미합니다. 거기에서 과거, 현재, 미래를 동시에 보았습니다. 1500년 전의 모세, 900년 전의 엘리야, 앞으로 영광의 모습으로 다시 오실 예수님, 이렇게 과거, 현재, 미래를 동시에 체험했습니다. 그러면 왜, 무엇 때문에 주님이 이러한 영적인 체험을 보여 주셨느냐는 것입니다. 영적인 신령한 체험은 우리로 하여금 오직 하늘의 것을 택하도록 결단하게 합니다. 제가 병이 들어서 교회에 처음으로 나갔을 때 주님이 예배 체험을 주셨는데, 처음 신앙생활을 할 때니까 몸도 좋지 못하고 또 말씀의 은혜도 잘 모를 때라 몸이 조금만 아파도 교회엘 가고 싶지 않습니다. 그런데 만일 제가 교회에 가지 않으면 일주일 동안 죽음과 같은 고통에 시달립니다. 그때 예배란 것이 저는 내 몸 그대로 드리는 것이다는 것을 깨달았습니다. 병들면 병든 대로, 약하면 약한 대로, 가난하면 가난한 대로 이 몸을 주님 제단에다 드리는 것이다' 하고 아파도 교회 맨 뒷자리에 앉았다 오면, 그 한 주간 동안 건강을 붙들어 주셔서 살 수 있었던 것을 체험하였습니다. 그래서 제가 죽더라도 예배를 드리다 죽겠다 생각하고 모든 예배 시간마다 목숨 걸고 참석했는데, 그것이 오늘 우리 교회의 영성, 곧 예배의 영성이 되었습니다. 만일 우리가 예배를 드리지 않으면 우리의 영적 생명은 그것으로 끝납니다.

우리 학교 선배되는 여자분이 헌금 시간에 특별 찬송을 했는데 "너 근심 걱정 말아라 주 너를 지키리, 어려운 시험 당해도 주 너를 지키리" 하는 찬송이었습니다. 시편 22편에 보면, "찬송 중에 거하시는 하나님은 거룩하시도다"라는 말씀이 있는데, 저는 그 찬송 속에서 하나님을 처음으로 만났습니다. 그리고 일평생 동안 그 찬송을 통해 하나님은 저를 만나 주고 계십니다. 주님은 그 날 이후로 지금까지 저를 지켜 주고 계십니다.

또 말씀 속에서 저는 은혜를 받았습니다. 중학교 1학년 때, 한 친구가 저를 전도하려고 찾아왔습니다. 교회엘 무엇 때문에 가느냐고 했더니, 교회에 와서 웅변을 한번 해 보라는 것입니다. 그래서 제가 웅변 내용이 뭐냐고 물으니까 "태초에 하나님이 천지를 창조하시니라"만 하면 된다는 것입니다. '그거야 문제 없지. 5분짜리 원고도 다 외워서 하는데 그깟 태초에 하나님이 천지를 창조하시니라를 못하랴' 싶어서 하겠다고 하고, 주일 밤에 난생 처음 교회를 갔습니다. 그 날이 중등부 헌신예배였는데, 예배가 끝난 다음에 회원들 이름을 한 사람씩 부르면 나가서 그 요절을 외우는데 저는 열한 번째 순서였습니다.

제가 '웅변은 이것이다' 하는 것을 보여 주려고 "태초에" 했는데, 거기까지는 잘 나갔는데 그 다음이 생각이 나질 않는 것입니다. 그래서 한 옥타브를 내려서 해도 생각이 안 나고, 조그만 소리로 "태초에" 해도 생각이 나질 않았습니다. 그러자 애들이 웃는 바람에 제가 그 길로 도망쳐 나왔지 않습니까! 그리고 나서 스무 살에 그 교회에 다시 나가서 구원을 받았습니다. 그 동네가 피난민이 모여사는 피난민 동네입니다. 교회에 나간 지 얼마 되지 않아 피난 오다가 삼팔선을 넘으면서 포탄을 맞아서 한쪽이 불구가 된 내 친구 인권이 어머니가 오그라진 손으로 성경을 들고 와서 "내가 나이가 들어서 눈도 어두워 잘 보이지 않는다. 네가 살려고 교회에 왔구나. 네가 이 성경을 읽으면 좋겠다"고 하면서 가슴에다 성경을 안겨주었습니다. 성경을 받으면서 너무 뜨거운 사랑을 느끼고 집에 와서 열어 보니까, 세상에 첫 장을 여니 "태초에 하나님이 천지를 창조하시니라"가 있더라구요. '이것 때문에 내가 얼마나 창피를 당했나?' 하는 생각을 하면서 그 때부터 지금까지 성경을 줄기차게 35년째 읽어왔고 말씀을 전하고 있습니다. 저는 말씀을 그 때에 체험한 것입니다. 그 후 말씀을 의심해 본 적이 한 번도 없습니다.

교회에 처음 나갈 때니까 아무래도 헌금하라고 하면 부담스럽고, 십일조 · 감사 · 구제하라고 하면 굉장히 마음에 부담이 생기고 그랬습니다. 그래서 처음에는 십일조를 하다가 말다가 했습니다. 그런데 이상하게도 십일조를 하다가 말아 버리면 꼭 그 주간에 무슨 손해가 나는 일이 생기는 것입니다. '야, 그것 참 이상하다' 하고 십일조나 구제나 감사나 무슨 헌금이든지 교회에서 하자고 할 때 하고 나면, 3일도 안 가서 그보다도 열 배나 더 채워지는 신기한 체험을 주시더라는 것입니다. 그래서 일생 동안 하나님께 바칠 수 있는 은혜를 주셨습니다.

그리고 무엇보다도 영적인 체험을 주셨습니다. 예배당에 가서 매일 저녁 7시부터 새벽까지 기도했더니, 어느 날인가 혀가 꼬부라지면서 이상한 소리가 나오는 것입니다. 처음엔 '우울프' 하는 소리가 나더니, 곧이어 기차 떠나는 소리가 나고, 그러다가 마지막에 가서 느닷없이 "아킬라미스미클라아발라타파" 하면서 입에서 이상한 말이 마구 터져 나오는데, 알고 봤더니 그것이 바로 성령 충만한 데서 나오는 '방언'이었습니다. 그렇게 기도를 하다 보니 새벽 2시까지 7시간을 기도했는데도 5분도 안 한 것같이 느껴집니다. 시간의 개념이 없어져 버리고 기도가 하나도 지루하지 않았습니다. 그리고 성경을 읽는데 그 구절구절이 심부에 꽂히고 자기도 모르는 사이에 암기가 됩니다. 성령의 충만함을 받으니까 하나님이 살아 계시고, 하나님이 날 사랑하시는 것을 머리로 알다가, 지식으로 알다가, 마침내 가슴으로 알게 되는 것입니다. '하나님이 날 사랑하네, 나 같은 것을 이렇게 사랑하네, 이런 은혜를 주시다니…'

여러분, 돈 100억 받는 것보다 아니, 1,000억을 받는 것보다 성령의 충만함을 받을 때, 그때 그 기쁨은 그런 것과는 비교할 수가 없습니다. 성령 충만을 받게 되면 죽었다가 깨어나도 죄를 못 짓습니다. 성령 충만할 때 죄짓는 사람을 보면 그렇게 불쌍해 보일 수가 없습니다. '저 사람이 얼마나 성령을 받지 못했길래 저렇게 죄를 짓고 다니는가' 하고 안타깝기 그지없습니다. 성령 충만을 받으면 죄를 지을 수가 없습니다. 악한 마음을 가질 수가 없고 세상의 모든 가치가 휴지 조각같이 느껴집니다. 그리고 거기서 결정적으로 주의 종이 되겠다는 결심이 오는 것입니다. 왜냐하면 세상의 공무원이나 그 어떤 직업이든지 주를 위해서 사는 것보다는 가치가 없다고 느껴지기 때문입니다. 저역시 그때 주의 종이 되겠다는 결단이 섰습니다.

제가 제 아내에게 프로포즈를 할 때 자신이 있었습니다. 왜냐하면, 그때 우리 교회에 성령의 바람이 불어와 처녀들이 예언을 하고, 환상을 보고, 방언을 하고, 말씀이 꿀송이 같이 달아 성경을 읽었다 하면 두 시간 세 시간을 읽고, 철야를 했다 하면 밤새도록 철야를 하고, 밥도 먹지 않고 금식하는, 그런 성령의 바람이 우리 교회에 불어올 때였습니다. 그때 저의 아내가 성령을 체험했다고 하길래 두말 않고 결혼하자고 했습니다. 성령을 체험한 사람이면 됐지, 사람이 조금 못났으면 어떻고 또 잘났으면 어떠냐 싶어서 그냥 결혼했습니다. 이것이 다 성령의 체험으로 인한 것이었습니다.

그리고 또 고난의 체험이 있습니다. 사도 바울이 간질병에 걸려 복음을 전하다가 쓰러지곤 했는데, 고린도전서 12장에 보면, 그가 삼층천에 올라갔었다고 했습니다. 첫째하늘, 둘째하늘, 셋째하늘이 있는데, 그 맨 위 셋째하늘까지 보고 왔다는 것입니다. 첫째하늘은 새들이 날아다니는 하늘이고, 둘째하늘은 우주 공간이고, 셋째하늘은 무중력 상태입니다. 셋째하늘은 하나님 나라, 즉 영적인 나라를 가리키는데, 셋째하늘까지 올라갔다가 온 다음에 그의 의식이 어떻게 바뀌어졌는가 하면, 그 전에는 간질병을 고쳐 달라고 자꾸 하나님께 기도를 했지만 그것을 보고 온 다음에 "내 은혜가 네게 족하다"는 고백으로 바뀌었습니다.

저는 바울보다는 못하지만 이와 비슷한 체험과 고난과 핍박의 체험을 여러 번 했습니다. 전도사로 복음 전할 때 핍박을 많이 받았습니다. "너나 건강하지 무슨 전도를 하러 다니느냐"는 말도 들었고, "야, 네가 뭔데 나에게 전도하느냐"고 욕을 먹을 때도 있었습니다. 전도하다가 그런 소리를 들으면 왠지 자신이 없어지고 힘이 쭉 빠집니다. 사택에 들어와서 "주님" 하고 엎드려 있으면 등기 우편이 오는데 그 속에는 돈이 들어 있었습니다. 학비를 하라고 독일에서도 오고 다른 데서도 오는 것을 체험하였습니다. 예수를 위해 핍박 받는 자가 하늘에 상이 있다고 하더니, 신학생에게 제일 중요한 것이 무엇이겠습니까? 아무래도 학비가 중요하고 생활비가 중요합니다. 그래서 어떤 때는 등기 우편이 오지 않을 때에는 '누가 나 좀 안 괴롭히나?' 하는 생각까지 들었습니다. 누구에게든 핍박받았다 하면 꼭 어디에서 등기 우편이 옵니다. 하나님이 물질로 우리를 위로해 주십니다. 이것이 영적인 체험입니다.

왜 영적인 체험이 필요하고, 왜 변화산에서 예수님이 과거, 현재, 미래를 볼 수 있는 놀라운 영적인 체험을 베드로와 야고보와 요한에게 보여 주셨습니까? 그 이유는 그리스도인에게 영적 체험은 최정상의 체험이기 때문에 그렇습니다.

솔로몬은 세상의 체험을 많이 한 사람입니다. 우리는 보통 일생동안에 한 명의 여자밖에 체험하지 못하지만 솔로몬은 천 명의 여자를 체험했습니다. 그는 왕관을 쓰고 세계에서 제일 가는 권세와 명예, 여자, 물질, 술, 그밖의 세상의 모든 체험을 하고 나서, 그가 마지막에 고백한 것은 "헛되고 헛되며 헛되고 헛되니 모든 것이 헛되도다"라고 했습니다. 그러면 무엇이 헛되지 않은가? 하나님을 경외하는 것, 하나님을 만나는 것, 하나님을 체험하는 것, 이것만이 진짜이고 나머지는 다 헛것이라는 것입니다.

혹시 우리 중에 돈을 많이 벌어서 정상에 올라가보고 싶다거나 큰 명예나 권력을 얻고 싶어 하는 사람이 있다면 솔로몬에게서 배워야 합니다. "헛되고 헛되니 모든 것이 헛되도다" 솔로몬보다 더 많은 영광을 얻은 사람이 있습니까? 그러나 그런 것은 모두 헛되다고 솔로몬은 탄식합니다. 우리가 영적인 신령한 세계에 깊이 들어가면 세상은 아무것도 아니고 하나님만이 진짜요 최정상에서 만날 수 있는 분이라는 것을 알게 됩니다.

2. 예수 영성

두 번째, 예수 영성입니다. 얼마나 좋고 황홀했으면 여기가 좋사오니 초막 셋을 짓고 예수, 엘리야, 모세를 위해서 한 칸씩 드리겠다고 했겠습니까? 여기에 문제가 있습니다. 신령한 체험, 영적인 체험을 많이한 사람의 문제는 그 체험자체에 빠질 수 있다는 것입니다. 모세와 엘리야가 살아온 것을 보고 제자들의 눈에 예수는 보이지도 않았습니다. "여기가 좋사오니, 초막 셋을 짓겠다"고 했을 때, 그 말이 떨어지자마자 갑자기 모든 것은 사라져 버리고, 오직 보이는 것은 예수밖에 없었습니다. 우리는 정말 어느 때는 엘리야나 모세가 예수보다 더 화려하게 보일 수도 있었고 더 가치 있게 보일 수도 있다는 것입니다. 어느 때는 돈과 쾌락과 명예가 예수보다 더 매력적일 때가 있다는 것입니다. 주의 날, 이 거룩한 성일보다 세상에 나가서 함께 뒹굴며 노는 것이 더 좋을 때가 있다는 것입니다. 예수 믿는 청년보다도 예수는 전혀 믿지 않지만 세상적인 조건을 갖춘 사람이 더 좋아 보일 수도 있다는 것입니다. 그런데 하나님은 "사랑하는 자들아, 너희에게는 오직 예수뿐이다"라고 말씀하십니다. "이는 내 사랑하는 아들이요 내 기뻐하는 자니 너희는 저의 말을 들으라"(5절)고 하십니다. "너희를 결정적으로 지켜 줄 사람은 엘리야나 모세가 아니고 너를 정말로 지켜 줄 사람은 예수뿐이다"라는 것입니다.

우리가 세상을 떠날 때 처나 자식들을 맡기고 떠날 사람은 엘리야나 모세가 아니라 예수뿐입니다. 명예를 물려주면 그 자식들이 명예로워집니까? 회사를 물려주면 그들이 영원히 그 산업을 지킵니까? 아니라는 것입니다. 정말로 우리가 죽을 때에 처나 자식을 마지막으로 부탁할 분은 예수밖에 없습니다. "주님, 나는 이제 갑니다. 이 자식들과 내 남편과 내 처를 부탁하고 갑니다." 엘리야나 모세에게 부탁하는 것이 아니라 예수님께 부탁해야 한다는 것입니다. 내가 결정적으로 쓰러졌을 때 나를 위로하고 일으켜 줄 사람은 예수밖에 없습니다.

세상 사람들이 다 나를 떠나도 내 곁에 계실 분은 주님이십니다. 세상에 모든 것을 가지고 있으면 그것이 전부인 줄 알지만 엘리야나 모세는 예수의 들러리밖에 안 됩니다. 예수는 신랑입니다. 만일 예수가 보물이라면 엘리야와 모세는 액세서리밖에 안 되는 것입니다.

우리는 자칫 잘못하면 욥의 영성을 잃어버릴 수 있습니다. 욥의 영성이 무엇입니까? '오직 예수'입니다. "주신 자도 여호와시요 취하신 자도 여호와시오니 여호와의 이름이 찬송을 받으십시오" 하는 것입니다. 하박국의 영성이 무엇입니까? "무화과나무가 무성치 못하고 포도나무에 열매가 없고 감람나무에 소출이 없어도 밭에 채소가 없고 우리에 양도 없고 외양간에 소가 없어도 나는 여호와로 인하여 기뻐하고 구원의 하나님을 인하여 기뻐하리로다" 그들의 영성은 한결같이 예수의 영성이었습니다. 바울의 영성이 무엇입니까? "속이는 자 같으나 보라 우리가 참 되고 무명한 자 같으나 유명한 자요 죽은 자 같으나 보라 우리가 살고 징계 받는 자 같으나 우리가 죽임을 당치 아니하고 근심하는 자 같으나 항상 기뻐하고 가난한 자 같으나 모든 사람을 부요케 하고 아무것도 없는 자 같으나 모든 것을 가진 자로다"

아무것도 없는 자 같아도 예수를 가졌으면 다 가졌다는 것입니다. 만일 예수만 똑바로 믿고 있으면 그는 모든 것을 다 가진 사람입니다. 여기서 우리는 엘리야나 모세, 즉 변할 수 있는 작은 것, 그것에 관심을 가지다가 진짜 예수를 잃어버릴 수 있다는 교훈을 받아야 합니다. 작은 것을 바라보다가 큰 것을 놓치면 안 된다는 것입니다.

어떤 처녀가 약점이 있었습니다. 어렸을 때 엄마가 실수로 냄비의 국물을 쏟아서 다리에 큰 흉터가 생겼습니다. 처녀에게 그런 흉터는 결정적인 것이지요. 각선미를 자랑하고 싶어도 흉터 때문에 자랑할 수 없어서 항상 양말을 신고 다니는데, 피부 색깔과 똑같은 양말을 항상 신고 다녔습니다. 그런데 그 여자가 좋은 남자를 만나서 결혼 약속을 하고 차마 그 약점을 말하지 못한 채 결혼을 했는데, 남편이 왜 양말을 신고 잠을 자느냐고 첫날밤에 물으니까 양말을 신고 자는 것이 건강에 좋다고 둘러 댔습니다. 남편이 그런 줄로만 알고 첫날밤을 지냈는데, 두세 달이 지나도 아내가 계속 양말을 신고 자니까 이상하게 여겼습니다. 이것을 숨기고 살자니 마음이 너무 괴로워서 이 비밀을 털어놓기로 마음먹고 남편에게 맨 정신으로는 말을 못 할 것 같아 소주 한 병을 사다놓고 남편과 마주앉아 먹습니다. 남편이 마지막까지 못해주면 그냥 이혼해 버리겠다고 작정하고 술을 두세 잔 마셨습니다. 그러자 술기운 때문인지 용기가 생겼습니다. 양말을 확 벗어서 그 다리를 보여 주면서 "나, 이런 여자다. 어렸을 때 부모가 실수해서 다리에 흉측한 흉터가 있는 여자다"라고 하면서 그게 싫으면 이혼을 해도 좋다고 말합니다. 그랬더니 남편이 그 흉터를 가만히 들여다보더니 빙긋이 웃으면서 "여보, 당신은 내 아내야. 흉터가 있다고 내 아내가 아니냐? 당신은 흉터가 있어도 내 아내, 흉터가 없어도 내 아내야, 우리는 부부야. 서로 사랑하고 살아갈 부부야. 그것 가지고 그렇게 고민을 했어?" 하고 말합니다. 그때 그 여자가 남편의 품에 안기는데 술 한 잔을 먹었겠다, 그냥 으스러지도록 껴안았습니다. 그리고 남편이 너무 감사해서 엉엉 울었습니다.

저는 이 기사를 읽으면서 로마서 5장 10절에 있는, "곧 우리가 원수 되었을 때에 그 아들의 죽으심으로 말미암아 하나님으로 더불어 화목되었은즉 화목된 자로서는 더욱 그의 살으심을 인하여 구원을 얻을 것이니라"는 말씀을 떠올렸습니다. 우리가 원수 되었을 때에도 하나님이 우리를 사랑하셨다는 것입니다. 우리 신랑 예수님은 가슴에다가 칼을 대고, 양손에다 못을 박고, 창으로 옆구리를 찔렀던 원수 되었던 우리를 사랑하셨습니다. 신랑 되신 예수님을 십자가에서 죽인 원수된 우리를 사랑하셔서 우리를 버리지 않으셨습니다. 우리가 가난하다고 하나님이 버릴 줄 아십니까? 사람은 버릴지라도 하나님은 절대 버리지 않습니다.

여러분, 우리가 가난해지고, 사업이 망하고, 병이 들면, 사람들은 다 떠나기 마련입니다. 그것은 자연스러운 일입니다. 그것을 억울하다고 생각하지 마십시오. 병들고, 가난하고, 아무것도 없어 남에게 신세지고 살면 누가 좋아하겠습니까? 자기의 아내인들 좋아할 줄 아십니까?

남편이 사표 내고 왔다고 하면, 그 아내가 "아이고, 당신 잘했네. 이제부터 내가 리어카 끌어서 먹여 살릴 테니까 걱정하지 말고 당신 집에서 푹 쉬어"라고 할 여자가 있는 줄 아세요? 그 대신에 "아이고, 주제에 그럴 줄 알았어. 그때 내가 다르게 마음 먹었어야 하는데 저 멍청한 가난뱅이한테 시집와 가지고 내가 이 고생을 한다"고 말하기 십상입니다. 그리고 반찬이 달라집니다. 돈도 못 버는 주제에 무슨 놈의 굴비냐 싶어서 되는 대로 차려 줍니다. 사람이란 다 그렇습니다. 그러나 주님은 우리를 그렇게 버리지 않습니다.

그렇기 때문에 테레사 수녀가 "사람은 누구를 만나든지 처음 만났을 때보다 갈수록 그 사람을 행복하게 하고 발전하게 해야 한다"는 내용의 말을 했습니다. 예수님이 저를 35년 전에 만났을 때만 해도 저는 형편이 없었습니다. 그런데 갈수록 주님이 저를 좋게 해 주셨고 성장과 발전을 가져다 주셨습니다. 그렇기 때문에 저도 만나는 모든 사람에게 행복을 주고 축복을 주고자 하는 것입니다. 여기에 오는 모든 사람에게 행복을 주고 축복을 주는 것이 우리 교회의 사명입니다.

여러분도 예수의 영성을 가지고 만나는 모든 사람에게 생명과 축복을 주는 그런 사람이 되시기를 주님의 이름으로 축원합니다.

3. 들음의 영성

마지막으로, 이 변화산의 최정상의 영성은 들음의 영성입니다. "너희는 저의 말을 들으라" 해서 눈을 떠보니까 아무도 없었습니다. 예수만 남고 다 사라져 버렸습니다. 요한복음 6장 63절에 보면, "살리는 것은 영이니 육은 무익하니라 내가 너희에게 이른 말이 영이요 생명이라"고 하셨습니다. 하나님의 말씀을 들으면 우리가 살지만 듣지 못하면 죽는 것입니다. 나사로가 죽은 지 나흘 되어 이미 썩어 냄새가 나고 생명이 끝나 버렸습니다. 그런데 거기에 "나사로야, 일어나라"는 주님의 말씀이 들어갔을 때 나사로가 살아났습니다.

에스겔 선지자가 하나님의 말씀을 대언할 때도 에스겔 골짜기의 뼈들이 살아나 다 살이 붙고, 가죽이 붙고, 핏줄이 붙어 군대가 되어서 나왔습니다. 이렇게 하나님의 말씀을 들으면 살아납니다. 제자들이 다 떠날 때에 예수님이 너희도 가려느냐고 물으시자, 그때 베드로가 "영생의 말씀이 계시오니 우리가 뉘게로 가오리까"라고 대답했습니다.

　이 한 가지만을 가지고 우리가 한 번 생각해 봅시다. 우리가 예수님을 떠나서 어디에 가서 무슨 말을 듣겠습니까? 만일 예수님이 우리에게서 사라지고 없다고 하면 우리는 어떻게 살겠습니까? 성경이 우리에게 없다고 하면 우리는 어떤 말을 의지하고 살고 어디에 미래를 맡길 수 있겠습니까? 아모스 8장 11절에 보면, "보라 날이 이를지라 내가 기근을 땅에 보내리니 양식이 없어 주림이 아니며 물이 없어 갈함이 아니요 여호와의 말씀을 듣지 못한 기갈이라 사람이 이 바다에서 저 바다까지, 북에서 동까지 비틀거리며 여호와의 말씀을 구하려고 달려 왕래하되 얻지 못하리니 그 날에 아름다운 처녀와 젊은 남자가 다 갈하여 피곤하리라"고 말씀하셨습니다. 아름다운 처녀와 청년이 하나님의 말씀을 구하려고 이 바다에서 저 바다로, 동에서 서로, 남에서 북으로 말씀을 찾아 헤매는데도 말씀이 없어서 갈해서 쓰러지리라는 것입니다.

　우리가 신앙생활을 하다 보면 말씀을 찾아서 삼천리고 만리고 가고 싶을 때가 있습니다. 정말 저도 헤매던 때가 있었습니다. 어디에 가서 오늘 하나님의 말씀을 듣고 내가 위로를 받고 생명을 얻고 치료를 받을 수 있을까 하여 여기저기 다 가보아도 하나님의 말씀이 없을 때가 있었습니다. 그래서 기진맥진해서 돌아올 때가 있었습니다.

　1850년 경, 19세기에 영국 시레이 음악당에서 19세기의 최고 부흥사였던 스펄전 목사님이 집회를 인도했습니다. 그 음악

당은 만 이천 명이 들어갈 수 있는 대형 홀이었는데, 거기서 스펄전 목사님이 설교를 하셨습니다. 그 시례이 음악당에 사람들이 가득찼습니다. 목사님이 설교를 시작하여 막 서론에 들어가려는데, 어떤 미친 사람이 일어나서 "불이야, 불이야" 하니까 부흥회에 참석했던 만이천 명의 사람들이 우왕좌왕하면서 움직이기 시작하면서 난리가 났습니다. 설교가 중단되고, 예배가 중단되는 난리통에 스펄전 목사님이 "스톱, 스톱, 그대로 멈춰라. 지금 우리가 살 수 있는 길은 질서뿐이다. 불이 어디에서 났는지 아직 모르니까 일단 기도부터 하고 출입문과 비상구를 찾아 질서를 지켜 나가자"고 외쳤지만, 사람들이 그 말을 듣지 않고 제멋대로 나가다가 여섯 명이 깔려 죽은 불행한 사건이 발생했습니다. 보십시오! 우리의 신앙이 굉장한 것 같지만 미친 사람의 말 한 마디에 만이천 명이 움직여버립니다. 이것이 19세기 부흥의 역사에 가장 큰 오점이었고, 스펄전 목사님의 일생에 가장 가슴 아픈 사건이었습니다. 어찌하여 하나님의 음성보다도 미친 사람의 음성을 따르느냐는 말입니다.

요즘 우리 아이들 좀 보십시오! 엄마 아빠의 말을 안 듣습니다 "네 부모 말에 청종하고 너 낳은 어미 말에 청종하라"고 성경은 말씀했습니다. 왜냐하면 부모들은 인생의 경험과 신앙의 연조를 가지고 있고 자녀들을 사랑하기 때문입니다. 그런데 아이들이 꼭 청개구리와 같습니다. 이쪽으로 가라고 하면 저쪽으로 가고, 높은 구두 신지 말라고 하면 더 높은 워카 같은 것을 신고, 짧은 치마 입지 말라고 하면 더 짧게 입고, 부모가 시키는 데로 하지 않고 꼭 반대로 합니다. 하나님의 말씀은 청년들에게 휴지조각이 되어 가고 있습니다. 말씀 들어야 사는데, 말씀 한 마디 들으면 사는데 듣지를 않습니다. 오히려 미친 사람의 말을 하나님 말씀보다 더 잘 듣습니다.

여러분은 어디에다 귀를 기울이고 계십니까? 제가 아는 장로님 한 분은 한 쪽 귀가 먼 분입니다. 그분이 말하기를, 요즘 사람들은 두 귀가 다 뚫려 있는데도 어찌 그렇게 신앙생활을 잘 못하는지 모르겠다고 하시면서 당신은 한쪽 귀가 막혀서 한 귀로 하나님 말씀을 듣는데도 장로 되어서 일생 동안 주님을 섬겼다고 하십니다. 그분은 한 쪽만 들리는 귀를 가지고도 한국에서 제일 위대한 장로님 중 한 분이 되셨습니다. 그런데 두 귀가 다 열려 있는데도 하나님의 말씀을 듣지 않고 누가 무슨 말을 하면 거기에 다 넘어가는 것이 우리의 현실입니다.

오늘 결론의 말씀을 들으십시오!

"너희는 저의 말을 들으라"는 하나님의 말씀을 듣고 제자들이 엎드려 두려워 떨고 있는데 예수님이 오셔서 제자들에게 손을 대시며 "일어나라 두려워 말라"고 하십니다. 이것이 오늘의 메시지입니다. "평생 동안 두려워 말라, 어떤 어려움이 오고 고통이 와도 일어나라, 두려워 말라, 내가 너와 함께 있다."

세상의 무가치한 것들과 작은 것에 얽매여서 그것 때문에 절망하고 큰 것을 놓치지 마십시오. 모세, 엘리야는 없어질 수 있고, 변화될 수 있는 것이지만, 그러나 영원히 변화되지 않을 영원한 것, 예수 그분은 최정상에서 얻을 수 있는 최고의 영성입니다.

체험의 영성, 들음의 영성, 오직 예수의 영성, 영적 체험의 영성이 이 여름에 우리가 가져야 할 최정상의 자리, 최고의 영성입니다. 성전이 바로 최정상입니다. 그 복이 여러분에게 넘치시기를 주님의 이름으로 축원합니다.

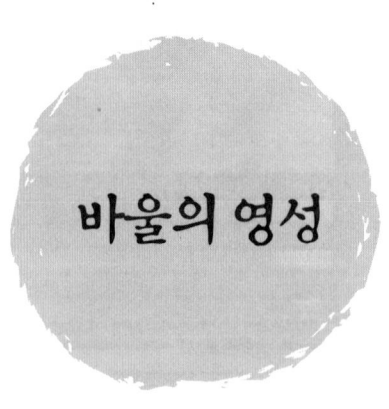

바울의 영성

"…저희가 그리스도의 일군이냐 정신 없는 말을 하거니와 나도 더욱 그러하도다 내가 수고를 넘치도록 하고 옥에 갇히기도 더 많이 하고 매도 수없이 맞고 여러번 죽을뻔 하였으니 유대인들에게 사십에 하나 감한 매를 다섯번 맞았으며 세번 태장으로 맞고 한번 돌로 맞고 세번 파선하는데 일주야를 깊음에서 지냈으며 여러번 여행에 강의 위험과 강도의 위험과 동족의 위험과 이방인의 위험과 시내의 위험과 광야의 위험과 바다의 위험과 거짓 형제 중의 위험을 당하고 또 수고하며 애쓰고 여러번 자지 못하고 주리며 목마르고 여러번 굶고 춥고 헐벗었노라…"(고후 11:22~30)

여러분의 기도 속에서 모든 여름수련회가 무사히 마치게 되었고, 저도 35명의 성지 순례단을 이끌고 열흘 동안 성지를 잘 순례하고 돌아왔습니다. 수련회나 성지 순례를 마친 사람에게는 이 메시지가 감사의 메시지가 되고, 아직 휴가를 떠나지 않았거나 이제 순례를 떠나려는 여러분에게는 준비에 도움이 되고, 병이나 여러 가지 형편으로 휴가를 반납하고 현실에 최선을 다하는 여러분에게는 이 메시지가 그 어떤 휴가보다도 시원함을 가져다주는 생명의 능력이 있는 축복의 메시지가 될 것을 확실합니다. 사도 바울은 일평생 휴가나 즐기기 위한 여행을 한 적이 없었습니다. 물론 가족도 없었고, 함께 더위를 식힌다든지 겨울을 날 그런 여유가 없었던 사람입니다. 그가 여행을 했다면 그 모든 목적은 전도이고 선교입니다. 그 전도와 선교 과정에서 가졌던 그의 영성은 곧 그리스도의 영성이고, 오늘 이 시대를 사는 우리 모두가 따라가야 할 영성인 줄로 믿습니다. 그러면 바울은 어떤 영성을 가지고 주님을 섬기며 따랐는지 살펴봅시다.

1. 불이익의 영성

첫 번째, 그에게는 불이익의 영성이 있었습니다. 축복은 무엇이냐? 이익이 축복입니다. 사람들이 회사를 설립할 때, 그 설립 목적은 이윤 추구입니다. 그 회사의 설립 목적이 이윤 추구가 아니라면 회사를 설립할 이유가 없습니다. 또 우리가 결혼할 때도 (물론 궁극적으로는 하나님의 영광을 위해서 결혼을 합니다만) 내가 저 여자를 만나서 얼마나 행복하겠느냐는 조건을 따져서 결혼하지, 불행하기 위해서 결혼을 선택하는 사람은 하나도 없습니다. '내가 저 남자와 살면 행복하겠다' 하는 '행복' 이라는 이익을 생각하고서 결혼하는 것입니다.

교회 선택도 아무 교회나 선택하지는 않습니다. 그것은 목사나 여러분이나 마찬가지입니다. 내가 이 교회 가서 일생 동안 헌신하고 은혜 받을 수 있겠다 싶을 때 선택하는 것이지, 아무렇게나 선택을 하지 않습니다. 목사도 교회를 선택할 때 일생을 바쳐 섬길 만하다는 생각이 들 때 소속교회를 정합니다. 이익이 곧 축복이라는 것입니다. 장사해서 이익이 많이 남았다면 그것이 하나님의 축복이고, 결혼해서 그 사람과 더불어 행복을 얻었다면 그것이 축복이고, 어떤 교회를 선택해서 은혜 받고, 마음의 평화를 얻고, 치유함을 받고, 확신을 얻었다면 그것이 축복입니다.

그러나 우리 기독교인은 그것만을 추구하는 사람들이 아닙니다. 불이익을 당하는 것도 이익입니다. 불이익이 기독교인의 이익이라는 것입니다. 사도 바울은 "저희가 히브리인이냐 나도 그러하며 저희가 이스라엘인이냐 나도 그러하며 저희가 아브라함의 씨냐 나도 그러하며 저희가 그리스도의 일군이냐 정신없는 말을 하거니와 나도 더욱 그러하도다 내가 수고를 넘치도록 하고 옥에 갇히기도 더 많이 하고 매도 수없이 맞고 여러 번 죽을 뻔 하였으니 유대인들에게 사십에 하나 감한 매를 다섯 번 맞았으며 세 번 태장으로 맞고 한 번 돌로 맞고 세 번 파선하는데 일주야를 깊음에서 지냈으며"(22~25절)라고 자신이 당한 환난을 설명했습니다.

"저가 이스라엘 사람이냐 나도 그러하다, 저가 히브리인이냐 나도 그러하다, 아브라함 자손이냐 나도 그러하다, 그리스도인이냐 정신없는 말을 하거니와 나도 그러하다" 이것은 다 특권을 말합니다. 그럼에도 자기가 누려야 할 특권을 다 반납하고, 오히려 그가 당한 것은 수고를 넘치도록 하고 옥에 많이 갇히기도 하고 사십에 하나 감한 매를 다섯 번 맞았고, 세 번 태장 맞았고, 한 번 돌에 맞아 죽을 뻔했고, 일주야를 세 번이나 파선해서 바다 속 어둠 가운데서 지내는 고통을 당했다는 것입니다. 그것은 불이익입니다. 결혼할 권리와 교회에서 사례 받을 권리, 가족을 데리고 복음 전할 권리를 다 반납하고, 직접 텐트를 치며 자비량으로 선교하면서 죽을 뻔했던 여러 가지 고통을 다 당했습니다. 이것을 성경에서 가리켜 '핍박' 이라고 합니다. 우리가 예수님 믿어서 구원도 받고, 병도 고침 받고, 부자도 되고, 잘 되는 복도 있지만, 그것과 더불어 예수님 때문에 고통당하고, 예수님 때문에 억울하고, 예수님 때문에 고난을 당하는 것이 바로 기독교인의 영성이라는 것입니다.

예수님이 마태복음 5장 38절에서, "또 눈은 눈으로, 이는 이로 갚으라 하였다는 것을 너희가 들었으나 나는 너희에게 이르노니 악한 자를 대적지 말라 누구든지 네 오른 뺨을 치거든 왼편도 돌려대며 겉옷까지도 가지게 하며 또 누구든지 너로 억지로 오리를 가게 하거든 그 사람과 십리를 동행하고 네게 구하는 자에게 주며 네게 꾸고자 하는 자에게 거절하지 말라"고 하셨습니다. 누가 오른 뺨을 때리면 "당신이 내 오른 뺨을 때리고 맘이 덜 풀어졌거든 여기 왼 뺨도 더 때리고 마음을 푸십시오." 이렇게 하라는 것입니다. 누가 속옷을 가져가거든 도적을 붙잡아 놓고 "속옷만 가져가지 말고 이왕 도적질해 가는 것 구두까지 가져가라" 하고 손해를 보라는 것입니다.

예수 믿고 다른 사람이 다 축복 받고 살 때, 욥이나 하박국 같이 힘든 고난을 만나는 그런 불이익이 오더라도 기쁨으로 감당하고 살라는 것입니다. 이것이 산상수훈의 영성이고, 그리스도의 영성입니다. 예수님은 세상에 오실 때 하늘 영광 다 버리고,

모든 이익을 다 버리고 불이익을 몸에 짊어지고 오셨습니다.

　제가 이번 예루살렘에 35명의 성지 순례단을 이끌고 갔는데, 거기서 성지 순례에 참가한 각자가 환상과 계시와 하나님의 음성을 듣기도 하고 너무나도 놀라운 은혜를 받은 한편 어려움도 많이 겪었습니다. 거기서 아브라함이 이삭을 충성과 순종과 헌신의 표식으로 하나님께 바쳤던 모리아산에 올라갔습니다. 바윗돌이 꼭 우리 교회 강단만 합니다. 아브라함이 이삭을 "하나님, 사랑합니다" 하고 바친 돌에 하나님이 터를 삼고 제단 삼으셨던 그곳이 제단이 되었습니다. 솔로몬이 성전을 처음 지었습니다. 어디에 성전을 지을까, 제단을 어디다 삼을까 하다가 바로 그곳에 성전을 세웠습니다. 그런데 바벨론이 쳐들어와서 그 성전을 다 부숴 버립니다. 그리고 이스라엘 백성이 바벨론에 포로로 잡혀가 종살이 하다가 70년 만에 해방되어 돌아와서 스룹바벨과 여호수아가 솔로몬이 지은 성전보다 작게 그 터에다 성전을 세웠습니다. 중간 시대에 그만 성전이 오래 되어 허물어졌는데, 역사에 의하면 헤롯 임금 때에 다시 지은 성전이 예수님이 태어나셨던 바로 그 성전이라고 합니다. 예수님이 운명하시기 전에 예루살렘 성전이 돌 하나 없이 무너진다고 하시더니 그 예언처럼 A.D. 70년에 로마의 티토 황제가 군대를 끌고 와서 예루살렘을 다 멸망시켜 버립니다. 그때 성전이 없어졌습니다.

　2000년 전에, 사라센 제국이 예루살렘을 점령해서 회교도들이 그 성전 터에 회교 성전을 세워버렸습니다. 그것이 소위 동예루살렘으로, 오늘날 팔레스타인과 이스라엘이 도저히 양보할 수 없는 땅이라고 해서 분쟁하고 있는 지역의 바로 그 성전입니다. 아브라함이 이삭을 바친 모리아산의 그 자리에 하나님의 성전이 서 있는 것이 아니라 회교 성전이 서 있는 것입니다. 거기는 꼭 들어갔다 나와야겠다 싶어서 들어가는데 회교 비밀 경찰들이 따라다니면서 기독교인들이 들어와서 기도를 하지 못하도록 감시를 합니다. 그런데 거기까지 가서 제가 기도를 안 하겠어요? 평평한 바위 밑에 동굴, 기도굴이 있어서 아주 기도하기 좋습니다. 그곳은 아브라함, 이삭, 야곱, 다윗이 기도했던 기도굴입니다. 그런데 비밀 경찰이 쫓아와 몇 번이나 기도하지 말라고 주의를 줍니다. 여기까지 와서 기도하지 않으려면 왜 왔겠습니까? 그 돌을 붙잡고 "주여, 아브라함에게 주셨던 충성을 저에게도 주시옵소서" 하는데, 경찰이 달려와서 내 멱살을 잡더니 막무가내로 밖으로 끌고 나가 기도를 못하게 하는 것입니다. 어찌나 야멸차게 핍박을 하든지 눈물이 핑 돌더라구요. 제가 슬퍼서 운 것이 아니고 너무 감사하고 감동이 와서 울었습니다. 아브라함이 이삭을 바쳤던 헌신의 자리이고, 성전을 지었던 성전 터인데 멸망의 가증한 것이 성전을 지어 놓고 핍박을 하는 것을 보고 핍박받는 감격 때문에 눈물이 핑 돌았던 것입니다.

거기서 저는 우리 교회 생각을 했습니다. 우리 성전을 들어오다 보면 '이 집은 만민이 기도하는 집이다' 라고 써 있습니다. 여러분, 하나님이 우리 민족을 얼마나 사랑하셨길래 마음껏 기도하고 예배드리고 울부짖을 수 있는 수많은 성전을 주셨느냐는 것입니다. 울고 싶으면 울 수 있고, 언제든지 "주여, 아버지" 하고 부를 수 있고, 마음껏 찬양할 수 있는 성전을 주신 것이 너무 감사했습니다. 예수 때문에 하나님을 위하여 세상에서 불이익을 당하고 손해를 입으면 주님은 우리 곁에 오셔서 영적으로 우리에게 유익을 주십니다. 세상의 모든 것을 배설물로 여길 때 예수가 보물이 됩니다.

아브라함이 사랑하는 조카에게 기름진 소돔과 고모라 땅을 양보하고 험악한 사막 땅, 가나안을 차지할 때, 그 날 밤에 하나님이 아브라함 곁에 서셔서 "아브라함아, 눈을 들어 보라. 내가 이 땅을 다 너에게 주겠다"고 약속하십니다. 세상에서 불이익을 당하면 하나님은 영적으로 내게 유익을 주십니다.

히브리서 11장 35절을 보면, "또 어떤 이들은 더 좋은 부활을 얻고자 하여 악형을 받되 구차히 면하지 아니하였으며"라고 했습니다. 순교를 기쁨으로 당했습니다. 순교를 피하려고 하지 않았습니다. 불이익과 고통을 기꺼이 당했다는 것입니다. 여러분, 우리는 사업이 잘 되면 축복이라고 생각합니다. 좋은 결혼이면 축복이라고 생각합니다. 좋은 목사, 좋은 교회, 좋은 교인들을 만나는 것을 축복이라고 생각합니다. 그러나 이것만이 전부가 아니라 예수 이름 때문에 핍박도 당하고, 억울함도 당하고, 손해도 보고, 고통도 당하는 그 영성에 도달해야 할 줄 믿습니다.

2. 위험의 영성

두 번째는, 위험도 있다는 것을 알아야 합니다. 사도 바울은 여러 번의 여행에서 강의 위험과 강도의 위험, 동족의 위험과 이방인의 위험, 시내의 위험과 광야의 위험, 바다의 위험과 거짓 형제 중의 위험을 당하였을 뿐 아니라 수고하고 애쓰고 자지 못하고 주리고 목마르고 여러 번 굶고 헐벗었다고 했습니다. 사도 바울은 사람이 당할 수 있는 여러 가지 위험을 복음 전하는 여행 중에 당했습니다.

여러분, 우리나라에서 산사태나 홍수로 해마다 50명 가량이 강에서 죽습니다. 이것이 강의 위험입니다. 또 여름에 해수욕 가서 얼마나 많은 사람들이 시체가 되어 돌아옵니까? 이것이 바다의 위험입니다. 또 교통사고 위험이 얼마나 많습니까? 여행 중에는 항상 위험이 도사리고 있습니다. 광야의 위험은 혹독한 열풍과 모래 바람을 동반하는 고통이 뒤따릅니다. 거기는 성령의 바람이나 기도의 바람은 전혀 없고 메마른 골짜기일 뿐입니다. 이 밖에도 얼마나 위험한 일이 많고, 얼마나 어려운 일이 우리 가운데 많습니까? 그리고 무엇보다도 23절에 "여러 번 죽을 뻔하였노라" 했습니다. 사도 바울이 복음을 전하러 가다가 위험을 만나 여러 번 죽을 뻔했다는 것입니다.

이번 시내산 등정은 제게 중요한 의미가 있었습니다. 원래 갈릴리 바닷가에 가서 성찬식을 하려고 준비를 했었는데, 그 날 밤 성령께서 시내산 정상에 올라가서 성찬을 하면 좋겠다는 영적인 계시가 있어서 성찬을 준비해 가지고 시내산에 올라갔습니다. 제가 이제까지 시내산을 두 번 올라갔습니다. 안식년 때마다 제가 교인들을 인솔해서 올라갔는데 이번에는 부목사님들이 함께 따라갔기 때문에 그분들에게 일행을 다 맡기고 먼저 올라가서 자리를 잡고 기도로 준비하고 은혜스런 성찬식을 해야겠다 생각하고 먼저 올라갔습니다.

새벽 한 시에 일어나서 준비하고, 두 시에 버스 타고 중턱에 내려서 다시 낙타 타고 올라갔습니다. 나머지 제일 위험한 난코스인 800계단은 기어서 올라갔습니다. 그 산은 해발 2,000m나 되는 높은 산입니다. 보통 사람 걸음으로 등반하는 데 3시간 정도가 소요됩니다. 앞이 잘 보이지 않는 캄캄한 새벽이라 별빛만 의존하고 올라갔습니다. 제가 전에 두 번씩이나 올라갔기 때문에 자신 있게 등정을 했습니다. 그런데 중간쯤에서 장로님 한 분과 여 집사님 두 분을 만났습니다. 그래서 그분들과 함께 경험이 있는 제가 앞장서서 가는데 한참 가다 보니까 이상하게 오른쪽으로 가는 길이 있고 왼쪽으로 가는 길이 있는 것입니다. 얼떨결에 왼쪽으로 가는 길을 택해 올라갔는데 나중에 알고 보니 그 길이 잘못 든 길이었습니다. 주위는 캄캄하고 발을 밟는 곳은 굉장히 미끄럽고 힘이 들었습니다. '이상하다 생각하며 지금쯤이면 분명히 800계단을 다 올라왔어야 하는데 왜 정상에 있는 모세의 기념교회가 안 나오지' 하면서 걸어 올라갔습니다. 뒤에 따라오던 장로님이 "목사님, 아무래도 길을 잘못 든 것 같은데요" 합니다. "아뇨, 제가 여기 두 번이나 올라와 봤어요. 원래 시내산은 이렇게 험해요" 대답하고는 계속 가는데 아무리 발을 디뎌봐도 밟아져야 할 돌이 없는 것입니다. 이상해서 잠깐 멈추고 사방을 둘러 봐도 돌이 보이지 않았습니다. 길을 잘못 든 것 같으니 다시 돌아가자 해서 100m쯤 돌아와 보니까 길이 오른쪽으로 따로 나 있었습니다. 다시 정상에 올라가서 성찬식을 하고 날이 밝아 내려오면서 보니까 아까 갔던 그 길이 천길 낭떠러지 길이었습니다. 만일 거기서 떨어졌다면 시체도 못 찾을 그런 가파른 낭떠러지였습니다. 아마 제가 거기 떨어져서 나타나지 않했으면 교인들이 '엘리야 같이 시내산에서 공중으로 올라갔나보다' 생각했을지도 모르겠습니다. 거기서 제가 세 가지를 깨달았습니다. 첫째는 "비록 내가 사망의 음침한 골짜기를 다닐지라도 해 받을 것을 두려워하지 않는 것은 주께서 나와 함께 계심이라"는 말씀을 체험했습니다. 저는 너무 감사해서 '여호와는 나의 목자시니' 찬양을 힘껏 불렀습니다.

그곳에서 한 발자국만 미끄러져도 죽는데 사망의 음침한 골짜기에서 하나님이 지켜주셨습니다. 그리고 장로님 한 분이 끝까지 내 뒤를 졸졸 따라온 것이 감사했습니다. 제가 작년에 아팠었기 때문에 하나님이 그 장로님을 저에게 붙이셔서 내 뒤를 밟게 하신 것입니다. "목사님, 잘못 왔으니까 돌아갑시다" 했을 때 제가 교만해 가지고 밀고 나갔더라면 저는 낭떠러지에서 떨어져 죽었을 것입니다. 둘째는 사람은 겸손해야 한다는 것을 새삼 깨달았습니다. 그리고 셋째는 준비가 부족했다는 것입니다. 그 위험한 시내산을 올라가면서 전등불을 가져갔어야 하는데 안 가지고 간 것이 문제였습니다. 두 번 올라간 경험만 믿고 무리한 등반을 감행한 것입니다.

여러분, 우리가 가는 곳에는 분명 위험한 일이 있습니다. 사망의 음침한 골짜기가 여러 번 나타납니다. 그러나 준비하면 위험을 이기게 될 줄 믿습니다. 우리 인생에는 언제나 위험한 일이 잠재해 있기 때문에 항상 준비해야 합니다. 교회 올 때 가스불 점검해 보고, 핸드폰 꺼놓고 오고… 이런 것들이 다 준비입니다. 이번에 성지 순례 가보니까 등산을 자주 한 사람은 낙타를 타지 않고 올라가도 거뜬하지만 운동을 하지 않은 사람은 쩔

절매는 것을 보았습니다. 위험을 대비하지 않은 사람은 항상 위험을 만나더라는 것입니다. 그러나 준비한 사람에게는 위험을 만나도 그것을 대처할 수 있는 능력을 주십니다. 여러분, 우리 인생에는 항상 위험이 뒤따릅니다. 날마다 위험이 있습니다. 그 위험을 이길 수 있는 영성은 '준비' 라는 것을 기억하고 항상 준비하시기를 축원합니다.

3. 시험의 영성

세 번째는, 시험이 있습니다. 이것도 영성입니다. "이 외의 일은 고사하고 오히려 날마다 내 속에 눌리는 일이 있으니 곧 모든 교회를 위하여 염려하는 것이라 누가 약하면 내가 약하지 아니하며 누가 실족하게 되면 내가 애타하지 않더냐 내가 부득불 자랑할진대 나의 약한 것을 자랑하리라"(28~30절)

여기 '약한 것을 자랑한다' 는 말처럼 바울에게 약한 것이 있었습니다. 시험은 어디로 틈탑니까? 약한 곳으로 틈탑니다. 저는 제가 건강한 줄 알고 성지 순례 갔다가 물 갈아먹으면서 여러 가지 기능이 약하다는 것을 깨달았습니다. 날씨가 너무 더워 건강한 사람은 찬물을 많이 마셔도 괜찮았는데 나 같은 사람은 찬물을 많이 마시니까 눈이 충혈되고 배가 아파 고생을 했습니다. 약한 것에 시험이 틈탑니다. 병도 약한 곳에 찾아옵니다. 어떤 남자는 여자에게 약한 사람이 있습니다. 이런 사람은 조심해야 됩니다. 어떤 부부가 막 결혼하고 제주도에 가다가 이혼 도장 찍고 서로 다른 비행기 타고 왔다고 합니다. 그 이유는 남자가 계속 다른 여자들만 쳐다보기에 여자가 도장을 찍어 버렸답니다.

또 어떤 사람은 특별히 돈에 대해 약한 사람이 있습니다. 시험은 약한 것을 통하여 옵니다. 제가 갈릴리 가서 특별히 신경을 더 썼습니다. 왜냐하면 7년 전의 일 때문에 그랬습니다. 7년 전에 크로스웨이 성경공부를 마치고 크로스웨이 졸업반을 데리고 성지 순례를 갔는데, 아내는 집사이고 남편은 평신도인 한 부부가 성지순례 신청을 했습니다. 성경공부를 하지는 않았지만 이혼 직전의 위기를 넘기고 화해하려고 가는 여행이라고 해서 특별히 데리고 갔습니다. 아마 남편이 다른 여자에게 관심이 있었나 봅니다. 그래서 이혼을 하려고 했는데 예수 믿는 사람이 쉽게 이혼할 수도 없고 해서 화합 차원에서 빚을 내어 성지 순례를 따라간 것입니다. 그런데 갈릴리 가서 또다시 시험이 생겼습니다. 갈릴리에 갔는데, 남편이 목걸이를 기념으로 두 개를 사서 하나는 저녁에 아내를 주고, 하나는 감춰 둔 것을 아내가 발견했습니다. 여자의 비상한 판단력과 안목으로 이것은 분명히 남자가 회개한 것이 아니라는 판단이 섰습니다. 왜 목걸이를 두 개를 사서 하나는 감췄느냐는 것입니다. 남편은 여기서 하나를 주고, 집에 가서 또 주려고 했다고 변명했지만 부인은 남편 말을 조금도 믿지 않는 것입니다. 그 여자를 주려고 감추었다는 것입니다. 어떤 정신 나간 남편이 목걸이를 두 개나 사겠느냐는 것입니다. 그러나 "남편은 아니다. 내 진실을 믿어다오." 여자는 "못 믿겠다. 당신하고 영원히 못 살겠다" 하며 싸움을 계속하면서 갈릴리 쾌속선 배를 탔습니다. 그런데 배에서도 아내가 계속 바가지를 긁으니까 남편이 견디다 못해 그 넓은 바다에서 갑자기 뛰어내려버렸습니다. 제가 그것을 목격했습니다. 배는 바다 한 가운데서 파도는 세고, 날씨는 영하로 내려갔지, 십중팔구 그냥 놔두면 곧 죽게 생겼어요. 제가 그 사람을 건지려고 뛰어내리려고 했더니 장로님들이 꽉 잡고 놓아주지를 않았습니다. 저는 엎드려서 "주여, 주여" 하고 기도하면서 심장이 다 녹는 것 같았습니다. 선장한테 알려서 배를 선회하여 루프를 던져 건져냈습니다. 물을 많이 먹었지만 다행히 살아났습니다. 그 배에 마침 의사가 타서, 이런 사람은 물을 토해 낸 다음에 홍차를 마시면 회복된다고 해서 홍차 두 잔을 사서 먹이고 교인들은 순례시키고 저는 그 부부를 앉혀놓고 설득하기 시작했습니다. "빠지려면 한국에서나 빠지지 누구 죽이려고 여기서 빠지느냐"고 야단도 쳐보며 아내에게 이 일로 남편이 죽을 뻔하지 않았느냐고 하니까 아내는 아직도 마음이 풀어지지 않았는지 "그 사람 수영할 줄 알아요" 하고 대답합니다. 얼마나 미웠으면 수영할 줄 안다고 가만 놔두라고 했겠습니까? 회개를 시켜 저녁에 재혼을 시켰습니다. 남편이 하는 말이 자기 진실을 증명하려고 뛰어들었다는 것입니다. '거짓말쟁이면 하나님이 물에서 죽일 것이고, 내 중심이 진실이라면 하나님이 살려 줄 것이다.' 그래서 아내에게 진실을 보이려고 뛰어들었다는 것입니다. 지금은 서울로 이사해서 잘 삽니다. 이번에 성지 순례 가서 갈릴리에서 굉장히 조심을 했습니다. 혹시 누가 뛰어드나 해서….

  우리는 불이익을 당할 때 믿음으로 감사하면서 극복함으로 영적인 유익을 얻어야 하고, 위험 당하기 전에 준비하여 그 위험을 해결하고, 예수님 말씀처럼 시험에 들지 않게 깨어서 기도해야겠습니다.

 우리가 기도하고 깨어 있는 한, 그 어떤 시험에서도 우리를 승리로 이끌 줄 믿습니다. 이 축복이 여러분에게 있기를 주님 이름으로 축원합니다.